Einspruch gegen den Zeitgeist

Das Buch

Christian Graf von Krockow steht dazu, »altmodisch« zu sein – im Sinne einer abwägenden Betrachtung, die nicht gleich alles Neue allein schon deshalb für gut befindet, weil es neu ist oder auch nur lauthals als etwas Neues vermarktet wird. Er rät, dem Zeitgeist kritisch gegenüberzutreten und »skeptisch zu bleiben gegenüber dem, was jeweils im Schwange ist und die Meinungsmacher als gut und gerecht anpreisen«. Denn um sich der Vereinnahmung durch Trends und Modeerscheinungen entziehen zu können, benötigt man einen klaren Kopf.

Der Autor

Christian Graf von Krockow, geboren 1927 in Hinterpommern, wurde 1961 Professor für Politikwissenschaft. Seit 1969 war er als freier Wissenschaftler und Schriftsteller tätig. Er erhielt mehrere Auszeichnungen und gilt als einer der führenden Publizisten auf dem Gebiet der preußischen und deutschen Geschichte. Krockow starb im März 2002 im Alter von 74 Jahren.

In unserem Hause sind von Christian Graf von Krockow bereits erschienen:

Hitler und seine Deutschen
Über die Deutschen

Christian Graf von Krockow

Einspruch gegen den Zeitgeist

List Taschenbuch

Besuchen Sie uns im Internet:
www.list-taschenbuch.de

Umwelthinweis:
Dieses Buch wurde auf chlor- und säurefreiem Papier gedruckt.

List Verlag
List ist ein Verlag des Verlagshauses Ullstein Heyne List
GmbH & Co. KG.
1. Auflage September 2003

Umschlagkonzept: HildenDesign, München – Stefan Hilden
Umschlaggestaltung: Hauptmann und Kampa Werbeagentur,
München – Zürich
Titelabbildung: AKG / Michael Zapf
Druck und Bindearbeiten: Clausen & Bosse, Leck
Printed in Germany
ISBN 3-548-60355-6

Inhalt

Vorwort

Wenn dieses Buch erscheint, werde ich meinen fünfundsiebzigsten Geburtstag begehen. Früher einmal war es schon viel, wenn man das fünfzigste Jahr erreichte; von dem Königsberger Philosophen Immanuel Kant wird berichtet, daß aus diesem Anlaß eine Festveranstaltung stattfand und daß die Anrede des Jubilars mit den Worten begann: »Ehrwürdiger Greis!« Das dürfte heute niemand mehr sagen, auch bei den späteren Anlässen nicht, denn aus Greisen oder – weit in der Überzahl – Greisinnen sind beinahe alterslose Senioren geworden. Und in einer Zeit, in der schon die Hundertjährigen überhandnehmen, stellt das Aushalten über ein dreiviertel Jahrhundert wirklich keine besonders eindrucksvolle Leistung mehr dar. Gleichwohl wird sie gefeiert, von Firmen vielleicht noch nachdrücklicher als von Personen: Wir sind noch da, sagt der Eichenlaubkranz um die 75 herum; wir haben alle Umbrüche überdauert, bleiben aktiv und stellen uns den Herausforderungen der Zukunft.

Im Gegensatz zu den meisten meiner Altersgenossen bin ich auch noch aktiv und arbeite weiter, wie ich es gewohnt bin, so gut und so lange ich es vermag; es ist ja der Vorteil – oder die Gefahr – eines freien Berufs, daß es niemanden gibt, der mich in den angeblich wohlverdienten Ruhestand verabschiedet. Doch wenn ich mich umschaue, komme ich mir manchmal und immer häufiger sehr altmodisch vor, technisch vorab: Mein Schreibgerät befindet sich zwar auf dem neuesten Stand, aber auf den Computer oder das Internet lasse ich mich gar nicht erst ein, obwohl es heißt, daß seine Beherrschung über die Zukunft entscheidet und daß zu den Analphabeten des 21. Jahrhunderts gehören wird, wer davor zurückschreckt. Ich habe schon genug damit zu tun, mich in der Vergangenheit halbwegs zurechtzufinden. Und dann dieses immerwährende, fast immer nichtsnutzige Handy-Geklingel! Es erscheint mir als das Sinnbild einer Gesellschaft, zu der als ihre Kennzeichen die Wichtigtuerei, der Drang zum Dabeisein um beinahe jeden Preis und die Rücksichtslosigkeit gehören.

Womöglich ist das der Lauf der Welt, daß man mit dem Altwerden altmodisch wird. Was soll man zum Beispiel mit den Gedröhn, mit den hämmernden Rhythmen anfangen, für die sich die jungen Leute heute begeistern? Man denkt an Gehörschäden, die sich wohl einstellen werden, und erinnert sich an die eigenen Erlebnisse vor bald sechzig Jahren, an die Offenbarungen aus Amerika nach dem Ende des Zweiten Weltkriegs und der Marschmusik oder der unsäglichen »tapferen kleinen Soldatenfrau«: an Swing, den Glenn-Miller-Sound, die Präzision der Lässigkeit. Ja, das war noch Musik. Womöglich ist es so im Wechsel der Generationen schon immer gewesen; mit Recht fragen die Disko-Besucher bereits den Dreißigjährigen: »Na, Opa, was willst du denn hier?« Oder um es mit einem hoffnungsvollen jungen Mann in Goethes »Faust« zu sagen:

»Hat einer dreißig Jahr vorüber,
So ist er schon so gut wie tot.
Am besten wär's, euch zeitig totzuschlagen.«

Übrigens haben die nachwachsenden Schriftsteller den alten Goethe auch nur noch mit Mühe ertragen und aufgeatmet, als er endlich begraben war.

Aber zu den besonderen, weltgeschichtlich neuartigen

Kennzeichen unserer Zeit gehört die Beschleunigung der Veränderungen. Sie laufen viel schneller ab als in früheren Zeiten, obwohl der große Franzose Alexis de Tocqueville bereits 1835 gesagt hat: »Mitten in einem reißenden Strom stehend, heften wir die Augen hartnäckig auf ein paar Trümmer, die man noch am Ufer wahrnimmt, während die Strömung uns mit sich reißt und rücklings dem Abgrund zutreibt.«*

Indessen stellt sich die Frage, ob es nicht manches gibt, was es wert wäre, bewahrt zu werden. Zur Sturmflut des Wandels gehört in der Wendung zur Zukunft das Vergessen von allem, was einmal war. Brauchen wir darum nicht um so dringender das Erinnern? Kaum zufällig beginnt im 19. Jahrhundert mit der industriellen Revolution das Zeitalter des künstlichen Bewahrens, der Museen und Sammlungen, der aktenkundigen Geschichtsschreibung. Und je triumphaler unsere Weltbemächtigung, desto dringender wird dieses künstliche Bewahren, inzwischen auch oder besonders der Natur.

Mein Buch redet von Einsprüchen gegen den Zeitgeist, vom Ärger an dem, was sich abspielt, um nicht zu sagen von Ängsten vor einem besinnungslosen Sturz in die Zukunft – und darüber hinaus von etwas, was sich schon als Begriff altmodisch ausnimmt: von Tugenden. Es gab sie einmal, gleich ob man sie christlich, preußisch oder deutsch, ritterlich oder bürgerlich nannte. Sie gaben den Menschen Halt; sie sagten ihnen, was sich gehörte und was nicht. Manches, sogar vieles an ihnen mag überholt und untauglich geworden sein, aber alles durchaus nicht. Und brauchen Menschen nicht Orientierung, wenn sie es mit sich selbst und ihresgleichen halbwegs aushalten wollen, statt der Zerstörungswut zu verfallen?

* Sternchen im Text verweisen auf die Anmerkungen ab Seite 261.

Im 18. Jahrhundert hat Johann Gottfried Herder geschrieben: »Lasset uns bedenken, was in den großen Gaben *Vernunft* und *Freiheit* liegt, und wieviel die Natur gleichsam wagte, als sie dieselben einer so schwachen, vielfach gemischten Erdorganisation, als der Mensch ist, anvertraute. Das Tier ist nur ein gebückter Sklave, wenngleich einige edlere derselben ihr Haupt empor heben oder wenigstens mit vorgerecktem Halse sich nach Freiheit sehnen. Ihre noch nicht zur Vernunft gereifte Seele muß notdürftigen Trieben dienen und in diesem Dienste sich erst zum eigenen Gebrauch der Sinne und Neigungen von fern bereiten. Der Mensch ist der erste *Freigelassene* der Schöpfung; er stehet aufrecht. Die Waage des Guten und Bösen, des Falschen und Wahren hängt in ihm: er kann forschen, er soll wählen. Wie die Natur ihm zwei freie Hände zu Werkzeugen gab und ein überblickendes Auge, seinen Gang zu leiten, so hat er auch in sich die Macht, nicht nur die Gewichte zu stellen, sondern auch, wenn ich so sagen darf, *selbst Gewicht zu sein* auf der Waage. Er kann dem trüglichsten Irrtum Schein geben und ein freiwillig Betrogener werden; er kann die Ketten, die ihn, seiner Natur entgegen, fesseln, mit der Zeit lieben lernen und sie mit mancherlei Blumen bekränzen. Wie es also mit der getäuschten Vernunft ging, gehet's auch mit der mißbrauchten oder gefesselten Freiheit; sie ist bei den meisten das Verhältnis der Kräfte und Triebe, wie Bequemlichkeiten oder Gewohnheit sie festgestellet haben. Selten blickt der Mensch über diese hinaus und kann oft, wenn niedrige Triebe ihn fesseln und abscheuliche Gewohnheit ihn binden, ärger als ein Tier werden.«*

Das wird so präzise wie poetisch gesagt, und heute fragen wir uns manchmal mit Erschrecken, ob die Natur nicht zuviel wagte, als sie den Menschen zu seiner Weltbemächtigung entfesselte. Tugenden und Untugenden aber sind die Gewichte auf der Waage des Guten und Bösen, und darum lohnt es sich, an sie zu erinnern und ihre Brauchbarkeit zu prüfen – selbst dann, wenn es im offenkundig altmodischen Ärger am Zeitgeist oder in heimlichen Ängsten vor der Zukunft geschieht.

Lob der Skepsis

Biographisches vorweg: Ich gehöre zum Jahrgang 1927 und war 1933, zum Zeitpunkt von Hitlers »Machtergreifung«, sechs, am Ende des Zweiten Weltkriegs knapp achtzehn Jahre alt. Zwar bewahrte mich meine Kindheit in Pommern und Preußen vor manchem Übel, aber beim Kriegsbeginn 1939 wurde ich in ein Internat fortgegeben. Ich zähle also zu einer Generation, die ohne Erinnerung an frühere Verhältnisse im »Dritten Reich« aufwuchs und der nationalsozialistischen Erziehung, genauer gesagt der Indoktrination, ganz ungeschützt, mit voller Wucht ausgesetzt war: vom ersten Schritt aus dem Elternhaus fort und in das Leben hinein, das mit dem Schulbesuch begann, über das Singen, das Marschieren und die »vormilitärische Ausbildung« im »Jungvolk« und in der »Hitlerjugend«, später beim Dienst an Geschützen der Heimatfront als sogenannte Flakhelfer, bis schließlich zum letzten verzweifelten Kampfeinsatz an den zusammenbrechenden Fronten, der vielen von uns das Leben kostete. Dabei waren wir noch mit sehr viel Eifer und Idealismus bei der Sache, als alte Soldaten sich längst schon verdrückten, soweit sie nur konnten. Kaum zufällig tätschelte Hitler bei seinem letzten öffentlichen Auftreten sein letztes Aufgebot, nämlich Hitlerjungen, die sich durch ihre Tapferkeit ausgezeichnet hatten. Wer Anschauung will, sehe sich Bernhard Wickis Film »Die Brücke« aus dem Jahre 1959 an; darin ist die Geschichte meiner Generation exemplarisch erzählt worden.

Unser selbstmörderischer Idealismus war leider nur folgerichtig. »Denn die Fahne ist mehr als der Tod«, hatten wir gesungen. Und einer der Sinnsprüche, die wir in der Zeit des »Dritten Reiches« unentwegt zu hören bekamen, stammte bereits von Friedrich dem Großen: »Es ist nicht nötig, daß ich lebe, wohl aber, daß ich meine Pflicht tue.« Er war in die Geschichtsbücher eingegangen und zur Schulmeisterweisheit geronnen. Die zeitgemäße Zuspitzung hieß dann: »Du bist nichts, dein Volk ist alles.«

Da wirkten auf einmal die preußischen und die nationalsozialistischen Einflüsse undurchschaubar zusammen; der Tod fürs Vaterland aber war hier wie dort einberechnet. Eine der Anekdoten, die ich seit meiner Kindheit kannte, berichtete vom großen preußischen König, wie er am Abend nach der glorreichen Schlacht bei Leuthen über das blutgetränkte Feld reitet und dort auf einen Halbwüchsigen, einen schwerverwundeten Kornett, trifft, der immer wieder nach seiner Mutter ruft. Friedrich sagt zu ihm, befiehlt: »Sterbe Er anständig, Junker!« Ja, das zu tun, das hatten wir uns vorgenommen, denn diese Anekdote diente zum Ansporn und nicht etwa dazu, die Menschenverachtung sichtbar zu machen.*

Kindheit und Jugend prägen wie kein anderes Alter. Manche Beobachter haben daher vermutet, daß es sich um eine »verlorene« Generation handeln werde, weil aus deren Köpfen nicht mehr herauszubringen sei, was ihnen eingetrichtert wurde. Doch die Wahrheit sah ganz anders aus. Je älter die Leute 1945 waren, desto schwerer fiel ihnen die Umstellung. Schließlich und in der Regel aus Überzeugung waren sie im »Dritten Reich« zu Hause gewesen, und man wirft ja nicht sein halbes oder sein ganzes Leben über Bord, als sei es ohne Gewicht. Aber wenn man jung ist, fällt das leicht, weil man noch wenig zu tragen hat.

Was sich für uns tatsächlich als prägend erwies, war diese Zeitenwende des Jahres 1945. Denn wer damals etwa fünfzehn bis zwanzig Jahre alt war, hatte den Krieg nicht mehr in Polen, Frankreich oder Rußland als Eroberer unter siegestrunkenen Herrenmenschen kennengelernt, sondern auf verlustreichen Rückzügen und anschließend im zertrümmerten Deutschland unter den Besiegten, über die die Rache der Sieger hinwegbrandete. Die Gewaltherrschaft wurde an ihrer schäbigen Kehrseite kenntlich; der Traum von der Welt- und Allmacht, den man den Deutschen eingeredet hatte, samt der Anweisung, daß es ihre stolze Bestimmung sei, ihn in die Wirklichkeit umzusetzen, erwies sich als der Alptraum, der er tatsächlich war. Das Kriegsende aber bedeutete Befreiung von diesem Alptraum – und eben damit auch Lebensrettung.

Wenn es darum etwas gab, was die Menschen um meinen Jahrgang herum zur Generation verband und worauf wir uns ohne jede Verabredung einschworen, dann das »Nie wieder!« – etwas durchaus anderes als das verbitterte »Ohne mich!«, das eher die Älteren überfiel. Niemals mehr wollten wir falschen Propheten folgen, nie mehr dem Sog einer Heilslehre verfallen, nie mehr auf eine »Weltanschauung« uns einlassen. Und wehe uns, wenn wir diesen Schwur jemals vergessen sollten! Solch eine Umstellung ergab sich aus der einschneidenden Erfahrung wie von selbst; dafür war keine Uberredung nötig – und erst recht keine Umerziehung durch die gestrengen oder fürsorglichen Sieger von 1945; die hat es ohnehin nicht oder jedenfalls weitaus weniger gegeben, als nachträgliche Legendenbildungen aus dem rechten Lager glauben machen wollen.

Im Jahre 1957 hat dann der Soziologe Helmut Schelsky eine treffende Bezeichnung für die Kriegs- und Nachkriegsjugend gefunden: *die skeptische Generation.* Ja, das war sie, und die Skepsis ist mir bis ins Alter geblieben. Darum möchte ich jetzt ihr Loblied anstimmen, vielleicht als eine Art von Vermächtnis.

Im Rückblick auf ältere Zeiten nimmt sich die Skepsis eher undeutsch aus. Denn dazu, ein guter Deutscher zu sein, gehörte einst der Glaube, wenn schon nicht mehr im überlieferten christlichen Sinne, dann um so mächtiger an das innerweltliche Heil. Daß am deutschen Wesen einmal noch die Welt genesen sollte, war eigentlich schon bekannt, als im Jahre 1861 Emanuel Geibel »Deutschlands Beruf« in Verse schmiedete.* Und daß unser Volk im strahlend wiederbegründeten Reich erst recht nach den Sternen greifen und sich eine beispielgebende Zukunft erkämpfen werde, das hat Kaiser Wilhelm II. ebenso gepredigt wie nach ihm Adolf Hitler, auch wenn der eine sich dabei noch eher altbacken auf die Mitwirkung unseres »obersten Herrn dort droben«, jenen alten »Alliierten von Roßbach und Dennewitz«, der andere neumodisch auf »die Vorsehung« berief. Woher sonst stammten die Begeisterung und die Opferbereitschaft? Im Jahre 1914, auch einer Phase der Hochgefühle, entstand das »Deutsche Lied« von Rudolf Alexander Schröder, das noch von der Hitlerjugend mit Inbrunst gesungen wurde und in dem es hieß:

»Bei den Sternen steht,
was wir schwören;
der die Sterne lenkt,
wird uns hören.
Eh der Fremde dir
deine Krone raubt,
Deutschland, fallen wir
Haupt bei Haupt.

Heilig Vaterland,
heb zur Stunde
kühn dein Angesicht
in die Runde.
Sieh uns all entbrannt
Sohn bei Söhnen stehn:
Du sollst bleiben, Land!
Wir vergehn.«

Der Germanist Albrecht Schöne (Jahrgang 1925) hat freilich dazu gesagt: »Erst werden wir fallen, dann wird er [der Feind] dir die Krone rauben. Und so geschieht es ja auch. Wider den Willen des Autors sagt der Vers die Wahrheit. Nur geschieht es nicht ›Haupt bei Haupt‹; das Sterben, das hier ins Feierlich-Würdige verharmlost wird, trifft in Wahrheit nicht mehr das enthusiastische ›Wir‹, sondern grauenvoll und schrecklich jeden einzelnen. Unbeschadet aller subjektiven Aufrichtigkeit des Autors erweist sich sein Lied als trügerisches, ja verlogenes Machwerk.«*

Doch das war eine Einsicht im nachhinein, aus der teuer erkauften skeptischen Perspektive. Im übrigen muß man hinzufügen, daß der Glaube ans innerweltliche Heil nicht nur bei den herrschenden Mächten zu Hause war. Der heimliche Gegenkaiser des Kaiserreiches, August Bebel, der Vater der sozialdemokratischen Arbeiterbewegung, vertrat im Gefolge von Karl Marx unbeirrbar die Vision von der schlechthin guten und gerechten Gesellschaft, die nach dem »großen Kladderadatsch«, dem revolutionären Umsturz, die bürgerliche Klassengesellschaft unfehlbar beerben sollte.* »Brüder, zur Sonne, zur Freiheit!« sang man. Oder: »Völker, hört die Signale! Auf zum letzten Gefecht!« Den Anwalt der sozialistischen Skepsis, den »Revisionisten« Eduard Bernstein, der behauptete, daß die Vorwärtsbewegung in Teilschritten alles und das Endziel nichts sei, prangerte Bebel als einen Verräter der Heilslehre an und ließ ihn – immerhin noch halbwegs demokratisch – auf Parteitagen mit überwältigenden Mehrheiten niederstimmen.*

Ein Engländer aus gutem Hause, der junge Bertrand Russell, hat im Jahre 1895 Deutschland besucht. Aber statt Vorlesungen zu hören, studierte er die Sozialdemokratie und verarbeitete seine Eindrücke zu Vorträgen und einem Buch. Er notierte: »Was der marxistische Sozialismus bei den deutschen Arbeitern ausgelöst hat und was der Reformsozialismus bei den englischen Arbeitern nie auslösen kann, ist eine religiöse Inbrunst, die tägliche Unterstützung durch den Glauben. Diese religiöse Inbrunst hat natürlich die Intoleranz und die sektiererische Bigotterie aller neuen Religionen zur Folge gehabt, aber auch eine Standhaftigkeit und Kampfbereitschaft, wie nur Religion oder Patriotismus sie verleihen können.« Kein Zweifel: Die Skepsis taugt wenig zum heroischen Endkampf ums Heil oder Unheil.

Doch entsprechend sah dann die Gegenreaktion aus: »Die kompromißlose Haltung der Sozialdemokraten ruft bei der Bourgeoisie eine ähnlich starre Haltung hervor … Der Kampf wird zu einem Kampf um alles oder nichts, in dem kein Schritt gewonnen werden kann, wenn nicht alles gewonnen wird. Inzwischen werden alle Methoden der Unterdrückung, der Tyrannei und eine schlechte Regierung in Kauf genommen, weil die Bourgeoisie den Sozialismus noch mehr fürchtet als eine Militärdiktatur.« Russells beinahe prophetische Schlußfolgerung lautete: Wenn die erstarrten Fronten sich nicht auflösen, »sind Krieg und eine Auslöschung des nationalen Lebens das unvermeidliche Schicksal des deutschen Kaiserreiches«.*

Wie der junge Brite es andeutet, bildete die SPD tatsächlich keine Ausnahme von der deutschen Regel. Mehr oder weniger waren alle politischen Bewegungen und Parteien weltanschaulich begründet, mit Helmuth Plessner zu reden in einem Lagergeist verschanzt, der »die unbestreitbaren Vorzüge eines Katechismus und einer Felddienstordnung auf bestrickende Weise in sich vereint«. Auch in der Weimarer Republik änderte sich das nicht, ganz im Gegenteil. Für liberale Zwischentöne blieb immer weniger Raum, und am Ende machte – im Grunde nur folgerichtig – die Bewegung das Rennen, die die Scheidung der Welt in die Kinder des Lichts und die Kinder der Finsternis und damit das Entweder-Oder von Unheil und Heil am unerbittlichsten zum Ausdruck brachte. Und auch das war dann folgerichtig, daß diese Bewegung für ihren prophetisch auftretenden Führer Adolf Hitler den bedingungslosen Gehorsam einforderte.

Natürlich drängt sich die Frage auf, ob das alles nicht Gespenstergeschichten, Spukgestalten von gestern und vorgestern sind. Hat sich nach 1945 etwa kein einschneidender Wandel vollzogen, fast zum Gegenextrem hin, sind wir denn nicht zu einer durch und durch ungläubigen Nation geworden, ungläubiger noch als andere? Ist es vielen nicht eher peinlich, überhaupt noch Deutsche statt möglichst unanstößige Europäer, wenn nicht gar Weltbürger zu sein? Manches spricht dafür, aber schon die Skepsis verbietet es, eine endgültige Antwort zu geben.

Zunächst sei daran erinnert, daß Deutschland Jahrzehnte lang ein geteiltes Land war und daß in der DDR, »auferstanden aus Ruinen und der Zukunft zugewandt«, gleich wieder eine Heilslehre gepredigt wurde, nur mit anderem Inhalt als bisher. Nicht wenige Dichter und Denker, die sogenannten Linksintellektuellen, selbst wenn sie an der schäbig engstirnigen, bürokratischen Parteiherrschaft sich wund stießen, haben dennoch die Hoffnung genährt, daß aus der Utopie des Guten einmal Wirklichkeit werden könne; der Zusammenbruch des Sozialismus und der Triumph des schnöde ungläubigen und eben damit zur Heillosigkeit verurteilten Westens haben diese Menschen darum eher in Melancholie als in Jubelstimmung versetzt. Und wer darf annehmen, daß damit der Flug der Gedanken und der Herzen ein für allemal zum Stillstand gekommen ist? Schon 1993 hat der skeptische Joachim Fest (Jahrgang 1926) geschrieben:

»Inzwischen liegen die Beweise dafür vor, daß diese Erwartung sich nicht erfüllen wird. Doch ohnehin konnte man wissen, daß es keinen historischen Zustand gibt, aus dem die Menschen sich schließlich nicht in einen besseren fortwünschen. Vieles spricht sogar dafür, daß die Ruhelosigkeit der historischen Bewegung zunehmen und noch dramatischere Konflikte aus sich hervortreiben wird. Denn die vom Sozialismus gebundenen Bedürfnisse nach einem Glauben und einer Daseinsbotschaft sind mit dessen Ende ziellos geworden und werden nicht lange damit warten, neue Uniformen anzulegen und unter neuen Fahnen zu neuen Phantasiereichen aufzubrechen.«*

In der Bundesrepublik wurden bereits 1968 neue Fahnen gehißt. Am Anfang stand die Studentenbewegung; erstes Angriffsziel bildeten die akademischen Institutionen, besonders die Professoren. Neben offensichtlichen Mißständen in den Hochschulen gab es andere, vielfältige Anlässe: als Vorspiel schon 1967 den Besuch des Schahs von Persien und die Polizeikugel, die Benno Ohnesorg tötete, dann die große Koalition in Bonn und ihre Notstandsgesetze, die den Staat auf neue oder womöglich sehr traditionelle Weise »wehrhaft« machen sollten, das Zerbrechen des Nachkriegsidols Amerika am Krieg in den Dschungeln und Reisfeldern von Vietnam, die buchstäblich zündenden Vorbilder vom kalifornischen Berkeley bis Paris.

Aber jenseits aller Anlässe ging es um viel mehr, um Bedürfnisse des Geistes und der Herzen nach Orientierung an einer Scheidung der Welt und der Menschen nach Freund und Feind, einmal mehr um die Kinder des Lichts und die Kinder der Finsternis, um die Utopie, die wieder Sinnziele setzte und die Hingabe lohnte. Und wenn, wie man gesagt hat, ein Generationenkonflikt ausgefochten wurde – gemäß dem Motto: »Trau keinem über dreißig!« –, dann handelte es sich nur vordergründig um die Empörung über verstockte Naziväter; der Mühe zeitgeschichtlicher Aufklärung wurde weit weniger Aufmerksamkeit und Energie gewidmet als einer schnell beschafften marxistischen Dogmatik, die sich irgendwo in der Ferne, bei Vaterfiguren wie Ho Tschi-minh oder Mao Tse-tung, ihr romantisches Ziel suchte. Nein, hintergründig vollzog sich eine Aufkündigung der Skepsis zugunsten der Glaubensbedürfnisse; auf die rechte, vielmehr die gute linke Gesinnung kam es nun wieder an.

In seiner Schrift »Zum ewigen Frieden« hat Immanuel Kant behauptet, das Problem der Staatserrichtung sei selbst für ein Volk von Teufeln lösbar – wenn sie nur Verstand hätten. Aber das größere Problem liegt darin, daß die Menschen sich oft nicht wie verständige Teufel, sondern wie unverständige Engel verhalten, die für das angeblich Gute streiten, koste es, was es wolle. Die Skepsis geht daher von einem zwiespältigen Menschenbild aus und sagt mit Reinhold Niebuhr: »Des Menschen Sinn für Gerechtigkeit macht Demokratie möglich, seine Neigung zur Ungerechtigkeit macht Demokratie notwendig.«*

Die Protestbewegung von 1968 hat sich zersplittert oder verloren, manchmal in den Amoklauf der Gewalt, in den

Terrorismus hinein, mehrheitlich in Staatsämtern mit Pensionsberechtigung. Das ist der Lauf der Welt, und nur manchmal erinnern sich die inzwischen ergrauten Veteranen noch mit Wehmut an ihre einstigen Träume: »Weißt du noch, damals?«

Aber warum soll unter neuen Vorzeichen nicht wiederkehren, was einmal war? Wenn man sich umschaut, spürt man überall den Überdruß am Bestehenden und sprungbereit auf der Lauer liegende Energien, den alten, offenbar kaum zerstörbaren Idealismus, Sehnsüchte nach der Utopie oder nach dem drohenden Weltuntergang, um gegen ihn die Kräfte des Guten zu mobilisieren. Sekten, die Errettung versprechen, haben Konjunktur, wie die Esoterik, die Geisterbeschwörungen, und unsichtbare Kräfte aus dem Weltall steuern auf uns zu. Wie sich die falschen Propheten der Zukunft darstellen werden, wissen wir nicht, vielleicht als Rettungsprediger für die verlorene Natürlichkeit, und schon Heinrich Heine hat gesagt: »Noch schrecklicher als alles wären Naturphilosophen.«* Doch ob nun in grünen oder andersfarbigen Gewändern oder in einer Einkleidung, von der wir noch gar keine Vorstellung haben: Wehe in jedem Fall den Predigern des innerweltlichen Heils! So gesehen, ist es beinahe beruhigend, daß die Deutschen vergreisen. Denn im Alter möchte man bewahren und genießen, was man hat, statt sich auf Abenteuer mit unabsehbarem Ausgang einzulassen. Aber es gibt auf der Welt ja noch viele Regionen und Völker, in denen es von Halbwüchsigen und Hitzköpfen nur so wimmelt – mehr als genug, um sich und unter den Vorzeichen der Globalisierung uns alle ins Unheil zu stürzen.

Nein noch einmal: Man darf sich wirklich nicht in Sicherheit wiegen. Die Ungerechtigkeit und Unhaltbarkeit der bestehenden Zustände schreien zum Himmel. Brennmaterial liegt also reichlich herum, und es fehlt nur noch der Brandstifter von Format, der es entflammt. »Ach, ihr leichtgläubigen Kindsköpfe!« sage ich darum zu den jungen Leuten, die behaupten, daß es sich um Vorgestriges handelt. Und mit Mephisto füge ich halblaut hinzu: »Den Teufel spürt das Völkchen nie, und wenn er sie beim Kragen hätte.«

Was man zum Lob der Skepsis vorbringen kann, läßt sich in einen Satz fassen: Sie ist die Tugend des Unglaubens an das innerweltliche Heil. Sie findet damit eine Grundlage auch im Christentum. Denn der Gott der Bibel sagt seinem Volk, als er die Zehn Gebote verkündet, daß er ein eifriger, eifersüchtiger Gott ist, und zu seinen Geboten gehört: »Du sollst keine anderen Götter neben mir haben.« Nicht soll angebetet werden, was auf Erden ist; alle Weltfrömmigkeit ist des Teufels, und die Naturgottheiten werden vernichtet. Später, als in Europa die Missionare von Westen nach Osten vordringen, gehört zu ihren Werken, daß sie die Naturheiligtümer der Heiden zerstören und die heiligen Eichen oder Eschen fällen.

Der Skepsis ist jede Art von Weltanschauung und Weltgläubigkeit zuwider. Sie weist die Erweckungsprediger ab; sie weiß, was im Matthäusevangelium geschrieben steht: »Hütet euch vor den falschen Propheten, die in Schafskleidern zu euch kommen, inwendig aber sind sie reißende Wölfe.« Und alle sind falsch, die das innerweltliche Heil beschwören und uns Rettung versprechen, falls wir nur gläubig und gehorsam sind und ihnen folgen. Denn zur Kehrseite jeder Heilslehre gehören morgen wie gestern und überall das Aufrühren von Haß und das Dingfestmachen derer, die beiseite geräumt werden müssen, um den Weg in die Zukunft zu bahnen – also das Verfemen, Verfolgen und Vernichten.

Die geschichtliche Erfahrung lehrt, daß es immer so war und darum wohl auch weiter so sein wird. In ihrem festen und guten Glauben haben sogar Christen Kreuzzüge gegen die Ungläubigen und Feldzüge gegen die ketzerisch Abtrünnigen geführt, gefoltert und Hexen verbrannt, die Indianerkulturen in Mexiko und Peru vernichtet. Und erst recht haben in der neueren Zeit die revolutionären Bewegungen und die Fanatiker des Nationalismus gewütet; in manchen Weltgegenden tun sie es bis heute. »Hat eigentlich die Skepsis auf die Schlachtfelder geführt oder der Glaube?« fragt darum Karlheinz Deschner mit Recht.

Skepsis streut Zweifel aus; sie zersetzt die Utopien, die Schwarzweißmalereien und die Freund-Feind-Verhältnisse. Sie behauptet, daß die Verhältnisse wohl komplizierter sind, als man sie darstellt, sie bringt die Ironie in Stellung, schüttelt den Kopf, überfällt den Eiferer mit ihrem Spott: »Ach, wirklich?« Der große Aufklärer Voltaire schreibt an den Eiferer Rousseau, als der ihm eine seiner Schriften geschickt hat: »Nie hat man so viel Geist darauf verwendet, uns wieder zu Eseln zu machen. Man bekommt Lust, auf vier Füßen zu gehen, wenn man Ihr Werk liest. Da ich jedoch seit über sechzig Jahren aus der Übung gekommen bin, fühle ich leider, daß es mir unmöglich ist, sie wieder aufzunehmen. Ich überlasse diese natürliche Gangart denen, die ihrer würdiger sind.« Am Ende des Briefes wird Rousseau auf Voltaires Landgut Ferney in der Nähe von Rousseaus Geburtsort Genf eingeladen, um dort seine Gesundheit wiederherzustellen: »Sie müßten die Freiheit genießen, mit mir die Milch unserer Kühe trinken und auf unserer Weide grasen.«*

Mit anderen Worten: Die Skepsis bildet eine Art von Lebensversicherung gegen das Unheil, das aus den Heilslehren folgt. Aber nach der Revolution von 1789 wurden nicht die Texte von Voltaire, sondern die von Rousseau in den Straßen von Paris verlesen, um das Volk für die gute Sache und dafür zu begeistern, daß man den bösen Leuten den Kopf abschlug. Und in vielen Spielarten gibt es bis heute und besonders in Deutschland die Junger Rousseaus, auch wenn sie gar nicht mehr wissen, wer ihr Ahnherr ist.

Aber ist es denn wirklich wahr, daß die Menschen ohne Heilsgewißheiten nicht zu leben vermögen, daß sie sich immerfort aus den bestehenden Zuständen fortwünschen? Die meisten sind zufrieden, wenn sie halbwegs ordentlich und anständig in gesicherten Verhältnissen sich einrichten können, Erfolg haben, ein Haus bauen, Freunde und Liebe finden und nicht den Helden spielen oder gar sich opfern müssen. Es gibt auch notorisch nüchterne Völker, wie die Schweizer, die Niederländer, die Briten und die Amerikaner – was den Stolz auf die eigenen Errungenschaften keineswegs ausschließt.

Hierzulande hat allerdings Ernst Jünger – 1932 – gesagt: »Jede Haltung, der ein wirkliches Verhältnis zur Macht gegeben ist, läßt sich auch daran erkennen, daß sie den Menschen nicht als Ziel, sondern als Mittel ... begreift. Der Mensch entfaltet seine höchste Kraft, entfaltet Herrschaft überall dort, wo er im Dienste steht. Es ist das Geheimnis der echten Befehlssprache, daß sie nicht Versprechungen macht, sondern Forderungen stellt. Das tiefste Glück des Menschen besteht darin, daß er geopfert wird, und die höchste Befehlskunst darin, Ziele zu zeigen, die des Opfers würdig sind.«* Aber das war eben schon ein Vorspiel des deutschen Wahns, der in die Katastrophe führte, und was sich anschloß, war der Katzenjammer.

Wenn die Skepsis nicht zum großen Aufbruch oder zum revolutionären Umsturz begeistert, dann taugt sie doch um so besser zu Reformen, das heißt dazu, das Bestehende Schritt um Schritt zu verbessern. Und sofern die Skepsis auch aus christlichem Wurzelwerk stammt, hat Eduard Heimann zwar überspitzt, aber keineswegs abwegig formuliert: »Reformfähigkeit haben die Leute aus ihrer christlichen Erziehung gelernt; es gibt sie nirgend sonst auf der Welt. Ein gutes englisches Gebet lautet: Herr, reformiere die Welt, beginnend mit mir.«* Ganz natürlich richtet Skepsis ihre Blicke auch auf das, was ist, und klopft es aufs Hohle und Morsche hin ab. Sie mißtraut den Fassaden – je glänzender sie sich darstellen, desto mehr.

Das Prinzip des Änderns und Besserns nicht mit dem einen großen Schlag, der das Endgültige und Vollkommene verspricht, sondern des schrittweisen Vortastens in eine offene Zukunft hinein, hat schon im 18. Jahrhundert der Engländer Edmund Burke gültig beschrieben: »Wann immer wir verbessern, sollten wir Raum für weitere Verbesserungen lassen. Wir sollten uns umblicken und prüfen, was wir bewirkt haben. Dann können wir mit Zuversicht fortfahren, weil wir es mit Klugheit tun. Bei überhasteten Reformen dagegen, bei dem, was man mit mehr Eifer als Überlegtheit ›ganze Arbeit‹ nennt, ist alles meist so unausgereift, schroff und unverdaut, so sehr mit Unüberlegtheit und Ungerechtigkeit vermischt … daß die gleichen Leute, die eben noch die größten Eiferer waren, bald abscheulich finden, was sie angerichtet haben. Dann ruft man das gerade aus der Welt geschaffte Übel aus dem Exil zurück, um es als Korrektur der Korrektur einzusetzen; das Übel selbst gewinnt die Glaubwürdigkeit einer Reform; das Ideal guter Politik gerät als Utopie unerfahrener Hitzköpfe in Mißkredit. So werden schließlich die Übel unheilbar, nicht aus sich selbst, sondern wegen der falschen und gewaltsamen Heilmittel.«*

Das heißt mit anderen Worten: Die radikale Umstürzlerei und die Erstarrung sind Zwillinge, denn beide entstammen dem gleichen Geist oder vielmehr Ungeist des Dogmatismus. Die Skepsis dagegen nimmt nichts ungeprüft hin, weder die Autorität der Gegenwart, wie sie ist, und schon gar nicht die Modeströmungen des Zeitgeistes, noch die Zukunft, wie sie den Träumen nach sein soll, übrigens auch nicht die Vergangenheit, wenn man sie entweder aus Zuneigung oder aus Unkenntnis verfälscht, übergoldet und behauptet, einst sei alles viel besser gewesen. Darum sind sogar politische Verfassungen, falls sie etwas taugen, nicht aus dem Prinzip Hoffnung, sondern aus der Skepsis geboren worden.

Das gilt zum Beispiel für das Bonner Grundgesetz aus dem Jahre 1949. Unsere Verfassungsväter und – weit in der Minderheit – Verfassungsmütter (vier Frauen neben einundsechzig Männern) waren die gebrannten Kinder bitterer Erfahrungen; sie hatten erlebt, daß eine freiheitliche Ordnung zerstört und in die Gewaltherrschaft verkehrt worden war. Die Schreckenserfahrung der Unmenschlichkeit war ihnen handfest begegnet und hatte ihr Leben geprägt. Darum glaubten sie nicht an das Gute, das sich von selbst versteht, und versuchten, der Wiederkehr des Unheils vorzubeugen, soweit dies mit der Formulierung von unantastbaren Grundrechten und Verfahrensregeln überhaupt sich erreichen ließ.

Leider hat die Skepsis der Nachkriegszeit doch die deutsche Neigung nicht auf Dauer gezähmt, unsere Verfassung statt als nüchterne Gebrauchsanweisung als eine Art von Katechismus des Guten und Bösen zu mißdeuten. Dazu hat Robert Leicht sarkastisch gesagt: »Jedermann als Reaktionär oder linkssozialistischen Kollektivisten zu bezichtigen ist zwar an sich schon ein schönes Verdammungsurteil; doch zündend hört es sich erst an, wenn der Betroffene außerdem nicht mehr auf dem ›Boden des Grundgesetzes‹ steht, also nicht nur politisch, sondern zudem ›rechtskräftig‹ verurteilt ist. Die Gegenreaktion liegt auf der Hand: Weil es politisch nicht gerade förderlich ist, derart gebrandmarkt zu sein, schwört nun wieder jeder Stein und Bein aufs Grundgesetz, alle auf denselben Artikel, so daß außer großem verbalem Aufwand nicht mehr gewonnen ist als eine heillose Verdeckung des eigentlichen politischen Konflikts.« Und weiter: »Je mehr die politischen Kräfte dazu neigen, nur solche Interessen für achtbar zu halten, die sich direkt auf einen Verfassungsauftrag berufen können, desto stärker leisten sie dem fatalen Vorurteil Vorschub, wonach politische Interessen für sich genommen nicht nur nicht besonders anerkennenswert sind, sondern geradezu verwerflich. Diese Denunziation des Politischen muß ein parlamentarisches System auf das empfindlichste treffen, abgesehen von dem hohen Maß an Realitätsverlust, das sie bei seinen Bürgern auslösen kann.«* In der Tat. Und der liberale Bundespräsident Walter Scheel hat ironisch angemerkt: »Die Demokratie kann und will ihren Bürgern nicht ihren Lebenssinn, handlich verpackt, liefern; den müssen sich die Bürger schon selber suchen.«*

Ein klassisches Beispiel für die politische Fruchtbarkeit der Skepsis liefert die amerikanische Verfassung. In den berühmten »Federalist Papers« aus den Jahren 1787/88 liest man zur Begründung der Gewaltenteilung: »Die wichtigste Sicherung gegen die allmähliche Konzentration der Gewalten in einem Amtsbereich liegt darin, dafür zu sorgen, daß die Männer, welche die einzelnen Ämter verwalten, die notwendigen verfassungsmäßigen Mittel und ein persönliches Interesse daran haben, sich gegen die Übergriffe aus anderen Amtsbereichen zur Wehr zu setzen.

Wie in allen anderen Fällen müssen die Maßnahmen zur Verteidigung der voraussichtlichen Stärke des Angriffs entsprechen. Ehrgeiz muß durch Ehrgeiz unschädlich gemacht werden. Das persönliche Interesse muß mit den verfassungsmaßigen Rechten des Amtes Hand in Hand gehen. Es mag ein schlechtes Licht auf die menschliche Natur werfen, daß solche Maßregeln notwendig sein sollten, um Mißbräuche der Regierung zu verhindern. Aber setzt nicht schon die Tatsache, daß Regierungen überhaupt nötig sind, die menschliche Natur in ein schlechtes Licht? Wenn die Menschen Engel wären, brauchten sie keine Regierung. Und wenn Engel über die Menschen herrschten, dann wäre weder eine äußere noch eine innere Kontrolle der Regierung notwendig.«* Aber die Menschen sind nun einmal keine himmlischen Lichtgestalten, sondern höchst fehlbare Wesen – und am meisten dann, wenn sie als Racheengel des Wahren, Guten und Schönen auftreten.

Ein Philosoph der Gegenwart, Odo Marquard (Jahrgang 1928), hat sich ausdrücklich zur Skepsis bekannt und mit Stolz auf die Ahnenreihe hingewiesen, der er sich verpflichtet fühlt: »Die Skepsis ist eine alte Sache, und natürlich gehört sie in die Geschichte der Philosophie: als pyrrhonische und akademische Skepsis der hellenistischen Zeit; als moralistische Skepsis von Montaigne und Charron; als aufklärerische Skepsis von Bayle und Hume; als anthropologische Skepsis von Schulze-Anesidem und Plessner, als historische Skepsis von Burckhardt und als antihistorische Skepsis von Löwith. Das ist also eine wohlidentifizierbare Tradition der Philosophie, eine alte ...«*

Ihre Durchsetzungsfähigkeit allerdings muß man mit Skepsis betrachten, und weil Marquards Sätze in einem Buch zu finden sind, das den Titel »Abschied vom Prinzipiellen« trägt, sollte man sich davor hüten, etwas zum

Prinzip zu verklären, was dafür kaum brauchbar ist. Gleichwohl halte ich die Skepsis für eine zwar altmodische, aber unverzichtbare, ja lebensrettende Tugend und rühme an ihr, daß sie nützlich ist. Sie hilft dazu, das Gleichgewicht zu bewahren, statt von einem Extrem ins andere zu geraten.

Womöglich kann man daraus sogar einen Ratschlag ableiten und den in einem Vergleich anschaulich machen. Segelboote und besonders hochgezüchtete Regattayachten neigen sich unter dem Druck des Windes; unter Umständen kentern sie. Um das zu verhindern, lehnt sich die Besatzung so weit wie möglich über die andere Bordwand hinaus, um ein Gegengewicht zu schaffen. Neigt das Boot sich nach rechts, seemännisch ausgedrückt nach Steuerbord, so findet man die Besatzung links, an Backbord. Oder umgekehrt; je nach Windrichtung wechselt sie die Seite.

Dieses Bild läßt sich auf die Verhältnisse übertragen, in denen wir leben. Auch ihn ihnen wechseln oft und manchmal sprunghaft die Fahrtrichtungen und die Winde, die Launen und Modeströmungen des Zeitgeistes. Leider verhalten sich seine Mitreisenden kaum sachgerecht wie die Segler, sondern eher töricht. Es fehlen ihnen die Erfahrungen, über die vom Wetter gegerbte Wasserratten verfügen. Der angeblichen Sensationen wegen, die es zu sehen gibt, stürzen sie der Seite zu, auf der sich die Mehrheit der Menschen ohnehin schon befindet und zu der darum das Boot sich neigt. Wenn dann das Kentern droht, geraten die Leute in Panik: Rette sich, wer kann!

Daraus ergibt sich der Rat, stets skeptisch zu bleiben gegenüber dem, was jeweils im Schwange ist und von dem die Meinungsmacher behaupten, daß es gut und gerecht sei. Natürlich folgen daraus auch Nachteile; es ist selten bequem, zu den Außenseitern zu gehören, und leicht macht man sich unbeliebt. Doch die Vorteile überwiegen.

Erstens ist es schwieriger, Unheil anzurichten, wenn man sich bei der Minderheit befindet statt im großen Haufen. Für diese Einsicht sollte man sich womöglich mit dem Seelenkompaß ausrüsten, der dem Snob sagt: Wo alle Zutritt haben und sich einfinden, ist es mir sowieso nicht gut genug.

Zweitens findet man unter den Außenseitern weit eher die Charaktere, mit denen der Umgang sich lohnt, nicht bei den Mitläufern der Moden und den geschmeidigen Anpassern.

Drittens bedroht uns der Aufenthalt in der Menge mit Blindheit und Taubheit. Im Getümmel sieht, im Gebrüll hört man nichts mehr. Unter den wenigen aber bewahrt man weit eher einen klaren Kopf.

Aber was geschieht, wenn die allgemeine Fahrtrichtung sich unverhofft ändert oder die Winde umschlagen? Dann strömt womöglich die Menge auf uns zu und möchte uns in die Arme schließen, weil wir so standhaft geblieben waren. Und dann ist es an der Zeit, schleunigst wieder die Seite zu wechseln.

Nach dem 11. September 2001

Das »Lob der Skepsis« habe ich vor dem 11. September 2001 geschrieben und kein Wort geändert. Aber nichts, so heißt es jetzt allgemein und immer wieder, wird nach dem Tag des Entsetzens noch so sein, wie es vorher war. Die Bilder von den einstürzenden Türmen des World Trade Center in New York sprechen vom bisher unbekannten Krieg der Zukunft gegen die Zivilisation.

Diese Behauptung zeugt von einer erstaunlichen Blindheit, zumal in Deutschland. Sind wir nicht stolz auf unsere »Erinnerungskultur«, die den »Zivilisationsbruch Auschwitz« beschwört – um nicht zu sagen: ihn wie eine Fahne vor sich herträgt? Doch wozu taugt sie, wenn sie uns nicht mit der Erkenntnis wappnet, daß sich wiederholen kann, was schon einmal geschah? Es scheint beinahe, als habe sich mit dem bloßen *Ritual* des Erinnerns um so gutgläubiger und selbstgerechter das Vergessen gepaart. Oder als hätten wir uns mit der Versicherung beruhigt, daß es sich um etwas Einmaliges gehandelt habe. Das freilich ist ständig gesagt und jeder als ein Beschwichtiger beargwöhnt oder beschimpft worden, der es nicht wahrhaben wollte. Jetzt aber zeigt sich, daß gerade solch ein Moralismus des Einmaligen einäugig und bodenlos leichtfertig war.*

Natürlich tritt der Terrorismus unserer Tage unter anderen Vorzeichen und Parolen, mit anderen technischen Mitteln auf als die Schreckensherrschaft des »Dritten Reiches«, und auf den ersten Blick hat ein Osama Bin Laden nichts mit Adolf Hitler gemein. Doch um so schlagender zeigen sich die hintergründigen Übereinstimmungen.

Man lese noch einmal, was Ernst Jünger 1932 schrieb: »Das tiefste Glück des Menschen besteht darin, daß er geopfert wird, und die höchste Befehlskunst darin, Ziele zu zeigen, die des Opfers würdig sind.« Dieser Satz bezeichnet die Versuchung, die im Menschen als Menschen angelegt ist, und es ist nicht nur möglich, sondern notwendig, ihn zu ergänzen: Die höchste Versuchung besteht darin, zu sein wie Gott, das heißt, über den eigenen Tod und die Mission zum Töten zu verfügen.

Mohamed Atta, einer der Selbstmordpiloten des 11. September, hinterließ in seinem Gepäck ein Dokument, in dem geschrieben stand: »Jedermann haßt den Tod und fürchtet ihn. Aber nur jene, die Gläubigen, die von dem Leben mit dem Tod und der Belohnung nach dem Tod wissen, werden diejenigen sein, die den Tod *suchen.*«* Mit dem jenseitigen Leben im Paradies konnte man in Deutschland freilich nicht aufwarten; an seine Stelle trat die Verheißung des ewigen Ruhms. In diesem Sinne sind die jungen Kriegsfreiwilligen, die 1914 im flandrischen Novembernebel singend in den Tod stürmten, mit dem Deutschlandlied auf den Lippen, zum Mythos und zum Maßstab für kommende Generationen erhoben worden.* Hitler hat in »Mein Kampf« den »Idealismus« beschworen und ihn gedeutet: »Wir verstehen darunter nur die Aufopferungsfähigkeit des einzelnen für die Gemeinschaft, für seine Mitmenschen.«*

Das wahrhafte Leben offenbart und erfüllt sich vom Tod her; in seinem Angesicht, in Feuertaufe und Schlachtensturm, gerät es an sein Äußerstes, zur Ekstase: »Dieser Zustand des Heiligen, des großen Dichters und der großen

Liebe ist auch dem großen Mute vergönnt. Da reißt Begeisterung die Männlichkeit so über sich hinaus, daß das Blut kochend gegen die Adern springt und glühend das Herz durchschäumt. Das ist ein Rausch über allen Räuschen, Entfesselung, die alle Bande sprengt. Es ist eine Raserei ohne Rücksicht und Grenzen, nur den Gewalten der Natur vergleichbar. Da ist der Mensch wie der brausende Sturm, das tosende Meer und der brüllende Donner. Dann ist er verschmolzen ins All, er rast den dunklen Toren des Todes zu wie ein Geschoß dem Ziel. Und schlagen die Wellen purpurn über ihm zusammen, so fehlt ihm längst das Bewußtsein des Überganges. Es ist, als gleite eine Welle ins flutende Meer zurück.«*

Philosophisch hat Martin Heidegger den Tod geadelt: Im »Vorlaufen« zum Tod, einzig von ihm her soll sich die »eigentliche« Existenz des Menschen begründen und von der uneigentlichen scheiden.* Wahrlich: »Der Tod ist ein Meister aus Deutschland«, wie Paul Celan in seiner »Todesfuge« gesagt hat.*

Mit der Hellsicht des Feindes hat Georges Clemenceau den deutschen Todesmythos beschrieben: »Lieber Freund, es entspricht dem Wesen des Menschen, das Leben zu lieben. Der Deutsche kennt diesen Kult nicht. Es gibt in der deutschen Seele, in der Kunst, in der Gedankenwelt und Literatur dieser Leute eine Art Unverständnis für alles, was das Leben wirklich ist, für das, was seinen Reiz und seine Größe ausmacht, und an dessen Stelle eine krankhafte und satanische Liebe zum Tod. Diese Leute lieben den Tod. Diese Leute haben eine Gottheit, die sie zitternd, aber doch mit einem Lächeln der Ekstase betrachten, als wären sie von einem Schwindel erfaßt. Und diese Gottheit ist der Tod. Woher haben sie das? Ich weiß darauf keine Antwort. Der Deutsche liebt den Krieg als Selbstliebe und weil an dessen Ende das Blutbad wartet. Der Deutsche begegnet ihm, wie wenn er seine liebste Freundin wäre.«*

Aber Clemenceau schrieb das unter dem Eindruck des Ersten Weltkriegs. Er kannte noch keinen Adolf Hitler und keinen Holocaust, der nicht, wie der 11. September 2001, dreitausend, sondern sechs Millionen Menschen das Leben kostete. Von *diesem* Töten hat der »Reichsführer SS« Heinrich Himmler 1943 in einer Rede vor SS- und Polizeikommandeuren gesagt: »Von Euch werden die meisten wissen, was es heißt, wenn hundert Leichen beisammen liegen, wenn fünfhundert daliegen oder wenn tausend daliegen. Dies durchgehalten zu haben und dabei – abgesehen von Ausnahmen menschlicher Schwäche – *anständig* geblieben zu sein, das hat uns hart gemacht. Dieses ist ein niemals geschriebenes und niemals zu schreibendes *Ruhmesblatt* unserer Geschichte.«*

Das Töten rechtfertigt sich am Feind, und für die Terroristen der Gegenwart ist er derselbe, der es in der neueren deutschen Geschichte bis 1945 war: die offene Gesellschaft der westlichen Zivilisation. Sie »zersetzt« und zerstört den wahren Glauben – oder das Einzigartige der deutschen Kultur.

Man mag das für eine Zwangsvorstellung, für einen Wahn halten, und weithin ist es das auch. Aber aus dem Wahn allein läßt sich die abgründige Angst, die verzweifelte Energie der Gegenwehr schwerlich erklären, die heute im Islamismus zutage tritt und die gestern die Deutschen in die Kampf- und Opferbereitschaft zweier Weltkriege trieb. Tatsächlich handelt es sich um eine Entwicklung, wie es sie tiefgreifender in der Weltgeschichte noch niemals gegeben hat. Ein vielschichtiger, oft widersprüchlicher und fast immer konfliktreicher, doch im Ergebnis eindeutiger

Prozeß, der schon in der Renaissance beginnt, also sich über Jahrhunderte erstreckt, führt – schlagwortartig ausgedrückt – vom »Wir« zum »Ich«.* Der Einzelne gewinnt den Vorrang vor allen überkommenen Gruppenbindungen und Gemeinschaften. Das gilt geistig wie moralisch oder rechtlich und erscheint als Zugewinn an Unabhängigkeit, deren Kehrseite die Vereinzelung ist. Zu den materiellen Fundamenten dieser Entwicklung gehört die Durchsetzung des Kapitalismus, zu den ideellen die Proklamation von Menschen- und Bürgerrechten unter den Vorzeichen von Freiheit und Gleichheit. Wenn es im Artikel 1 unserer Verfassung heißt, daß die Würde des Menschen unantastbar sei, dann wird damit festgestellt, daß niemand, kein Gott und keine weltliche Gewalt, keine Scheidung nach Geschlecht, Abstammung, Rasse, Sprache, Heimat und Herkunft, dem Glauben, den religiösen oder politischen Anschauungen die Selbstverantwortung des Individuums beschädigen darf.

Die deutsche Auflehnung gegen die moderne Zivilisationsentwicklung beginnt schon im Kaiserreich mit den vielfältigen Erscheinungsformen des Kulturpessimismus.* Im Jahre 1887 konstruiert Ferdinand Tönnies aus bereits älteren Ansätzen den Gegensatz von (Kultur-)Gemeinschaft und (Zivilisations-)Gesellschaft, der in der Gemeinschaftsbegeisterung der Jugendbewegung Karriere macht und schließlich in die nationalsozialistische »Volksgemeinschaft« mündet.* Die »Ideen von 1914« reden dann vom Existenzkampf der deutschen Kultur gegen den Ansturm der westlichen Zivilisation. In den Worten von Thomas Mann: »Der Unterschied von Geist und Politik enthält den von Kultur und Zivilisation, von Seele und Gesellschaft, von Freiheit und Stimmrecht, von Kunst und Literatur; und Deutschtum, das ist Kultur, Seele, Freiheit,

Kunst und nicht Zivilisation, Gesellschaft, Stimmrecht, Literatur.«*

Und so immer weiter; Hitler hat alledem bloß noch den abgründigen Haß und die mörderische »Endlösung der Judenfrage« hinzugefügt. Die Juden erschienen als die Gewinner (und dem Wahn zugleich als die geheimen Urheber) der modernen Zivilisationsentwicklung; ihre Vernichtung stellte sich darum als der symbolträchtige Widerruf der Freiheit und Gleichheit dar.

Seit 1945 haben wir dem Wahn abgeschworen; wir sind zu Bürgern der offenen Gesellschaft, zu Mitgliedern der westlichen Zivilisation geworden und verstehen selbst kaum mehr, was vorher war. Allenfalls am Rande regt sich noch dumm und dumpf eine klammheimliche Freude an dem, was zunächst die Amerikaner betroffen hat. Und zumindest läßt sich erhoffen, beinahe erwarten, daß die Solidarität mit ihnen mehr ist als bloß eine Phrase.

Aber die Terroristen unserer Tage fechten den deutschen Kampf der Vergangenheit noch einmal aus. Sie unterscheiden sich von ihm und von seinen Antriebskräften nur durch ihre religiösen statt nationalistischen Worthülsen und durch die technischen Mittel, die sie einsetzen. Und mit der gleichen Zielgenauigkeit, mit der Hitler die »Endlösung« betrieb, haben sie am 11. September 2001 ihre Flugbomben in die Türme des World Trade Center von New York gesteuert. Denn was symbolisierten die, wenn nicht den weltweiten Siegeszug der westlichen Zivilisation auf der Grundlage der wirtschaftlichen Globalisierung? Diese unheimliche Nähe legt einige Schlußfolgerungen nahe.

Erstens sollten wir uns von der Bequemlichkeit einer »Erinnerungskultur« verabschieden, die in Wahrheit nur der Deckmantel des Vergessens und eine Brutstätte der Beschwichtigung ist. Eine Hilfe zum wirklichen Erinnern kann es sein, wenn wir wieder lesen, was über die Tageserregung hinausreicht.*

Zweitens müssen wir uns vor der Überheblichkeit hüten. Was heute Islamisten in Gang setzen, war gestern noch in Mitteleuropa zu Hause, eine Sache deutscher Denker und Täter. Das heißt in der Gegenrichtung: Wir haben es nicht mit primitiven Hinterwäldern, mit hungernden Habenichtsen oder mit gewöhnlichen Gangstern, sondern jedenfalls im Ausgangspunkt mit kultivierten und zu allem entschlossenen Leuten zu tun.

Drittens handelt es sich um weit mehr als eine Verbrecherjagd, wie schwierig und langwierig auch immer. Buchstäblich wie im übertragenen Sinne ist unsere offene Gesellschaft auf Leben und Tod herausgefordert, und sie muß dieser Herausforderung geistig ebenso wie politisch und militärisch gewachsen sein. In solch einem Kampf bildet die Skepsis gegenüber allen Heilslehren eine wichtige und unverzichtbare Waffe.

Unser christliches Erbe

Der pommersche Gutsherr Ewald von Kleist-Schmenzin war vom ersten Tag der »Machtergreifung« an ein unbeugsamer Gegner der nationalsozialistischen Gewaltherrschaft. Um das Unheil aufzuhalten, reiste der preußische Patriot im Jahre 1938 nach London, um die britische Regierung davor zu warnen, Hitlers Forderungen nachzugeben. Und als im Januar 1944 sein Sohn fragte, ob er sich mit dem Tyrannen in die Luft sprengen sollte, wie Stauffenberg es ihm angetragen hatte, gab dieser Vater eine altrömische Antwort: »Ja, das mußt du tun. Wer in einem solchen Moment versagt, wird nie wieder froh in seinem Leben.«*

Aber Kleist stand sehr allein. Von den Ausnahmen abgesehen, die die Regel bestätigen, ließen die konservativen Eliten sich auf Hitler als das im Vergleich zur Weimarer Republik angeblich »kleinere Übel« ein. Sie suchten die Zusammenarbeit, und sei es als die betrogenen Betrüger, die dem Wahn erlagen, durchs Mitmachen das noch Schlimmere verhüten zu können. Kleists Empörung über diesen Tatbestand steigerte sich zur Verachtung: »Dumm wie ein Intellektueller, glaubenslos wie ein Pfarrer, ehrlos und feige wie ein General« nannte er die Anpasser und Mitmacher, die auf den eigenen Vorteil, die Karriere, auf Orden und Eichenlaub sahen. Oder, schneidender noch: »Charakterlos wie ein deutscher Beamter, gottlos wie ein protestantischer Pfaffe, ehrlos wie ein preußischer Offizier.«*

Lassen wir die Beamten und Offiziere beiseite. Doch daß die weitaus meisten evangelischen Kirchenleute gott- und glaubenslos sind, trifft noch immer zu – oder heute erst recht. Die Vermutung liegt nahe, daß es im katholischen Raum inzwischen recht ähnlich aussieht, aber aus Mangel an Kenntnissen soll hier nur von den Protestanten die Rede sein. Deren Bekenntnis, bei Abendmahlsfeiern oder anderen Gelegenheiten hergebetet, lautet:

»Ich glaube an Gott, den Vater, den Allmächtigen, Schöpfer Himmels und der Erde. Und an Jesum Christum, seinen eingeborenen Sohn, unsern Herrn, der empfangen ist vom heiligen Geist, geboren von der Jungfrau Maria, gelitten unter Pontio Pilato, gekreuzigt, gestorben und begraben, niedergefahren zur Hölle, am dritten Tage wieder auferstanden von den Toten, aufgefahren gen Himmel, sitzend zur Rechten Gottes, des allmächtigen Vaters, von dannen er kommen wird, zu richten die Lebendigen und die Toten. Ich glaube an den heiligen Geist, eine heilige christliche Kirche, die Gemeinde der Heiligen, Vergebung der Sünden, Auferstehung des Fleisches und ein ewiges Leben. Amen.«

Im Anhang zu Gesangbüchern findet man diesen Text als zweites Hauptstück von Martin Luthers »Kleinem Katechismus«, dreifach mit der Bekräftigung versehen: »Das ist gewißlich wahr.« Wer aber nachfragt, stößt auf Verlegenheiten: Nun ja, das sei doch vor fast einem halben Jahrtausend formuliert worden, 1530 als ein Fundament des Augsburgischen Bekenntnisses. (Und schon damals handelte es sich um des lieben Friedens willen um diplomatische Formelkompromisse, die indessen die Verfolgungen und Vertreibungen, die Religionskriege nicht verhinderten.) Weiter wird gesagt: Beinahe, ja beinahe ganz habe man sich damals noch im Mittelalter befunden, in einem anderen Weltverständnis, als es uns zu eigen sei. Man solle die Worte also nicht beim Wort nehmen, dürfe nicht am Buchstaben kleben, sondern müsse als »Chiffre«, als Zeichen, Gleichnis, Sinnbild oder als einen Mythos deuten, was da in der Sprache der Vorväter überliefert wurde. Entsprechend »entmythologisieren« die modernen Theologen.*

Dabei gerät freilich ins Ungefähre, nebelhaft Zerfließende, was wirklich gemeint sein soll. Müßte man nicht, falls man ehrlich wäre, einen völlig anderen Text entwerfen? Oder sollte man, wenn der mißrät, weil man sich nicht einigen kann, aufs Bekenntnis überhaupt verzichten? Die Frage ist dann nur: Was wird aus einem Glauben, den man nicht mehr beim Wort nehmen darf? Gibt es nun eine Auferstehung und ein ewiges Leben, oder gibt es sie nicht?

Wenn man hineinhört ins »Wort zum Sonntag«, die entsprechenden Wortschnipsel öffentlich-rechtlicher Rundfunkanstalten oder die Kanzelpredigten in dürftig gefüllten Kirchen, dann gibt es sie nicht. Von Gott und der Welt ist die Rede – vor allem von der Welt, die leider selten so ist, wie sie sein sollte, mit der passenden Anknüpfung ans Alltagsgeschehen, an Erdbeben und Überschwemmungen, Explosionen und Feuersbrünste, Flugzeugabstürze und Schiffsuntergänge oder an die Gewalt, an Bürgerkriege und Kriege, an die politischen Ereignisse, die gerade die Schlagzeilen füllen, kurz an die immerwährende Betroffenheit vom Unverhofften, durch das Böse, das Verbrechen, die Ungerechtigkeit, den Haß. Hinzu gesellt sich die gehörige Entrüstung, nach dem Vorbild des Pharisäers zwar einigermaßen bibelgerecht, aber höchst unchristlich: »Ich danke dir, Gott, daß ich nicht bin wie die anderen Leute, Räuber, Ungerechte, Ehebrecher oder auch wie dieser Zöllner.«

Zum bekömmlichen Ausgleich sollen wir Gutes tun; wir

werden an die Notleidenden, in biblischer Sprache die Mühseligen und Beladenen erinnert, die Armen und die Asylsuchenden, die Behinderten, die Einsamen und Alten, die hungernden Kinder in Afrika. (Schon in meiner Jugend gab es bei unserer Kirche das alljährliche »Missionsfest«, bei dem die Besucher für diese Kinder unter der Tropensonne, die ich mir nach dem Muster einer Schokoladenfigur, des Sarottinegers, vorstellte, je nach Vermögen ein paar Mark oder Groschen und, eingedenk des harten pommerschen Winters, selbstgestrickte Pulswärmer spendeten.) Doch zugleich kommt Besinnliches zur Sprache, etwa das Werden und Vergehen der Natur im Ablauf der Jahreszeiten samt Blumenblühen und Vogelzwitschern. Denn irgendwie soll ja zur christlichen Botschaft die Freude gehören, obwohl kaum noch erkennbar ist, was sie von den Verheißungen der Touristikindustrie oder der modernen Spaßgesellschaft unterscheidet. Wenn dann der Spaß vorüber ist, wird wieder der Herr Pastor zur Stelle sein und die passenden Worte sprechen: »Erde zu Erde, Asche zu Asche und Staub zu Staub.«

Wahrlich nichts ist gegen die Besinnung einzuwenden und erst recht nichts gegen die Wohltätigkeit. Die Kirche hat sich zu einer allzuständigen Sozialagentur des Guten entwickelt. Man müßte sie erfinden, wenn sie nicht schon bestünde, sei es von Staats wegen oder in Bürgervereinen mit ehrenamtlicher Tätigkeit und spendenbereiten Stiftern. Daß es bei allem Wohlstand, den wir genießen, die Hilflosen und Schutzbedürftigen, die Armen und das allfällige Weltelend gibt, versteht sich, und es ist wichtig genug, daß jemand daran erinnert. Auch die Vorbilder sind wichtig; in dem Tropendoktor Albert Schweitzer und der im indischen Unheil zupackenden Mutter Teresa erkennen wir die modernen Heiligen, die wir brauchen.

Übrigens schließt die Schutz- und Hilfsbedürftigkeit inzwischen die Natur ein, die von den Triumphen unserer Weltbemächtigung bedroht und womöglich zerstört wird. Die passenden Schlagworte sind bald gefunden; »Bewahrung der Schöpfung« heißt die zeitgemäße Parole, die so einleuchtend wirkt wie die Pflichten, die uns damit auferlegt sind. Passende Liedertexte gesellen sich hinzu, etwa dieser des dichtenden Pfarrers Detlef Block auf dem Jahre 1978:

»Wir wollen gut verwalten,
was Gott uns anvertraut,
verantwortlich gestalten
was unsre Zukunft baut.
Herr, laß uns nur nicht fallen
in Blindheit und Gericht.
Erhalte uns und allen
des Lebens Gleichgewicht.«

Ja, das läßt sich beinahe so gut singen, im Chor mit engagierten Naturschützern, dem Umweltminister, den Grünen oder Greenpeace und dem World Wildlife Fund, wie einst die Lieder von Paul Gerhardt oder zu Schutz und Trutze mit Martin Luther: »Ein feste Burg ist unser Gott, ein gute Wehr und Waffen …«

Aber wozu denn heute noch Gott? Sollte man ihn nicht besser aus dem Spiel lassen? Den »Alliierten von Roßbach und Dennewitz« beschwor Kaiser Wilhelm II., als er von den »herrlichen Tagen« schwadronierte, zu denen er die Deutschen führen wollte*, und »Gott mit uns« stand auf den Koppelschlössern der Soldaten, als sie in die Weltkriege marschierten. Solche Beispiele schrecken von jeder Fortsetzung ab. Außerdem wissen wir gut genug, daß die Regierungen, die Politiker, die Parteien und am Ende *wir* *selbst* gefordert sind, wenn es darum geht, die Flüsse und die Luft zu reinigen, bedrohte Tierarten zu retten, das Waldsterben zu verhindern und die drohende Klimakatastrophe abzuwenden.

Im christlichen Glauben, der seinen Namen noch verdient, nimmt die Abart von Naturfrömmigkeit, wie wir sie gewohnt sind, ohnehin keinen vorderen, sondern einen nachgeordneten Rang ein. Bei Paul Gerhardt folgt nach dem innigen, beinahe überschwenglichen Loblied des Sommers die angemessene Hinwendung zur wahren Natur:

»Ach, denk ich, bist du hier so schön
und läßt du's uns so lieblich gehn
auf dieser armen Erden,
was will doch wohl nach dieser Welt
dort in dem reichen Himmelszelt
und güldnen Schlosse werden?

Welch hohe Lust, welch heller Schein
wird wohl in Christi Garten sein?
Wie muß es da wohl klingen,
wo so viel tausend Seraphim
mit einem Mund und einer Stimm
ihr Halleluja singen?

O wär ich da! O stünd ich schon
ach süßer Gott, vor deinem Thron
und trüge meine Palmen!
so wollt ich nach der Engel Weis
erhöhen deines Namens Preis
mit tausend schönen Psalmen.«

Aber so etwas nimmt sich schon wieder »mittelalterlich« aus, und es ist die Frage, wozu eine moderne, dem Zeitgeist angemessene Sozialagentur noch den Glauben an Christus, seine Erlösungsmission, die Auferstehung und ein ewiges Leben braucht. In Wahrheit braucht sie ihn nicht; rein innerweltliche Organisationen, Bürgerbewegungen und Ethikkommissionen leisten ähnliches, nicht selten sogar gezielter und schlagkräftiger, weil sie sich nicht mit Wortgeklingel durchwinden müssen. Folgerichtig entschwinden die Glaubensgehalte und leeren sich die Kirchen, und keine noch so ausgeklügelten Werbefeldzüge werden daran etwas ändern. Einzig bei der Christmette am Heiligen Abend ist das anders, aber nicht, weil es um die Geburt des Heilandes geht, sondern weil Tannenbaum, Kerzenschimmer, der Krippenaufbau und die schönen alten Lieder so herzig auf die private Bescherung einstimmen. Die gleichwohl beibehaltenen Rituale erinnern ans Zwiegespräch zwischen dem Teufel und dem Schüler in Goethes »Faust«:

Mephistopheles: »Am besten ist's auch hier, wenn Ihr nur *einen* hört
Und auf des Meisters Worte schwört.
Im ganzen – haltet Euch an Worte!
Dann geht Ihr durch die sichre Pforte
Zum Tempel der Gewißheit ein.«
Schüler: »Doch ein Begriff muß bei dem Worte sein.«
Mephistopheles: »Schon gut! Nur muß man sich nicht allzu ängstlich quälen,
Denn eben wo Begriffe fehlen,
Da stellt ein Wort zur rechten Zeit sich ein.
Mit Worten läßt sich trefflich streiten,
Mit Worten ein System bereiten,
An Worte läßt sich trefflich glauben,
Von einem Wort läßt sich kein Jota rauben.«

Gottlos wie ein protestantischer Pfaffe: Die Frage ist, ob man den Sachverhalt nicht auf sich beruhen lassen sollte, gleich ob mit Achselzucken, augenzwinkerndem Einverständnis oder mit Verachtung für die herrschende Verlogenheit. Wen stört sie denn, wenn es nur bei den guten Worten und Werken bleibt? Wahrscheinlich sind sogar Gewinne zu verzeichnen: Die Beliebigkeit oder Entleerung der Glaubensinhalte drängt zur Ökumene, zu einem in Watte verpackten Gesamtchristentum, das den Kampf der Konfessionen hinter sich läßt, weil es nichts mehr gibt, was den Streit noch lohnt. Womöglich zwingt das Belieben sogar zur Achtung des Andersdenkenden, zur Toleranz statt zur Bekehrung der Ungläubigen mit Feuer und Schwert: ein historischer Gewinn, der sich kaum hoch genug einschätzen läßt.

Doch es stellt sich die Gegenfrage: Geraten wir vielleicht in Lebensgefahr, falls wir die christliche Botschaft verabschieden? Selbst wenn wir von der Auferstehung und dem ewigen Leben einmal absehen, zählen zu ihr Kernbestände, die die Geschichte des Abendlandes bestimmt haben. Sie beginnen mit der Lehre von der Erbsünde, biblisch erzählt in der Geschichte Adams und Evas, der ersten Menschen, die aus dem Paradies vertrieben wurden, nachdem sie die verbotene Frucht vom Baum der Erkenntnis gekostet hatten. Natürlich handelt es sich nicht um eine Schuld, die nach hundert oder tausend Generationen noch nicht getilgt ist, sondern um das Wesen des Menschen. Zu ihm gehört unauflösbar die Sünde, das heißt die Neigung zum Bösen: der Bruderhaß bis zum Mord, die Eifersucht und der Neid, der Egoismus, die Besitz- und Machtgier auf Kosten anderer Menschen, die Lüge, die Gewalt.

»Aus so krummem Holze, als woraus der Mensch gemacht ist, kann nichts ganz Gerades gezimmert werden«, hat Immanuel Kant in einer weltlichen Wendung des überlieferten Glaubens gesagt.* Und wie man auch hobelt, was immer man unternimmt, um das Böse einzudämmen: Unter jedem Firnis von Zivilisation liegt es abgründig auf der Lauer. Das ist keine Behauptung, sondern die geschichtlich erwiesene Wahrheit: Der flache Fortschrittsoptimismus des 19. Jahrhunderts ist durch die Schreckenstaten im Zeitalter der Weltkriege und wieder neu in der Gegenwart als Irrlehre erwiesen worden.

Die christliche Botschaft sagt: Es gibt keine Selbstbefreiung aus der Sünde, keine Erlösung vom Bösen mit Menschenmacht. Wir können uns von der Natur des »alten Adam« nicht losreißen und einen »neuen Menschen« erschaffen, der gesichert bloß noch dem Guten dient. Die Erlösung erreichen wir einzig durch die göttliche Gnade, die sich in Christus offenbart. Sein Reich aber ist nicht von dieser Welt, sondern beginnt erst im ewigen Leben nach der Auferstehung der Toten. Der Theologe Dietrich Bonhoeffer – wie Ewald von Kleist ein Mann des Widerstandes gegen die Gewaltherrschaft und ihr Opfer – hat vom Vorletzten und vom Letzten gesprochen: Diese Welt und unser Leben in ihr sind ein Vorletztes, in dem keine »Endlösung« des Heils erreicht werden kann. Aber dieses Vorletzte bleibt als solches nur kenntlich und gegen die falschen Heilsentwürfe gesichert, solange wir wissen, daß es ein Letztes gibt.*

Zur Geschichte der Neuzeit gehört indessen die empörte Auflehnung gegen diese Botschaft und gegen ihre Zumutung, weil sie den Stolz unserer Weltbemächtigung verletzt. Daraus folgen die Versuche, einen neuen Menschen an die Stelle des alten Adam zu setzen. Utopien entwerfen Bilder vom innerweltlichen Heil und entfesseln die Sehnsüchte; Philosophen und politische Pädagogen machen sich ans Werk, um zu erreichen, was der entlaufene Theologe Johann Gottlieb Fichte den »Stand der vollendeten Rechtfertigung und Heiligung« genannt hat. In der Französischen Revolution inthronisiert man an der Stelle Gottes die Göttin Vernunft und führt stellvertretend für den alten Adam die edlen Herren und Damen des *ancien régime* aufs Blutgerüst, um ihnen die Köpfe abzuschlagen wie den kirchlichen Heiligenfiguren. Im 20. Jahrhundert wollen die Großexperimente des Stalinismus oder des Maoismus den neuen, sozialistischen Menschen erschaffen. Und wenn nicht Friedrich Nietzsche, dann Adolf Hitler will den heroischen Heldenmenschen züchten, der fähig und es wert ist, über die Minderwertigen zu herrschen oder sie zu auszurotten. Doch unter welchem Vorzeichen auch immer: Stets bildet der Vernichtungskampf gegenüber der christlichen Glaubensbotschaft ein notwendiges Teilstück des Versuchs, das innerweltlich Vollkommene und Endgültige herbeizuzwingen.

Heinrich Heine hat prophetisch die Vernichtungsenergien geschildert, die in philosophischen Entwürfen des innerweltlichen Heils angelegt sind. Und er hat vom Christentum gesagt, es sei sein schönstes Verdienst, diese Kräfte einigermaßen besänftigt zu haben. Es »konnte sie jedoch nicht zerstören, und wenn einst der zähmende Talisman, das Kreuz, zerbricht, dann rasselt wieder empor die Wildheit der alten Kämpfer, die unsinnige Berserkerwut, wovon die nordischen Dichter soviel singen und sagen. Jener Talisman ist morsch, und kommen wird der Tag, wo er kläglich zusammenbricht. Die alten steinernen Götter erheben sich dann aus dem verschollenen Schutt und reiben sich den tausendjährigen Staub aus den Augen, und Thor mit dem Riesenhammer springt endlich empor und zerschlägt die gotischen Dome.«*

Genau diesen Schrecken haben wir im 20. Jahrhundert erlebt – und erfahren, daß alle Mühen um Erziehung und Propaganda ebenso wie das Verfemen und Verfolgen angeblicher Menschheitsfeinde, die Folterungen, die Vernichtungsaktionen und das Blutvergießen vollkommen sinnlos blieben: Am Ende triumphierte kein neuer Mensch, sondern doch wieder der sündhafte alte Adam, von dem uns die Bibel gleich an ihrem Anfang erzählt. Aber sogar die Schrekkensherrschaft war konsequent. Mit Jules Monnerot zu reden: »Um mitten im Frieden die kriegerischen Aktionen, die konzentrationären Praktiken und das Wiederauftauchen der Sklaverei zu entschuldigen, braucht man nichts Geringeres als eine Verheißung des Paradieses. Auf diese Weise kommt es zu einer unmittelbaren Verbindung zwischen Heilsgewißheit und menschlicher Scheußlichkeit.«*

Wenn man, mit den Erfahrungen des 20. Jahrhunderts befrachtet, die Kirche betrachtet, dann gleicht sie einem ehrwürdigen Dom, hinter dessen vertrauter und zur Freude fotografierender Japaner sorgfältig restaurierter Fassade sich vielerlei eingenistet hat: das Reparaturgeschäft für alte Uhren, eine Bildergalerie und ein Buchladen samt Antiquariat, die Konditorei voller Schaumgebäck, Beratungsstellen für Schwangere und Asylsuchende, die Disko zur Erbauung der Jugend. Zur sonstigen und inneren Erbauung spielt jemand auf der Orgel, etwas von Bach wahrscheinlich. Angegliedert sind ein Altersheim und ein Kindergarten. Sogar Bettler haben sich eingefunden, die uns zur Wohltätigkeit auffordern. Aber wo, möchte man wissen, wird noch die Glaubensbotschaft verkündet? Wo gebetet? Wo findet statt der Betriebsamkeit die Stille ihren Ort? Der Altarraum ist mit rostiger Kette abgesperrt und vom Gerümpel verstellt.

Der Anblick macht Angst. Wo finden wir Schutz vor den falschen Propheten? Als Sozialagentur wäre die Kirche durchaus ersetzbar; selbst ohne sie könnte man mit dem eingesparten Geld viel Nützliches und sogar Gutes tun, und das geschieht ja auch vielfältig. Aber wie finden wir noch zur biblischen Wahrheit vom sündhaften Menschen, die uns halbwegs zuverlässig davor bewahrt, dem Wahn von unserer Allmacht zu verfallen, die in so vielen Verkleidungen, unter immer neuen Vorzeichen auf uns eindringen?

Zu den Ängsten gesellt sich der Ärger über die herrschende Verlogenheit, dieses möglichst unanstößige Sich-Durchwinden zwischen dem Glauben und dem Unglauben. Dem aufrechten Unglauben sollte man mit all dem Respekt begegnen, den die Wahrhaftigkeit verdient. Aber wie soll man dem Un- oder Halbglauben begegnen, der sich in des Kaisers oder vielmehr der Kirche alte Kleider hüllt und dem, weil sie so ehrwürdig wirken, niemand zu sagen wagt, daß sie bloß noch schäbig sind?

Hier, wie so oft, hält man sich am besten an die Bibel. Denn dort, in der Offenbarung des Johannes, steht geschrieben, worum es sich handelt: »Ich weiß deine Werke, daß du weder kalt noch warm bist. Ach, daß du kalt oder warm wärest! Weil du aber lau bist und weder warm noch kalt, werde ich dich ausspeien aus meinem Munde.«

Ewald von Kleist-Schmenzin, von dem am Anfang dieses Kapitels die Rede war, hat das auf seine Weise gesagt: »Es gibt nur zwei Weltanschauungen seit Anbeginn der Welt: den Glauben und den Unglauben. Entweder wird Gott allein in den Mittelpunkt der Welt gestellt oder etwas anderes allein oder neben ihn. Der Kampf dieser beiden Welten ist der einzige Gegenstand allen Geschehens und aller Geschichte.«*

Wer vor dieser Schroffheit zurückschreckt, könnte sich zum mindesten an etwas anderes halten. Als Kleist nach dem mißlungenen Staatsstreich des 20. Juli 1944 schon verhaftet war und den Tod erwartete, der ihn kurz vor dem Kriegsende, am 9. April 1945, ereilte, schrieb er an seine Frau: »Es ist von größter Wichtigkeit, daß Kinder viele Kirchenlieder und gute Bibelsprüche lernen, und zwar so, daß sie sie für das ganze Leben sich behalten ... Auch Erwachsene sollten sich durch keine Mühe verdrießen lassen, Lieder und Sprüche nachzulernen. Sag es doch allen unseren Kindern, auch den Großen. Sie helfen wirklich.«*

Ja, das tun sie tatsächlich. In seinem Buch »... und führen, wohin du nicht willst« hat der Theologe Helmut Gollwitzer davon berichtet, wie er verzweifelte junge Leute, die als ehemalige Hitlerjungen bloß ihre nichtsnutzigen Lieder und Sprüche im Kopf hatten, in der russischen Kriegsgefangenschaft damit aufrichtete, daß er ihnen biblische Geschichten erzählte. Doch inzwischen wähnen wir uns fortgeschritten; Schullehrer und Schüler sind sich darin einig, daß das Auswendiglernen einen unzumutbaren Ballast bildet. Man muß wissen, wie man mit dem Computer umgeht, wenn man die Zukunft gewinnen will – und beinahe nichts außerdem.

Zwei Anmerkungen sollen dieses Kapitel beschließen. Bei der ersten geht es um etwas sehr Persönliches. Auf die bekannte Frage, welches eine Buch, das mir gestattet wäre, ich in die lebenslange Verbannung auf eine einsame Insel mitnehmen würde, hieße meine Antwort mit Bertolt Brecht: »Sie werden lachen, die Bibel.« Denn dieses Buch ist wie kein anderes unausschöpfbar. Und in der Übersetzung Martin Luthers erklingt seine Sprache wie Musik.

Die zweite Anmerkung betrifft das Geschehen seit dem

11. September 2001. Im Feldzug gegen den Terrorismus versicherten die westlichen Staatsmänner wie aus einem Munde, daß es um keinen »Kampf der Kulturen« gehe und daß sich mit der Bestrafung der Schuldigen jede nur denkbare Hilfe für die Unschuldigen verbinden werde.

Wer wollte da nicht zustimmen? Die Kirchen jedenfalls tun es aus vollem Herzen; sie beschwören die Brüderlichkeit der Glaubensgemeinschaften, die gemeinsame Wurzel des Christentums und des Islam, die Friedensbotschaft, die im Koran ebenso zu finden ist wie im Neuen Testament.

Doch im Brei des Beschwichtigens verschwinden die Unterschiede, auf die es eigentlich ankommt. Wer den Koran beim Wort nimmt, also ihn »fundamentalistisch« auslegt, sieht sich mit einer Vielfalt von Handlungsanweisungen für die Gestaltung der politischen und gesellschaftlichen Ordnungen, des Alltagslebens in allen seinen Verzweigungen konfrontiert. Eine Freigabe des innerweltlichen Geschehens, seine Scheidung vom Glauben gibt es gerade nicht.

Der Mann aus Nazareth setzt dagegen: »Gebt dem Kaiser, was des Kaisers ist, und Gott, was Gottes ist!« (Matthäusevangelium, Kapitel 22, Vers 21.) Und er fügt hinzu: »Mein Reich ist nicht von dieser Welt.« (Johannesevangelium, Kapitel 18, Vers 36.) Nach der nationalsozialistischen »Machtergreifung« von 1933 hat die evangelische Bekennende Kirche gegen die »Gleichschaltung« von Glaubensbotschaft und innerweltlicher Heilspredigt protestiert. In der Theologischen Erklärung der Barmer Bekenntnissynode vom 29. bis 31. Mai 1934, von Karl Barth mit reformatorischer Wortgewalt formuliert, heißt es unter anderem: »Wir verwerfen die falsche Lehre, als könne und solle sich die Kirche über ihren besonderen Auftrag hinaus staatliche Art, staatliche Aufgaben und staatliche Würde aneignen und damit selbst zu einem Organ des Staates werden.«*

Nein also: Auf die Unterscheidung kommt es an, denn die Vermengung des Letzten und des Vorletzten ist des Teufels. Auf der Freigabe des Vorletzten beruht das, was wir gemeinhin als offene Gesellschaft oder als westliche Zivilisation bezeichnen. Und es beruht darauf als unser christliches Erbe die lebensrettende Skepsis, die uns vor dem Unheil innerweltlicher Heilslehren bewahrt. Wenn wir sie für das Linsengericht der Beschwichtigung preisgeben, sind wir verloren.

Aber zu erwarten ist, daß die Islamisten sich auf solch eine Verlogenheit ohnehin nicht einlassen, sondern uns dafür um so mehr – und mit gutem Recht – verachten werden.

Über Gerüche

Wir leben in einer Welt der Bilderfluten und der Wortkaskaden. Noch dazu handelt es sich zunehmend um eine »virtuelle« Welt. Wir sehen nicht mehr den bestirnten Himmel über uns, der den Königsberger Philosophen Immanuel Kant mit Ehrfurcht erfüllte; im Lichterglanz unserer Städte ist er verblaßt. Zum bekömmlichen Ausgleich versorgt uns das Fernsehen mit Sternenkriegen, in denen es immerfort um Leben und Tod, um Vernichtung geht. In der Zukunft, die schon begonnen hat, sitzen wir vor dem Computer, »surfen« im Internet, tätigen Geschäfte, ohne noch den Fuß vor die Tür zu setzen, und sammeln Informationen aus zweiter oder vierter Hand. Nicht die eigene Anwesenheit, sondern das Zuschauen ist wichtig, und alles gerät zur Inszenierung fürs Zuschauen: das politische Geschehen, das Auf und Ab der wirtschaftlichen Konjunkturen und Krisen, der sportliche Wettkampf, die Natur samt Erdbeben und Überschwemmungen, die Liebe und das Verbrechen. Oder überhaupt der Umgang von Menschen miteinander, bei dem in der einen oder anderen Form »Spaß« entstehen soll, und sei er noch so banal.

Hinzu kommt, daß wir aus den Bildwelten weitaus mehr erfahren als aus der Realität des Dabeiseins. Die umstrittene Fußballszene wird fünffach wiederholt, aus verschiedenen Perspektiven und in der Zeitlupenaufnahme. So können wir – aber nur wir und nicht die altmodischen Fans und Fanatiker im Stadion – feststellen, ob der Schiedsrichter sich geirrt hat oder nicht, als er den Elfmeter verhängte. Der Sport leistet ohnehin Schrittmacherdienste und liefert das Muster: Wenn wir einem Tennisspieler wie Boris Becker, einem Golfkünstler wie Tiger Woods oder dem Marathonläufer, dem Boxer bei seiner Verrichtung zuschauen, ist es praktisch gleichgültig, wo die Athleten sich tatsächlich aufhalten und ob wir sie »live« oder zeitversetzt sehen. Und man bedenke den durch und durch virtuellen Charakter dessen, was wir Weltrekord nennen; sofern die Höchstleistung nur gehörig vermessen und dokumentiert wird, kommt es gar nicht mehr darauf an, ob jemand sie im leibhaftigen Kampf mit seinen Konkurrenten oder einsam erbringt und ob er sich dabei in Atlanta oder an der Alster, in Alma Ata oder in Australien befindet. Wichtig ist einzig die Eintragung im »Buch der Rekorde«, dem heimlichen Heiligtum unserer Zeit.

Bei den Staatspräsidenten, Kanzlern und Bundesministern ist es kaum anders. Sie jagen umher, von einer unerhört wichtigen Konferenz zur nächsten. Aber wissen sie selbst noch, wo sie sich gerade befinden? Die Konferenzräume, die Luxushotels, die Limousinen, die Leibwächter sehen überall zum Verwechseln ähnlich aus, und stets die gleichen Reporter sind mit ihren Mikrofonen und Kameras gottlob zur Stelle. Ebenso ergeht es den Wirtschaftsführern und allen übrigen halbwegs bedeutenden Männern dieser Welt (und von Zwischenspielen der Margaret Thatcher oder Prinzessin Diana abgesehen kaum Frauen, denn sie sind nicht so wichtig). Die passende Anekdote wird von Horst Ehmke erzählt, dem Kanzleramtsminister bei Willy Brandt. Er bestieg einen Dienstwagen, und der Fahrer fragte: »Wohin, Herr Minister?« Darauf Ehmke: »Egal, wohin, ich werde überall gebraucht.« Diese Anekdote zielte auf die persönliche Umtriebigkeit, aber erst recht spricht sie von den herrschenden Verhältnissen. Ihrem Prinzip nach könnten auch Hans-Dietrich Genscher oder Joschka Fischer gemeint sein.

Ja, und wie eigentlich geht es bei modernen Kirchenfürsten zu? Wußte der Papst stets, wo er vom Himmel herab gerade einschwebte? Was unterschied den Betonboden des Flughafens, den er küßte, im einen von dem im anderen Land? Und schon von dem hannoverschen Landesbischof Hanns Lilje (1899 bis 1977) hieß es, daß seine Gemeinden für ihn beteten: »Herr, schütze und behüte unseren Landesbischof – denn du allein weißt, wo er sich gerade befindet.«

Zum Teufel also mit dem Zuhausesein in der Wirklichkeit! Manchmal frage ich mich, warum wir selbst, die wir nicht so wichtig sind, überhaupt noch verreisen, unsere Zeit verschwenden und stundenlang, zusammengepfercht und höchst unbequem zur Bewegungslosigkeit verurteilt, in Flugzeugen hocken, um Fernziele zu erreichen. Der wahre und wirklich zukunftsgerechte Gipfel des Snobismus in einer virtuellen Welt wäre eigentlich erst erreicht, wenn es hieße: Wir reisen nicht mehr, sondern wir lassen reisen. Wofür denn sonst bezahlen wir von unseren Steuergeldern die Herren Präsidenten, Kanzler, Minister und Bischöfe?

Natürlich, daß Johann Wolfgang von Goethe sich höchstpersönlich nach Italien begab, läßt sich verstehen; da das Fernsehen noch nicht erfunden war, konnte er anders schwerlich erfahren, wie es dort aussah. Außerdem gehörte er zu den Privilegierten, den wenigen, die sich das Reisen überhaupt zu leisten vermochten, und anschließend fiel es dem Dichter zu, mit seinem Reisebericht auch noch literarischen Ruhm zu ernten. Aber heute, mit Krethi und Plethi sogar am Himalaja und Scharen von Japanern in Neuschwanstein oder im Hofbräuhaus? So wie der Mensch gemacht ist, möchte er gern zu den Auserlesenen statt zu den vielen gehören und den Neid seiner Nachbarn erregen. Der weise Staatsphilosoph Thomas Hobbes (1588 bis 1679) hat schon vor Jahrhunderten und ein für allemal gültig formuliert, worauf es ankommt: »Wie mit dem Ruhm ist es mit der Ehre; wenn alle Menschen sie haben, so hat keiner sie, weil ihr Wesen im Vergleichen und im Vorzug vor anderen besteht.«* Warum soll es mit dem Reisen denn anders sein, wozu taugt der Massentourismus unserer Tage überhaupt noch? Wird man nicht früher oder später erkennen, daß er schal geworden ist und die Befriedigung längst nicht mehr erbringt, die wir von ihm uns erhoffen? Könnte es sein, daß hier, als Ausnahme von der Regel, der Zeitgeist altmodisch hinter sich selbst zurückbleibt, wenn wir noch immer stolz darauf sind, Weltmeister des Tourismus zu sein?

Um zu den Vorzügen der Bildwelten aus zweiter Hand zurückzukehren: Das Tierleben in der Savanne, im Dschungel, in der Tiefe des Meeres, von Fachleuten, die dafür bezahlt werden, geduldig beobachtet, gefilmt und aufbereitet, bekämen wir leibhaftig kaum zu sehen – oder nur mit viel Mühe, mit großem Zeitaufwand, sei es in brütender Hitze, von Malariamücken geplagt, sei es in arktischer Kälte, in Sand- oder Schneestürmen. Und wozu eigentlich in Korallengärten tauchen, wo Haifische auf uns lauern, wenn Leni Riefenstahl das längst getan hat und uns mit ihren Meisterfotos versorgt? Von den Reise- und Aufenthaltskosten, die wir uns im Umgang mit der virtuellen Natur ersparen, ist dabei noch gar nicht die Rede – ganz zu schweigen von all dem Andenkenkram, den die jeweils Eingeborenen uns aufschwatzen und mit dem sich nach der Heimkehr überhaupt nichts anfangen läßt, außer ihn schleunigst auf den Müll zu befördern. Liebesakte, vielmehr die Sexszenen, oder die Ausbrüche der Gewalt werden uns ohnehin in unermüdlicher Wiederholung frei Haus geliefert – noch dazu in den drastischen Formen, an die wir selbst nicht einmal zu denken wagen.

Und was ginge in der virtuellen Welt über die Talk-Show, in der der verträumte Schriftsteller neben dem Konzernstrategen oder ein Mönch neben der Hure sitzt und ein abgefeimtes Fragen zu höchst unerwarteten, manchmal entblößenden Antworten führt? Zugleich gedeiht auf dem globalisierten Dorfplatz aufs Schönste der Klatsch. Nur die Politiker sind längst eingespielt genug, um sich nicht aus der Reserve locken zu lassen – und beschweren sich dann, ganz zu Unrecht, wenn wir ihnen erklären, daß wir sie nicht mehr für glaubwürdig halten.

Freilich stellt sich die Frage, ob es nicht auch Verluste gibt, die wir kaum bemerken, weil sie verschwiegen werden, und die doch schwer genug wiegen. Vorab geht es um die Gerüche. Weder das altväterliche Telefon noch das neueste Handy übermittelt sie; im Fernsehen und im Internet finden sie keinen Platz. Offenbar ist es schwierig oder unmöglich, sie elektronisch zu erfassen. Zudem würden wir es uns wahrscheinlich verbitten, den Angstschweiß des Torwarts vor dem Elfmeter, den strengen Duft des Löwen über seiner Beute oder gar den Verwesungsgestank der aus Trümmern geborgenen Erdbeben- oder Kriegs- und Terroropfer in unser Wohnzimmer einzuladen. Gottlob verharmlost die virtuelle Welt; wir brauchen den Abstand, um zu ertragen, was ist; Gerüche aber bringen uns viel zu nahe an eine Gefühlsskala heran, die vom Entzücken bis zum Entsetzen, von der Begeisterung bis zu Urängsten reicht.

Wenn wir uns umblicken und zurückschauen, stellen wir fest, daß es sich bei der Verdrängung der Gerüche um eine Entwicklung handelt, zu der ihre eigene Sozialgeschichte gehört. In Versailles, am Hofe des französischen Sonnenkönigs Ludwigs XIV., der ein Vorbild schuf für die Fürsten ringsum, muß es, mit Verlaub, gehörig gestunken haben. Denn davon, sich zu waschen oder gar zu baden, hielten die galanten Damen und Herren des *ancien régime* nicht viel. (Nur der preußische »Soldatenkönig« Friedrich Wilhelm I. fiel aus dem Rahmen. Er verachtete die höfische Prachtentfaltung, schaffte gleich nach seiner Thronbesteigung all den überkommenen Prunk oder Plunder ab, und er wusch sich.) An Toiletten mit Wasserspülung dachte man nicht einmal im Traum, obwohl es technisch gesehen durchaus möglich gewesen wäre, sie einzurichten. Offenbar vermißte man nichts und behalf sich mit Puder und reichlicher Parfümierung, um den Andrang übler Düfte zu überlagern.

Noch in der zweiten Hälfte des 19. Jahrhunderts sah es kaum anders aus. Kaiser Wilhelm I. hielt die Einrichtung neumodischer Installationen in seinem Schloß für überflüssig. Wozu denn unnötig Geld verschwenden? Von Zeit zu Zeit wurde darum vom benachbarten Hotel eine Wanne herübergetragen, so daß die Berliner dann wußten: Seine Majestät geruht ein Bad zu nehmen. Wieder ein paar Jahrzehnte später, bereits im 20. Jahrhundert, berichtet Marion Gräfin Dönhoff aus dem ostpreußischen Schloß Friedrichstein, in dem sie geboren wurde und aufwuchs: »Die sanitären Einrichtungen ließen sehr zu wünschen übrig. Auf jedem Stockwerk stand der als Schrank verkleidete Ort, welcher in modernen Häusern im allgemeinen besonders gepflegt und einladend erscheint.«* Doch natürlich waren die Grafen Dönhoff keine armen Leute, sondern große Herren, die ihre Gäste vom Bahnhof in Königsberg im Viererzug mit livriertem Kutscher abholen ließen. Im Schloß selbst zählte man an Dienern und Dienstmädchen, Küchen- und Gartenpersonal mindestens zwanzig Köpfe.

Mit anderen Worten: Wie bei allen modernen Revolutionen war die alteuropäische Oberschicht auch beim Sterilitätssturm wider die Welt der Gerüche kein Schrittmacher, sondern der Verlierer des Fortschritts. Der erwies sich als Sache der industriellen Revolution und der bürgerlichen Gesellschaft, deren Erben wir sind. Was die Hygiene oder die Badelust betrifft, wurde erst gegen Ende des 19. Jahrhunderts halbwegs der Standard erreicht, über den die Römer schon zweitausend Jahre zuvor geboten. Was darüber hinausführt als der Epochenbruch, von dem gleich zu reden sein wird, gehört sogar erst in die zweite Hälfte des 20. Jahrhunderts.

Aber womöglich muß man die geschichtlichen Perspektiven noch viel weiter ausziehen, bis in die Urzeiten unseres Geschlechts vor Jahrmillionen, als zur Verwunderung ihrer Artgenossen einige affenähnliche Wesen sich aufrichteten und probeweise versuchten, auf zwei statt auf vier Füßen zu gehen. Statt die Nase am Boden zu halten, wie es sich für ordentliche Lebewesen gehörte, entschieden sie sich für den Vorrang des Auges vor dem Geruchssinn und wurden damit zu Vorfahren des Menschen.

Ein langer Abschied von der umgebenden Natur und Kreatur begann, und trotz aller Verluste und Rückschläge erwies sich das Experiment als erfolgreich; an seinem vorläufigen Ende steht die Zivilisation unserer Tage. Dabei spielte natürlich auch eine oder sogar die entscheidende Rolle, daß der aufrechte Gang eine Entlastung der Vorderpfoten, ihre Umbildung zu Händen als dem ersten und noch immer wichtigsten Universalwerkzeug ermöglichte. Gerüche (und Geräusche) sind ungreifbar; im Zusammenwirken von Auge und Hand aber entwickelt sich im buchstäblichen wie im übertragenen Sinne das Begreifen: Einerseits kann man Dinge in die Hand nehmen, sie hin und her wenden, bearbeiten oder mit ihnen arbeiten und Gebrauchsgegenstände herstellen, andererseits theoretisch begreifen, das heißt ins Lautmalerische, in Worte fassen, worum es sich handelt: Axt, Speer, die Gazelle als Beute, Schafe oder Ziegen als Haustiere, Körner zum Aussäen, um – erstaunlich genug – erst später zu ernten, das Robben- oder Bärenfell als Schutz vor dem Andrang der Kälte. Auf der nächsten Stufe formen sich bereits die abstrakteren Begriffe, mit deren Hilfe wir uns aus dem Bann des Hier und Jetzt befreien: Jagd, Ernährung, Viehzucht und Ackerbau, Behausung, Krankheit und Tod. Schließlich bildet sich heraus, was wir Verstand, Vernunft, Erkenntnis oder Geist nennen: die Instrumente unserer Welteroberung.

Zu unseren liebsten Lebensbegleitern haben wir die Hunde erwählt. Die aber sind Riechtiere, und ihre Gebärdensprache verrät, wie sehr sie sich darauf freuen, mit uns spazierenzugehen, weil dann die Riechabenteuer beginnen. Überall am Wegesrand oder auf der Wiese gibt es etwas zu erschnüffeln, was die Neugierde weckt, Aufmerksamkeit fordert, wenn nicht gar Erregung verursacht. Wir selbst unternehmen die Spaziergänge eher aus Pflichtgefühl, teils dem Hund gegenüber, teils weil der Arzt uns zu mehr Bewegung geraten hat. Nicht selten langweilen wir uns: Diesen Weg von der Wohnung in den Park hinüber und wieder zurück sind wir schon hundertfach gegangen, ohne Veränderungen zu bemerken. Doch für unseren vierbeinigen Begleiter scheint alles so neu wie am ersten Schöpfungstag und immer interessant zu sein. Irgend etwas war da: Maus, Maulwurf, Katze, ein anderer Hund.

Nicht selten folgt ein Nachgraben, manchmal sogar ein lustvolles Wälzen, um den Duft, der offensichtlich fasziniert, ins Fell zu reiben und nach Hause zu tragen.

Uns ärgert das eher, und wir verordnen dem Schmutzfinken ein Abschrubben im Bad. Oder steigt bisweilen, ganz heimlich, etwas wie Neid in uns auf? Ängstigen die Abgründe, die beim Vergleich mit der Kreatur sich auftun? Gestehen wir uns ein, daß alle Fortschrittsgewinne mit Verlusten erkauft sind?

Ohne Umschweife gesagt: Ich fühle diese Verluste, und sie stimmen mich traurig. Denn in meine Lebensspanne gehört der Epochenbruch: eine Kampfansage, ja Kriegserklärung an die Gerüche und der glorreiche Sieg über sie. Ich weiß nicht, wie die Historiker einmal das Zeitalter benennen werden, das ein paar Jahre nach dem Ende des Zweiten Weltkriegs mit dem sogenannten Wirtschaftswunder, dem Aufstieg zum Wohlstand begann, aber ich nehme an, daß man aus weiterem Abstand den Epochenbruch erkennen und ihn für mindestens so tiefgreifend erklären wird wie die Französische Revolution von 1789. Die bezog sich auf die Herrschaftsverhältnisse und die gesellschaftlichen Zustände; sie proklamierte Freiheit und Gleichheit, wichtig genug. Jetzt jedoch geht es um elementare Seelenbestände, um Grundformen des Menschseins.

Als hinterpommersches Landkind bin ich noch in einer »vormodernen« Welt aufgewachsen, zu der die Gerüche ganz selbstverständlich gehörten. Meine Erinnerungen klammern sich an den Frühlingsmoder aus Äckern, Pfützen und Gräben, aus dem Dorfteich, an den Sommerdunst im Heu und die fangfrisch geräucherten Flundern an der Ostsee, in Stopmünde, Rowe oder Leba, an die herbstlichen Kartoffelfeuer und die Gänsebrüste, Spickgänse genannt, die auf dem Dachboden in der Räucherkammer reifen, an Vorweihnachtsdüfte aus der Küche. Alle paar Tage wird aus Backöfen frisches Brot gezogen, alle zwei oder drei Monate betören die Kaffeebohnen, die in einer altertümlich gedrehten Eisentrommel überm Herdfeuer rösten. Ganzjährig locken der Pferdestall und die Sattelkammer, das harzige Holz in der Stellmacherei und die Schmiede, wenn den Pferden das glühende Hufeisen anprobiert wird.

Ach, und dann erst der Kramladen mit der Aufschrift »Emil Priedigkeit – Kolonialwaren«: Da empfängt gleich ein ganzes Symphonieorchester mit seiner wohlkomponierten Musik der Gerüche: von gebrannten Mandeln, Heringslake, Leder und zwei Dutzend anderen Tönungen. Ja, Gerüche allüberall; schier endlos könnte man die Aufzählung fortsetzen und würde dabei in Kellergewölbe, in die Waschküche oder auf Dachböden, in den Schweinestall, ins Torfmoor, in Wiesenweiten und Waldestiefen, an Pilze und Beeren, an den Bratapfel in der Ofenröhre, die Schlempe aus der Spiritusbrennerei und wer weiß was sonst noch geraten.*

Wie anders stellt sich die Gegenwart dar! Allenfalls weht dann und wann ein Anhauch von Parfüm vorüber; schließlich wollen wir sexuell attraktiv sein. Das jedenfalls ist noch geblieben, auch wenn wir die früher übliche Folge, das Kinderkriegen, weitgehend abgeschafft haben. Sehr viel wichtiger ist im Grunde jedoch das Desodorant, das den Achselschweiß, den peinlichen Körpergeruch verhindert und Frische für den ganzen Tag verspricht. Ein hartnäckiger und verheerend erfolgreicher Vernichtungskampf wird den Ausdünstungen geliefert. Den Krämer- oder Kolonialwarenladen alter Art gibt es längst nicht mehr. Im Supermarkt sind alle Waren steril verpackt, der Haltbarkeit und der Hygiene wegen; argwöhnische Kunden, unter die sich Kontrolleure von Amts wegen mischen, wachen darüber, daß es so ist und so bleibt. Sogar im Buchladen dürfen die Bücher nicht mehr duften, sondern sind in Folien verschweißt, als seien sie Verbrecher, denen man Handschellen anlegt, um ihren Ausbruch, ihre Flucht zu verhindern. Nur in Antiquariaten riechen die Bücher noch, aber nicht mehr jungfräulich frisch, sondern altersdumpf.

Und so überall. Der Hufschmied tritt bloß noch auf kommerziellen Reiterhöfen in Aktion, die Unbefugten den Zutritt verbieten. Sorgfältig absperrte Großröstereien liefern die Kaffeebohnen, Großbäckereien das Brot. Das dahinsickernde Teich- und Bachwasser ist in der Kanalisation verschwunden, wie das Holz zum Heizen der unterirdischen Gasleitung gewichen ist, und das herbstliche Laub wird schleunigst abtransportiert. Doch wie schon angedeutet, haben wir zum Ausgleich, vielmehr als gar nicht hoch genug einzuschätzenden Gewinn, Telefon, Handy, Fernsehen, Computer und Internet; sie führen uns in die virtuellen Welten, die so neu wie zukunftsträchtig und garantiert geruchsfrei sind. Ohnehin pfeifen es die Bildungsspatzen von allen Schul- und Universitätsdächern, daß unseren Kindern (sofern es sie noch gibt) und der mehr oder minder erwachsenen Nation gleich dazu das Bestehen vor den Herausforderungen der Zukunft nicht mehr im verträumten Stöbern auf Dachböden oder im Schweifen durch Felder, Wiesen und Wälder, sondern hellwach bei Programmentwürfen am Computer antrainiert werden muß.

Manchmal sieht es freilich so aus, als räche sich die ausgesperrte Natur; Ärzte, Apotheken und Gesundheitsstatistiken melden, daß immer mehr junge Leute allergisch auf Katzenhaar oder auf den Pollenflug von Haselsträuchern und Birken, Getreide und Gräsern reagieren: Der früher eher seltene »Heuschnupfen« entwickelt sich zu einer Volkskrankheit. Warum wohl? Heißt das etwa, daß der Mensch der Zukunft die Begegnung mit der Natur nicht mehr verträgt und sich bloß noch in keimfreien Kunstwelten als überlebensfähig erweist?

Oder haben die körperlichen Beschwerden womöglich etwas mit Seelenschäden zu tun? Die Arbeit und die Spielerei am Computer fordern die Intelligenz, die Kombinationsgabe, die Logik, die Rechenfähigkeit, das sachgerechte Reagieren heraus; sie entsinnlichen. Gefühle sind nicht mehr gefragt; sie stören nur. Und der Computer vereinzelt. Am besten wird daher unsere »Software« fernab, zum Beispiel in Indien, von Leuten hergestellt, mit denen wir sonst nichts zu tun haben. Sogar bei den vielfältigen Verbindungen, die wir im Internet knüpfen, bleibt jeder sich selbst der Nächste; zum Informationsaustausch wie zum Schwatzen auf dem globalen Dorfplatz gehört als Beigabe, wenn nicht gar als Bedingung, nicht die leibhaftige Nähe, sondern die Entfernung, eine wachsende Isolierung. Bedenken das die klugen Leute, die die Zukunftsfähigkeit unserer Kinder und die Lage der Nation am Stand der Computerisierung ablesen?

Gerüche dagegen sind nicht virtuell, sondern sie zeugen von der Wirklichkeit. Sie bringen die Seele zum Schwingen, sie rühren Gefühle auf, seien es anziehende oder abstoßende. Sie beglücken oder ängstigen, wecken die Lust oder den Ekel. Kaum zufällig heißt es, daß wir jemanden »nicht riechen« können oder daß im positiven Falle »die Chemie stimmt«. Die Vielfalt, aller Reichtum des Lebens bleibt mit Gerüchen besetzt. Keine Genußfähigkeit beim Essen und Trinken kommt ohne sie aus. Sie erinnern uns auch daran, daß wir Naturwesen sind, und sie verbinden mit der Kreatur. Müßte darum neben die Schulung am

Computer als bekömmlicher Ausgleich nicht eine Riecherziehung treten? In der vormodernen Welt, in die meine Kindheitserinnerungen zurückführen, war sie überflüssig, weil sie ohne alles Zutun sich von selbst ergab. Aber in der Gegenwart und erst recht in der Zukunft dürfte sie immer wichtiger werden, wenn wir nicht zu Analphabeten der Gefühle und Empfindungen verkümmern wollen.

Nur in Ausnahmefällen bleiben die Bilder, bisweilen im Glück, besonders aber wenn sie im leibhaftig miterlebten Schrecken die Gefühlsbarrieren durchschlagen, die der moderne Mensch um sich aufgerichtet hat. Gewöhnlich jedoch schwemmen ihre Fluten hinweg, was wir gerade noch sahen, und im Grunde ist das ihr Sinn: stets Neues zu zeigen und vergessen zu machen, was gestern war. Düfte dagegen sind konservativ, um nicht zu sagen urtümlich, die Dinosaurier unserer Sinnesexistenz; sie erinnern an das, was von Anbeginn war. Sie sagen, was Schöpfung bedeutet; die klügeren unter den Religionen hantieren darum nicht nur mit Worten oder Gesängen, sondern auch mit Riechritualen. In der Bibel, in Salomos Hohem Lied der Liebe, heißt es: »Deine Gewächse sind wie ein Lustgarten von Granatäpfeln mit edlen Früchten, Zypernblumen mit Narden, Narde und Safran, Kalmus und Zimt, mit allerlei Bäumen des Weihrauchs, Myrrhen und Aloe mit allen besten Würzen.«

Weil sie konservativ sind, taugen die Gerüche so gut zum Erinnern; ein Anhauch genügt, um sofort uns zurückzuversetzen. Die Schatztruhen, die in der Kindheit gefüllt wurden, bleiben unversehrt bis ins Alter, in die Abenddämmerung hinein, weder von Motten noch vom Rost angefressen. Welch einen heimlichen Reichtum trägt also das Landkind aus Hinterpommern mit sich fort über die Jahrzehnte seines Lebens! Und wie kalt, wie armselig nehmen sich bei all ihren Erfolgen, ihrem Fortschritt, ihrem Wohlstand und ihrer Bequemlichkeit die Welten aus, in denen wir heute leben und denen wir entgegengehen! Wäre es nicht an der Zeit, den Erfindergeist in einer anderen Richtung anzustrengen, als es gewöhnlich geschieht, und *Riechmuseen* einzurichten, um zu bewahren, was einmal war und nicht mehr ist? Ich denke, daß solche Museen Erfolg haben, besonders die Kinder begeistern und alte Leute wie mich anrühren würden.

Oder um noch etwas haarsträubend Altmodisches zu nennen: Die Erinnerungskraft der Gerüche schafft uns Heimat. Die aber läßt sich am Computer niemals herstellen, selbst mit noch so raffinierter Programmierung und unendlicher Rechengeschwindigkeit nicht. Unsere Enkel, die so viel zukunftsklüger sind als wir, werden überall und das heißt nirgendwo wirklich zu Hause sein. Sie werden gar nicht mehr verstehen, was wir mit Heimat einmal gemeint haben, und von ihrem Standpunkt aus zu Recht werden sie uns für sentimental halten. Aber das ist schon ein anderes und eigenes Thema, von dem in einem späteren Kapitel die Rede sein soll.

Unmusikalische Betrachtungen zur Musik

Es war einmal eine hinterpommersche Kleinstadt, die hieß Labes. 1939, am Vorabend des Zweiten Weltkriegs, zählte sie stolze 7300 Einwohner und bildete das Zentrum des Landkreises Regenwalde. Oft sprach man auch von »Schlurr-Labs«, weil hier die »Schlurren«, die Holzpantinen, hergestellt wurden, die die Landbewohner, besonders die Kinder, vom Frühjahr bis in den Herbst weitaus häufiger trugen als richtiges Schuhwerk. Als ungleich wichtiger – und zum Verständnis der folgenden Geschichte entscheidend – erwies sich jedoch, daß Labes die Hengststation, das pommersche Landgestüt beherbergte, so wie es das heute noch in Celle für das hannoversche Zuchtgebiet oder in Marbach, Kreis Münsingen, für Württemberg gibt. Letzteres darf man allerdings nicht mit Marbach am Neckar, Kreis Ludwigsburg, verwechseln, wo das Schiller-Nationalmuseum und das Deutsche Literaturarchiv zu Hause sind. Doch zu solch einer Verwechslung ist es, peinlich genug, bei einem Staatsbesuch Ihrer britischen Majestät, Elisabeth II., tatsächlich gekommen. »Und wo sind die Pferde?« soll die Königin ungeduldig gefragt haben, als man sie mit dem Herzeigen von berühmten Manuskripten statt von Hengsten genügend gelangweilt hatte.

Ein ähnliches, vielmehr das entgegengesetzte Mißverständnis ereignete sich in der zweiten Hälfte des 19. Jahrhunderts in Labes. Durch Einheirat war eine kunstsinnige und zumal sehr musikliebende Dame, eine Bankierstochter aus Köln, auf ein Rittergut im Kreis Regenwalde geraten, doch ihren Aufstieg aus der jüdischen Herkunft in den landsässigen Adel hatte sie mit einem entbehrungsreichen Dasein teuer erkauft. Denn außer der Feuerwehrkapelle, dem Kirchenchor, einem Drehorgelspieler beim Jahrmarkt (anderswo Kirmes oder Kirchweih genannt) und ein paar Leuten, die beim Erntefest in den Dörfern zum Tanz, zum Walzer und zur Polka, aufspielten, gab es weit und breit keine Musikproduzenten. Aber eines Tages fiel der Blick der Dame auf die Schlagzeile im Kreisblatt von Labes: *Beethoven.* Überrascht und freudig erregt, im Gedanken, daß womöglich Franz Liszt oder gar der große Dirigent Hans von Bülow nach seinen Triumphreisen durch Europa und Amerika mit dem berühmten Meininger Hoforchester nun nach Pommern kommen und hier konzertieren werde*, griff sie zur Brille – und las mit Schaudern, was weiter gesagt wurde: Beethoven *deckt in Labes.*

Was ließ sich da ausrichten – außer, falls die Geldverhältnisse es zuließen, in der Wintersaison eigens und umständlich nach Berlin zu reisen, um dort Orchester- und Opernaufführungen zu besuchen? Heute können wir uns kaum noch vorstellen, wie schwer es einmal war, sich den Musikgenuß zu verschaffen. Gewiß, es gab die Residenzstädte; die Entwicklung der deutschen Musikkultur ist von der Tatsache nicht zu trennen, daß einst das Heilige Römische Reich und nach dem napoleonischen Aufräumen auch noch unser 19. Jahrhundert mit Fürstenhöfen so überaus reich gesegnet war. Fast galt als Faustregel: Je geringer deren politische Bedeutung, desto größer ihr künstlerischer Ehrgeiz; Sachsen-Meiningen bildete mit seinem Herzog Georg II. vorweg für Theater und Musik bloß ein Beispiel*, wie etwas früher schon Sachsen-Weimar im Bereich der Literatur.

Sogar nachgeborene Prinzen lieferten ihre Beiträge; nur als ein Beispiel sei Heinrich, der Bruder Friedrichs des Großen, mit seiner theatralisch-musischen Hofhaltung im märkischen Rheinsberg genannt. »Der Ruf der von der prinzlichen Kapelle begleiteten Opernaufführungen lockte sogar das Publikum aus Berlin an. Die Marquise de Sabran, die mit anderen Emigranten 1791 vor den revolutionären Ereignissen in Frankreich geflohen war und in Rheinsberg Aufnahme gefunden hatte, schrieb darüber: ›Zweimal in der Woche haben wir ausgezeichnetes Theater. Man gibt abwechselnd große Opern, die, was die Musik betrifft, ebensogut aufgeführt werden wie in Paris, aber ohne Ballett ... außerdem die besten Stücke wie im Theatre Français und alle komischen Opern ... Niemals habe ich soviel Vergnügen im Theater empfunden wie hier.‹«* Wenigstens auf Zeit gesellte sich also Rheinsberg zu den denkwürdigen Residenzen des deutschen Musik- und Theaterlebens, und gleichsam im Nachklang einer großen Zeit befindet sich in Rheinsberg noch heute die brandenburgische Landes-Musikakademie, die wiederum mit Musiktagen und der Aufführung von Kammeropern das Publikum erfreut.

In Österreich, Böhmen und Ungarn eingeschlossen, konkurrierte mit dem Kaiserhof in Wien ein Magnatenadel, der es sich leisten konnte, nicht nur prachtvolle Schlösser und Kunstsammlungen, sondern auch Komponisten und Orchester von Rang zu unterhalten. Joseph Haydn etwa diente zunächst dem Grafen Morzin, danach dem Fürsten Esterházy und erhielt nach Auflösung der Hauskapelle eine jährliche Pension von 1400 Gulden. Das deutsche Bürgertum, soweit es wohlhabend wurde, wollte sich von den fürstlichen Vorbildern nicht beschämen lassen; nach und nach traten die großen Handelsstädte hinzu, in denen Bürgervereine die Mäzenatenrolle übernahmen. Man denke an Leipzig, Hamburg oder das Kölner Gürzenich-Orchester.

Gut und schön – aber wie weit reichten die Klänge der Musikkultur wirklich? Noch im 19. Jahrhundert lebte die Mehrheit der Menschen auf dem Lande oder in Landstädten wie Labes, in die sich eben kein Liszt, Bülow oder Meininger Hoforchester verirrte. Da blieb nur das Selbermachen, besonders das Selbersingen. Zur evangelischen Kirchengeschichte gehörte der Choral, angefangen bei Martin Luthers »Ein feste Burg ist unser Gott«. Die pommerschen Gemeinden, an die ich mich erinnere, waren ausdauernd sangesfreudig; die neumodische Beschränkung auf »Vers 1, 2 und 8«, wenn Paul Gerhardts Sommer- und Gotteslob doch fünfzehn Strophen umfaßt, wäre ihnen unverständlich gewesen. Oder mehr noch: Es hätte sie ernsthaft verstimmt. Ging man denn kilometerweit im Sonntagsstaat zur Kirche, um sich mit Kurzfassungen abspeisen zu lassen?

Und was ergreift Menschen mehr, erhebt sie in schöneres Herzensweh und hält sie besser zusammen als das gemeinsame Singen? Darum tönen in meiner Kindheit auch noch die wundersamen »Lieder aus der Küche«, von Martha, unserer Mamsell, angestimmt und mit den anderen Küchen- und Hausmädchen kunstvoll mehrstimmig gesungen:

»Müde kehrt ein Wandersmann zurück,
nach der Heimat seiner Liebe Glück.
Doch bevor er kehrt in Liebchens Haus,
kauft er ihr den schönsten Blumenstrauß.

Doch die Gärtnerin, so hold, so bleich,
führt ihn hin zu Blumenbeeten gleich.

Doch bei jeder Blume, die sie bricht,
rollen Tränen ihr vom Angesicht.

Warum weinst du, holde Gärtnersfrau,
weinst du um der Veilchen Dunkelblau,
weinst du um die Rose, die du brichst?
Nein, ach nein, um diese wein ich nicht.«

Und so immer weiter. Wahrlich, wer das nicht gehört hat, kann eigentlich nicht mitreden, wenn es um die Gründe und Abgründe der wahren Empfindungen geht.*

Weniger um Tiefen der Seele als um die angemessene Ausbildung ging es in den Städten, im bürgerlichen Stande. Da nahmen die höheren Töchter Klavier- und Gesangsstunden und trugen dann zum Stolz ihrer Eltern im feinsinnig gelangweilten Freundeskreis vor, was sie erlernt hatten, sei es recht oder schlecht. (Inzwischen ist dieses Vorzeigen der Töchter durch Dias oder Filme von der Ferienreise ersetzt worden.) Im übrigen fand man sich zur Hausmusik im Streichquartett zusammen, nicht nur mit Liebe zur Sache, sondern oft sogar mit beträchtlichem Können.

Manchmal gibt es noch Nachklänge, doch fast schon sind sie verweht. Denn im 20. Jahrhundert hat sich eine Umwälzung vollzogen, neben der andere Umbrüche beinahe verblassen. Vorab wieder eine Geschichte:

Kaiser Wilhelm II. war einerseits ein romantisch rückwärts gewandter Mann, der vom eigenen Gottesgnadentum schwärmte und kein Verständnis für die revolutionäre Kunstentwicklung besaß, die sich in seiner Regierungszeit anbahnte und durchsetzte; verächtlich sprach er von der »Rinnsteinkunst«. Andererseits war er jedoch ein exemplarisch moderner Mensch, der sich für den wissenschaftlichen und technischen Fortschritt begeisterte und ihn nach Kräften förderte. Ebenso lebte er seinen Untertanen eine noch kaum erkennbare Zukunft vor, den »herrlichen Tagen« einer Wohlstandsgesellschaft entgegen, in der das Reisen in die Ferne und die Musikbeschallung einmal zu den selbstverständlichen Errungenschaften gehören sollten. Von der alljährlichen Nordlandfahrt Seiner Majestät an Bord der »Hohenzollern« hat der Kaiserfreund und Reisebegleiter Philipp Graf, später Fürst zu Eulenburg berichtet:

»Die Orchestermusik von früh bis abends ist auf die Dauer recht ermüdend, um nicht zu sagen ›unerträglich‹. Aber der Kaiser gehört zu den Menschen, denen Lärm einen angenehmen Eindruck macht. Man weiß nicht, wohin man fliehen soll, um den Trompeten zu entgehen.«

Eulenburg erzählt weiter: »Einmal, als ich während der entsetzlich lauten Musik mit dem Kaiser auf und ab ging und ihm etwas im lautkreischenden Ton erzählte, um durchzudringen, hörte die Musik plötzlich auf. Mein Wort konnte ich nicht so plötzlich abdämpfen, und der Kaiser bekam mein Trompetenwort ins Ohr. Er war ganz erschreckt und mußte doch lachen, so wie ich.«*

Daß die Lautstärke nicht nur bei Nordlandfahrten ins Spiel kam, belegt in seinen »Denkwürdigkeiten« Fürst Hohenlohe-Schillingsfürst, der spätere Reichskanzler, mit seinem Bericht von einem Kaiserbankett im Jahre 1890: »Ich saß gegenüber der Kaiserin und zwischen Moltke und Kameke. Ersterer wäre sehr gesprächig gewesen, wurde aber durch die unaufhörliche Musik gestört und war darüber sehr ärgerlich. Man hatte nämlich zwei Musikkorps einander gegenüber aufgestellt, und wenn eins aufhörte, fing das andere an zu trompeten. Es war kaum zum Aushalten.«*

Doch der Feldmarschall Helmuth Graf von Moltke und der Fürst Hohenlohe waren alte Leute, und wahrscheinlich handelte es sich bereits damals um eine altmodische Reaktion gegenüber dem jugendlich wegweisenden Kaiser, sozusagen als dem Ahnherrn junger Leute von heute, die es in ihrer Diskothek derart laut mögen, daß man nun wirklich kein Wort mehr verstehen kann und besorgte Fachärzte vor Gehörschäden warnen. Womöglich war und ist dies sogar ein geheimer Hintersinn der Tonstärke: daß man sich das Gespräch erspart.

An der Wende vom 19. zum 20. Jahrhundert mußte man allerdings schon ein leibhaftiger Kaiser oder sonst ein sehr reicher Mann sein, um sich den Trompetenschall leisten zu können. Oder um ein noch sehr viel älteres und weitaus prominenteres Beispiel zu nennen, das die Bibel bezeugt: Gott höchstpersönlich konnte seiner Priesterschaft befehlen, vor den Mauern von Jericho sieben Tage lang nach Leibeskräften die Posaunen zu blasen, wie man annehmen muß, bis zur völligen Erschöpfung. Der Philosoph Leszek Kołakowski hat daraus die kaum zu widerlegende Schlußfolgerung gezogen, daß bereits dieser alttestamentarische Gott die Militärmusik liebte.* Immerhin und durchaus verständlich führte der unaufhörliche Posaunenschall am Ende dazu, daß die Mauern einstürzten und die entnervten Verteidiger, die anfangs noch gelacht hatten, sich lieber erschlagen ließen, als solcher Tortur weiterhin ausgesetzt zu sein.

Seither sind wir demokratisch fortgeschritten. Jedermann ist sozusagen zu seinem eigenen Gott oder Kaiser geworden; ein Knopfdruck genügt, um beliebige Musik in vollendeter Qualität zu produzieren und zu hören – und ein Drehen am Regler, um die beliebig große Lautstärke zu erreichen. Man könnte sogar von einer Umkehrung der früheren Verhältnisse sprechen: Heute muß man schon überdurchschnittlich wohlhabend sein, muß ein eigenes Haus mit weitläufig umgebendem, abschirmendem Garten oder Park besitzen, um seine Ruhe zu haben und gegen die Zudringlichkeit der Musik halbwegs zuverlässig geschützt zu sein; unversehens ist die Stille zum eigentlichen Luxusgut unserer Tage geworden.

Denn sonst ist die Musik allgegenwärtig: In Mietwohnungen durchdringt sie die Wände und erfreut unerbeten auch die Nachbarn, in Kaufhäusern, Hotelfluren, Fahrstühlen rieselt sie unaufhörlich wer weiß woher, in angeberischen Autos tost sie vorüber, in Flugzeugen und in den besser ausgestatteten Zügen der Bundesbahn wird sie per Ohrstöpseln – aber keineswegs schallsicher – angeboten, und sogar die Jogger haben sich den Kopfhörer ihres »Walkman« übergestülpt. Geläufig ist es auch, daß Filme, gleich ob Abenteuer-, Liebes- oder Naturfilme, stimmungsvoll von Musik unterlegt werden und Stille allenfalls noch als deren Kontrastmittel und Steigerung dient, wenn die Spannung ihren Höhepunkt erreicht.

Warum eigentlich nicht? mag man fragen. Tierpsychologen haben längst herausgefunden, daß Hühner mehr Eier legen und Kühe mehr Milch geben, wenn sie Mozarts »Kleine Nachtmusik« hören. Nur harte Rockrhythmen erscheinen als weniger günstig.

Bei uns Menschen gibt es einen deutlichen Unterschied der Generationen. Die Kinder und die jüngeren Leuten wachsen wie selbstverständlich unter einem Schirm von Musik und mit den rasch wechselnden Idolen der Musikszene auf; manchmal scheint es fast so, als könnten sie nur in ihrer Begleitung sich konzentrieren, lesen, Schularbeiten machen und einschlafen. Wahrscheinlich dient die Musik zugleich als ein Schutzschild gegen lästige Zumutungen aus der Welt der Erwachsenen.

Musik entspannt. Sie kann aber auch aufputschen. Militärische Fachleute, gleich ob göttliche oder irdische, haben das schon immer gewußt und weder Mühe noch Kosten gescheut, um zur Einschüchterung des Feindes und zur Ermutigung ihrer eigenen Soldaten beim Weg in den Kampf die Posaunenbläser und Paukenschläger, die Trommler, die Trompeter und die Dudelsackpfeifer einzusetzen oder verschwitzten Marschkolonnen zur Aufmunterung »Ein Lied!« zu befehlen. Die Urgeschichte von der beflügelnden, ja triumphalen Macht der Musik im biblischen Buch Josua wurde bereits erwähnt. Am siebenten Tag der Belagerung von Jericho, »als das Volk den Hall der Posaunen hörte, machte es ein großes Feldgeschrei. Und die Mauern fielen um, und das Volk erstieg die Stadt, ein jeglicher stracks vor sich. Also gewannen sie die Stadt und verbannten« – sprich: töteten – »alles, was in der Stadt war, mit der Schärfe des Schwertes: Mann und Weib, jung und alt, Ochsen, Schafe und Esel.« Zu den passenden Melodien und Rhythmen mordet es sich eben viel besser.

Doch auch für den Übergang vom Krieg zum Frieden taugt die Musik. Von der Zeitenwende 1945 hat Oliver Hassenkamp in seinem Buch »Der Sieg nach dem Krieg« erzählt: »Wir jungen und nicht mehr ganz jungen Jugendnachholer saßen nachts vor dem Radio, um zu hören, was wir endlich ungestraft hören durften: Swing von AFN, dem American Forces Network, wie der alliierte Soldatensender hieß ... Musikalisch betrachtet, ist es nur ein kleiner Schritt von der Unterdrückung zur Freiheit. Mit dem Zweivierteltrhythmus des Marsches schüchtert Staatsgewalt zum Gehorsam ein, beim Viervierteltrhythmus, in den man aus dem Zweivierteltrhythmus nahezu unbemerkt hinübergleiten kann, entkrampft sich der Mensch und schwingt brüderlich mit allen anderen im Kollektiv.«

Ja, so ist es wohl wirklich gewesen, und ganz bestimmt haben amerikanische Musikmissionare von Duke Ellington über Glenn Miller bis hin zu Elvis Presley mehr für die Neuorientierung der deutschen Jugend getan als alle von den Alliierten verordnete »reeducation« oder die von uns selbst inszenierte politische Bildung. Daß die Vereinigten Staaten eine Weltmacht sind, die einzige, die es heute noch gibt, verdanken sie neben anderem der Musik, die sie exportieren und die die Jugend aller Länder in ihren Bann zieht. Im Vergleich dazu nimmt sich der Weltmachttraum Adolf Hitlers lächerlich aus: Was hatte er schon zu bieten, außer bestenfalls Richard Wagner, außerdem Fanfarenklänge, martialische Marschmusik und als Beilage zum Krieg die »Lili Marleen«, die sein Propagandaminister Goebbels dann auch noch verbot, weil sie ihm als zu morbid erschien?

Freilich gibt es immer noch einige altmodische Menschen, die unter dem Dröhnen, Stampfen und Klirren aus den Lautsprechern leiden. Zwar gehört der Lärm, besonders der Verkehrslärm, zum modernen Leben und läßt sich schwerlich mehr abschalten. Immerhin bemüht man sich darum, ihn zu mindern; die Versuche der Verkehrsberuhigung in Wohnstraßen sind hier ebenso zu nennen wie die Schutzwälle oder Mauern, die die Bundesbahn an ihren neuen Schnelltrassen errichtet. Aber den Musiklärm müßte es nicht geben; er ist mutwillig selbstgeschaffen, ein Ausdruck der Rücksichtslosigkeit von Menschen gegen Menschen, und keine grüne Bewegung, keine Greenpeace-Organisation, kein World Wildlife Fund kümmert sich um die gequälte Kreatur.

Dabei stellt sich die Umweltverschmutzung durch Musik besonders heimtückisch dar. Der durchschnittliche Verkehrslärm ruft nicht zur Aufmerksamkeit, sofern wir nicht selbst gerade eine Straße überqueren. Wir gewöhnen uns an ihn, und zumeist rauscht er gleichförmig dahin.

Doch das Wesen der Musik besteht leider darin, daß sie uns stets, sei es vorbewußt, zum mindestens halben Hinhören herausfordert. Und zur Sache gehört offenbar auch, daß der Nachbar gerade dann die Leistungsfähigkeit seiner Stereoanlage ausprobieren muß, wenn wir unseren Mittagsschlaf halten oder die Abendruhe genießen möchten.

Wer leidet, findet einen gewissen, obwohl nur begrenzten Trost, falls er Vorgänger entdeckt. Der große Königsberger Philosoph Immanuel Kant sah sich im Geschäft seines Denkens durchs Hähnekrähen auf dem Grundstück des Nachbarn gestört. Dagegen ließ sich etwas ausrichten, indem das Federvieh aufgekauft wurde und in den Kochtopf wanderte. Schlimmer war es mit dem nahen Gefängnis; von seinem Hof aus schallte der Chor der Einsitzenden herüber. Offenbar war der Gefängnisdirektor ein Musikpädagoge, der annahm, daß lautes und gemeinsames Singen eine moralische Besserung bewirken könne. Er huldigte dem Sprichwort: »Wo man singt, da laß dich ruhig nieder, böse Menschen haben keine Lieder.«* Der geplagte Herr Professor aber mußte langwierige Verhandlungen mit den Behörden führen, um eine Verlegung des Chorgesangs ins Gefängnisinnere zu erreichen.

Auch große Leute haben ihre Schwächen, und Biographen berichten, daß der friedfertige Kant der Militärmusik »recht zugetan« war. Doch in seiner »Kritik der Urteilskraft« hat der weltbewegende Philosoph die Literatur an die Spitze der Künste gestellt, in ihrer Rangordnung jedoch die Musik zu »den untersten« eingestuft, »weil sie bloß mit Empfindungen spielt«, statt zum Denken anzuregen. »Außerdem« – und das scheint für diesen bei der Mit- und Nachwelt mit Recht berühmten Autor besonders wichtig zu sein – »hängt der Musik ein gewisser Mangel der Urbanität an, daß sie, vornehmlich nach Beschaffenheit ihrer Instrumente, ihren

Einfluß weiter, als man ihn verlangt (auf die Nachbarschaft), ausbreitet und so sich gleichsam aufdringt, mithin die Freiheit anderer, außer der musikalischen Gesellschaft, Abbruch tut; welches die Künste, die zu den Augen reden, nicht tun, indem man seine Augen nur wegwenden darf, wenn man ihren Eindruck nicht einlassen will. Es ist hiermit fast so wie mit der Ergötzung durch einen sich weit ausbreitenden Geruch bewandt. Der, welcher sein parfümiertes Schnupftuch aus der Tasche zieht, traktiert alle um und neben sich wider ihren Willen und nötigt sie, wenn sie atmen wollen, zugleich zu genießen; daher es auch aus der Mode gekommen ist.«*

Aber die Musik eben nicht. Und offenbar in der nachzitternden Empörung über den Chorgesang der Gefangenen fügt Kant in einer Anmerkung noch hinzu: »Diejenigen, welche zu den häuslichen Andachtübungen auch das Singen geistlicher Lieder empfohlen haben, bedachten nicht, daß sie dem Publikum durch eine solche *lärmende* (eben dadurch gemeiniglich pharisäische) Andacht eine große Beschwerde auflegen, indem sie die Nachbarschaft entweder mitzusingen oder ihr Gedankengeschäft niederzulegen nötigen.«

Wer wollte so anmaßend sein, die Klarsicht des großen Denkers zu überbieten? Sie trifft den Kern des Sachverhalts. Musik *fesselt* im doppelten Wortsinne, sie zerstört die Freiheit derer, die ihr nicht zuhoren wollen und sich auf anderes konzentrieren möchten. Um Immanuel Kant durch Wilhelm Busch zu ergänzen: »Musik wird oft nicht schön gefunden, weil sie stets mit Geräusch verbunden.« Kaum von ungefähr ist das in der Abwandlung zum geflügelten Wort aufgerückt: »Musik wird störend oft empfunden, weil sie mit Geräusch verbunden.« In Buschs Bildergeschichte »Der Maulwurf« stellt dies Herr Knoll fest, als

Bettelmusikanten ihm mit Blasmusik die Maulwurfsjagd verderben. Solche Jagd mag nur noch selten unsere Sache sein, aber das Ärgernis ist nicht bloß geblieben, sondern hat sich vervielfacht; es ist von der Ausnahme zur Alltagsregel geworden. Überall, wo Menschen sind und ausgerechnet dort ganz besonders, wo sie Erholung suchen, sei es an Ostsee- und Mittelmeerstränden oder im Gebirge, klirren und krächzen uns die Kofferradios entgegen. Einzig mit dem Handygeklingel ist es fast noch schlimmer, das unfehlbar ein wichtigtuerisches und betont lautes Gerede auslöst, auch oder gerade, wenn dadurch andere Leute beim Essen oder beim Dösen gestört werden.

Und wehe, dreimal wehe der Waldeinsamkeit! In seinem »Nachlaß zu Lebzeiten« hat Robert Musil geschrieben: »Wenn es sehr heiß ist und man einen Wald sieht, so singt man: ›Wer hat dich, du schöner Wald, aufgebaut so hoch da droben?‹ Das geschieht mit automatischer Sicherheit und gehört zu den Reflexbewegungen des deutschen Volkskörpers. Je ohnmächtiger die von Hitze aufgequollene Zunge schon überall im Munde anstößt und je ähnlicher einer Haifischhaut die Kehle bereits geworden ist, desto empfindungsvoller reißen sie die letzte Kraft zu einem musikalischen Finish zusammen und beteuern, daß sie den Meister loben wollen, solang' noch die Stimm' erschallt. Dieses Lied wird mit der ganzen Unbeugsamkeit eines Idealismus gesungen, den am Ende aller Leiden ein Getränk erwartet ...«* Gesang und Musik sogar im Walde; man gerät in Versuchung, mit Erich Kästner noch hinzuzufügen:

»Sieben Rehe starben auf der Stelle.
Diese armen Tiere traf der Schlag.
Möglich, daß es an der Jazzkapelle –
denn auch die war mitgefahren – lag.«*

Aber Musil und Kästner schrieben ihre Texte in den dreißiger Jahren, als man von den elektronischen Beschallungsmöglichkeiten unserer Tage noch nichts wußte.

Ruhe also, verdammt noch mal! Und nieder mit den Musikflegeln! Denn Musikberieselung ist der Erzfeind der Stille, und es wäre dringend geboten, die Verluste zu überdenken, die wir damit erleiden. Aus älteren Zeiten, aus allen Kulturen wird uns berichtet, daß die Weisen und die Seher, die Propheten und die Religionsstifter sich in die Wüste oder auf Berge zurückzogen, um der Stille zu lauschen und in ihr Erleuchtung zu finden. »Seid stille und erkennt, daß ich Gott bin«, heißt es im 46. Psalm. Oder beim Propheten Jesaja: »Wenn ihr umkehrtet und stille bliebet, so würde euch geholfen; durch Stillesein und Hoffen würdet ihr stark sein. Aber ihr wollt nicht.« Nein, das wollen und können wir wirklich nicht mehr; wir fürchten uns vor dem Einbruch der Lautlosigkeit und flüchten zum Lärm, als bringe er Rettung. Nur sehr leise, wie aus einer verlorenen Traumwelt, klingt manchmal noch an, was Matthias Claudius in seinem »Abendlied« gesagt hat:

»Wie ist die Welt so stille
und in der Dämmrung Hülle
so traulich und so hold!
Als eine stille Kammer,
wo ihr des Tages Jammer
verschlafen und vergessen sollt.«

Wer kennt und wer beherzigt das, wer erträgt, wer liebt diese Stille, wenn die Welt sich verdunkelt und aus der Ferne oder schon nahe das Käuzchen uns anruft?

Über Erfahrungen

Bismarck berichtet in seinen »Gedanken und Erinnerungen«, daß er sich – »vielleicht etwas lehrhaft« – gegenüber dem Prinzen und seit 1888 Kaiser Wilhelm II. auf die eigenen, in langer Amtszeit gesammelten Erfahrungen berief. Aber damit stieß er auf kein Verständnis, vielmehr auf Ärger: »Das Wort ›Erfahrung‹ in meinem Munde verstimmte ihn und rief gelegentlich die Äußerung hervor: ›Erfahrung? Ja, die habe ich allerdings nicht.‹«

Was denn sonst hätte der ungestüme junge Mann sagen sollen? Und man kann seinen Ärger sogar verstehen. Wohl zu allen Zeiten versuchen ältere Leute, ihre Kinder oder Enkel oder überhaupt die Nachdrängenden dadurch einzuschüchtern und unmündig zu halten, daß sie sich auf ihre Erfahrungen berufen. Nur halbwegs einfühlsam fügt Bismarck hinzu: »Wenn ich jetzt zurückblicke, so nehme ich an, daß der Kaiser während der einundzwanzig Monate, die ich sein Kanzler war, seine Neigung, einen ererbten Mentor loszuwerden, nur mit Mühe unterdrückt hat, bis sie explodierte.«* Diese Explosion führte am 20. März 1890 zu Bismarcks Entlassung, wahrscheinlich mit guten Gründen, aber unter höchst fragwürdigen Umständen – und mit der Konsequenz, daß der Entlassene den jungen Kaiser und seine Weggefährten mit Haß verfolgte, solange er lebte.

Solch eine Geschichte rät dazu, Vorsicht walten zu lassen, bevor man in der Auseinandersetzung mit Jüngeren

Erfahrungen wie Kanonen in Stellung bringt; ohnehin führt das meist zu Rohrkrepierern. Denn jeder muß seine eigenen Erfahrungen machen. Darum wäre es albern und abwegig, einem Heranwachsenden zu sagen, daß die erste Verliebtheit doch zu nichts führt und daß es besser wäre, sich erst einmal auf die Schularbeiten und den Weg zum Abitur zu konzentrieren. Und wenn die jungen Leute von Max Weber etwas wüßten, könnten sie auf ihn sich berufen. Der berühmte Gelehrte hat als reifer Mann und auf der Höhe seines Ansehens gesagt: »Mit dem Datum des Geburtsscheines in Diskussionen überstochen zu werden, habe auch ich mir nie gefallen lassen.« Allerdings hat er hinzugefügt: »Aber die bloße Tatsache, daß einer zwanzig Jahre zählt und ich über fünfzig bin, kann mich schließlich auch nicht veranlassen zu meinen, das allein wäre eine Leistung, vor der ich in Ehrfurcht ersterbe.«*

In unserer schnellebigen Zeit kommt noch hinzu, daß Erfahrungen immer rascher veralten und jedenfalls vordergründig immer weniger taugen. Einst konnte ein Bauer, ein Handwerksmeister, ein Kaufmann seinem Sohn weitergeben, was er wußte, und in der Regel war die nachfolgende Generation gut bedient, wenn sie sich an das ererbte Wissen hielt. Denn die Bedingungen, unter denen man lebte und arbeitete, änderten sich nicht oder nur so langsam, daß der Wandel eine Randerscheinung und überschaubar blieb. Darum erwies sich auch das Erbprinzip als vernünftig, sei es bei Bauern, Edelleuten oder den Königen, das uns als höchst ungerecht erscheint. Wenn von vornherein klar war, daß nur ein Nachkomme, meist der älteste Sohn, den Hof, den Besitz, den Thron übernahm, dann vermied man den Streit unter Geschwistern und sorgte zugleich dafür, daß die gespeicherten Erfahrungen nicht fortgeworfen, sondern genutzt wurden. Und daher umgaben sich die Regenten, falls sie klug waren, mit einem Ratgeberkreis erfahrener alter Männer.

Heute hat sich das gründlich geändert. Allenfalls ein Beamter kann noch sagen: »Das machen wir schon immer so« – und den Grünschnabel abfertigen: »Da könnte ja jeder kommen.« Denn mit garantiert lebenslanger Anstellung und Pensionsberechtigung ist man der Zugluft des Wandels nur in Maßen ausgesetzt. Aber bereits bei den Bauern sieht es anders aus. Als man schon vor Jahrzehnten eine Rente für Landwirte einführte, geschah es mit dem Hintergedanken, daß die Alten sich eher aufs Altenteil zurückziehen würden, wenn sie auch danach noch über ein eigenes Einkommen verfügten. Mit anderen Worten: Die Hofübergabe und der Generationenwechsel sollten beschleunigt werden, weil es auf einmal nicht mehr auf die ererbte Erfahrung, sondern mit frisch erworbenem Wissen auf die Hinwendung zur Zukunft ankam.

Oder wie erst ein Firmenchef! Wenn er sich auf den Erfahrungen ausruht, mit denen er bisher erfolgreich war, befindet er sich schon auf der abschüssigen Straße, an deren Ende der Konkursrichter wartet. Die zukunftsträchtigen Unternehmungen verkünden dagegen mit Stolz, daß die Hälfte ihrer Produkte vor fünf Jahren noch gar nicht auf dem Markt war und daß inzwischen auch ihre Produktionsmethoden und Absatzstrategien gründlich umorganisiert wurden. Gefragt sind junge Leute mit neuen Ideen, nicht die erfahrenen Werkmeister, Ingenieure oder Büroleiter, die, einmal aus dem Rennen geworfen, nach ihrem fünfzigsten Lebensjahr auf dem Arbeitsmarkt kaum noch eine Chance haben.

Um den Sachverhalt in ein Symbol zu fassen: Buchstäblich spielend dringt der Enkel in die Geheimnisse des Computers und des Internet vor, die dem Vater Mühe bereiten und dem Großvater ein unauflösbares Rätsel bleiben. Damit hat sich das Verhältnis der Generationen entscheidend und wahrscheinlich unwiderruflich verändert, und nur vordergründig zählt zu den Paradoxien unserer Zeit, daß es immer mehr alte und immer weniger junge Leute gibt. In Wahrheit ist das ein marktgerechtes Signal des Umsturzes: Je geringer das Angebot, desto kostbarer die Ware – und umgekehrt.

Es bleibt indessen die Tatsache, daß man mit dem Älterwerden Erfahrungen sammelt und speichert, gute wie schlechte. Wer im Rückblick meint, daß er nichts anders und besser hätte machen können, der belügt entweder sich selbst oder hat eine bedauernswert eingleisige Wegstrecke zurückgelegt. Soll man darum in einer sich wandelnden Welt die Erfahrungen wegschließen oder wegwerfen, als gäbe es sie nicht? Nein, durchaus nicht. Denn was eben über den Umsturz der Werte und das Generationenverhältnis gesagt wurde, bezieht sich ja nur auf den technischen und wirtschaftlichen Fortschritt. Es gibt aber viel mehr, und je schneller die Verhältnisse sich ändern, desto wichtiger wird die Orientierung an Erfahrungen, damit wir nicht wieder in die Fallgruben stürzen, die schon unseren Vorfahren zum Verhängnis wurden.

Dabei gesellt sich zum Persönlichen die Geschichte. Sie schafft uns einen Menschheitsschatz der Erfahrungen; im Mantel des Einmaligen und Unwiederholbaren spricht sie in ihrer Tiefenschicht von der *Natur* des Menschen, von Selbstbewußtsein und Hellsicht, von Güte und Mut, aber auch von seinen dunklen Antrieben, von Herrschsucht und Rachegelüsten, vom Blendwerk und Elend der Macht, vom Neid und vom Brudermord, von Feigheit und Verrat. Darum ist es wichtig, überlebenswichtig, daß wir uns der Geschichte zuwenden – oder der Weltliteratur: Auch bei

Homer, Shakespeare oder Dostojewski erfahren wir etwas von unserem Vermögen und Unvermögen, von den Abgründen menschlicher Leidenschaften. Wir wären Narren, wenn wir diesen Menschheitsschatz ungenutzt ließen und dem Wahn verfielen, daß der Umgang mit Computer und Internet genügt, um die Zukunft zu bestehen. Doch die Erfahrungen haben, salopp ausgedrückt, schlechte Karten, weil wir uns von der Aufdringlichkeit der technischen Revolutionen blenden lassen.

Das gilt zunächst einmal wieder persönlich: In ihren besonnten Residenzen auf Mallorca oder in Florida machen die sogenannten Senioren mit einer »Juhu«-Attitüde ihren Enkeln und Enkelinnen Konkurrenz und bemerken kaum noch, wie sehr sie damit ins Lächerliche geraten und mit den Lebenserfahrungen ihre Alterswürde um ein Linsengericht fortgeben. Allenfalls im Kaukasus oder in anderen abgelegenen Weltgegenden sieht man noch Gesichter, die von Erfahrungen gekerbt sind, etwas von der Schönheit und Würde des Alters; allenfalls dort gewinnen wir noch eine Ahnung davon, was die Bibel einmal gemeint hat, wenn sie vom Stammvater Abraham sagt: »Und er nahm ab und starb in einem ruhigen Alter, da er alt und lebenssatt war, und ward zu seinem Volk versammelt.«

Und wie steht es mit den geschichtlichen Erfahrungen? Weil wir es inzwischen so wunderbar weit gebracht haben und es in der Zukunft noch viel weiter bringen werden, unter noch niemals gekannten Bedingungen, gehen sie uns – so scheint es zumindest – kaum mehr etwas und in Wahrheit immer weniger an, es sei denn in Feiertagsbeschwörungen und bei Kranzniederlegungen vor den Mahnmalen früher der Sieger, heute der Opfer. Bloß als Beispiel: Warum sollen wir uns denn mit diesem Kaiser Wilhelm II. beschäftigen? Aber sein Schicksal könnte uns warnen: Gerade weil er von Erfahrungen nichts mehr wissen wollte, war er auf seine Weise schon ein sehr moderner Mensch; seine Begeisterung für den technischen Fortschritt, fürs Redenhalten und fürs rastlose Reisen zeigt das ebenso wie seine Vorliebe für ausdauernd laute Musik.[14] Aber Wilhelm II. wußte nichts von den Verhängnissen, die in Tiefenschichten auf der Lauer liegen, und statt der »herrlichen Tage«, zu denen er die Deutschen führen wollte, geriet er mit ihnen ins Unheil. Dem Kaiser bereits um ein Jahrhundert vorweg hat Goethe »Den Originalen« die folgende Mahnung gewidmet:

»Ein Quidam sagt: ›Ich bin von keiner Schule;
Kein Meister lebt, mit dem ich buhle;
Auch bin ich weit davon entfernt,
Daß ich von Toten was gelernt.‹
Das heißt, wenn ich ihn recht verstand:
›Ich bin ein Narr auf eigne Hand.‹«

Der Philosoph Ernst Bloch hat sein Hauptwerk dem »Prinzip Hoffnung« gewidmet und im Vorwort geschrieben: »Es kommt darauf an, das Hoffen zu lernen. Seine Arbeit entsagt nicht, sie ist ins Gelingen verliebt statt ins Scheitern. Hoffen, über dem Fürchten gelegen, ist weder passiv wie dieses, noch gar in ein Nichts gesperrt. Der Affekt des Hoffens geht aus sich heraus, macht die Menschen weit, statt sie zu verengen, kann gar nicht genug von dem wissen, was sie inwendig gezielt macht, was ihnen auswendig verbündet sein mag. Die Arbeit dieses Affekts verlangt Menschen, die sich ins Werdende tätig hineinwerfen, zu dem sie selber gehören. Sie erträgt kein Hundeleben, das sich ins Seiende nur passiv geworfen fühlt, in Undurchschautes, gar jämmerlich Anerkanntes. Die Arbeit gegen die Lebensangst und die Umtriebe der Furcht ist die gegen ihre Urheber, ihre großenteils sehr aufzeigbaren, und sie sucht in dieser Welt selber, was der Welt hilft; es ist findbar. Wie reich wurde allzeit davon geträumt, vom besseren Leben geträumt, das möglich wäre. Das Leben aller Menschen ist von Tagträumen durchzogen, darin ist ein Teil lediglich schale, auch entnervende Flucht, auch Beute für Betrüger, aber ein anderer Teil reizt auf, läßt mit dem schlecht Vorhandenen sich nicht abfinden, läßt eben nicht entsagen. Dieser andere Teil hat das Hoffen im Kern, und er ist lehrbar.«*

Dagegen ist kaum etwas einzuwenden. Ohne Hoffnung könnte der Mensch nicht bestehen, und mit bewundernswerter Konsequenz durchgräbt Bloch in drei Bänden, über mehr als 1600 Seiten, alle Lebensverhältnisse und das Reich der Ideen nach dem Wurzelwerk des Hoffens. Aber es stellt sich die Frage, ob das »Prinzip Hoffnung« nicht einäugig bleibt oder womöglich sogar blind gegenüber den Gefahren, die aus Utopien, aus Heilshoffnungen erwachsen, die ins Unheil führen. Die Erfahrungen der Geschichte sprechen für diese Annahme: Ausgerechnet das Hoffen und der Idealismus des Handelns, den wir daraus ableiten, machen uns zur Beute der Betrüger, der falschen Propheten. Dieser Sachverhalt führt zu der Frage, ob das »Prinzip Hoffnung« nicht durch ein »Prinzip Erfahrung« ergänzt und ins Gleichgewicht gebracht werden müßte. Dafür allerdings hat sich bisher noch kein Philosoph gefunden; man müßte von vielen Ursprüngen und Werkstücken her die Teile zusammentragen, um sie zum Ganzen zu fügen. Im übrigen stellt sich das Problem, daß wir es in der Geschichte wie im Leben des einzelnen immer wieder mit *mißratenen Erfahrungen* zu tun bekommen.

Um dafür ein historisches Beispiel zu nennen: Im Herbst 1918 war für die Einsichtigen, nicht zuletzt für die

Generale, vollkommen klar, daß Deutschland den Ersten Weltkrieg verloren hatte und daß der Zusammenbruch der Fronten nur noch eine Frage der Zeit war. Daher drängte die Oberste Heeresleitung, allen voran Feldmarschall Paul von Hindenburg und sein Stabschef Erich Ludendorff, die Reichsregierung zum sofortigen Waffenstillstand um beinahe jeden Preis – Wochen bevor es zum Umsturz des 9. November kam. Nur wenig später aber wurde, wieder mit Hindenburg und Ludendorff vorweg, die Legende vom »Dolchstoß« verbreitet: »Im Felde unbesiegt« habe man standgehalten; einzig Verrat, die rote Revolution, die »Novemberverbrecher« hätten die Niederlage verursacht. In Hindenburgs Darstellung: »Wir waren am Ende! Wie Siegfried unter dem Speerwurf des grimmen Hagen, so stürzte unsere ermattete Front; vergebens hatte sie versucht, aus dem versiegenden Quell der Heimat neues Leben zu trinken.«*

Mit anderen Worten: Statt sich auf die Einsicht, die Erfahrung einzulassen, daß die deutschen Kräfte nicht ausreichten und daß man sich in Europa partnerschaftlich einrichten mußte, statt es beherrschen zu wollen, hieß die Schlußfolgerung, man müsse einen neuen Anlauf nehmen, nur rücksichtsloser, brutaler als beim ersten Versuch, auf die Gewalt statt auf Freiheit und Recht gegründet, um den Traum von der Weltmacht doch noch zu verwirklichen. Zur Sache gehörte dann folgerichtig auch die Abrechnung mit den angeblichen Novemberverbrechern, mit Liberalen, Demokraten, Sozialdemokraten, Kommunisten und Juden. Genau das war es, was Hitler predigte und womit er schließlich sich durchsetzte.

Dieser Weg in die Lüge und in den Wahn stellt keinen Einzelfall dar. Immer wieder begegnet uns ähnliches, immer wieder suchen Menschen, denen etwas mißlingt, die

Schuld nicht bei sich, sondern bei anderen; sie finden oder erfinden Sündenböcke und setzen fortan all ihre Energie dafür ein, sie zu bestrafen und wenn möglich zu vernichten. »Den Farren [jungen Stier] des Sündopfers und den Bock des Sündopfers, deren Blut in das Heiligtum zu versöhnen gebracht ward, soll man hinausschaffen vor das Lager und mit Feuer verbrennen, Haut, Fleisch und Mist«, heißt es in der Bibel. Daß also Erfahrungen mißraten können, stellt selbst eine allgemeine, um nicht zu sagen menschheitliche Erfahrung dar. Aber es gibt auch die furchtbaren Einsichten, die aus Erfahrungen wachsen und sich über jeden Wandel der Umstände hinweg als gültig erweisen. Zwei Beispiele mögen dazu die Anschauung vermitteln.

Macht korrumpiert, und absolute Macht korrumpiert absolut. Diese Erfahrungsregel wird Lord John Acton zugeschrieben und war womöglich an dessen Großvater Sir John Francis Acton abgelesen, der als leitender Minister in neapolitanischen Diensten eine Gewaltherrschaft ausübte.* Aber die Fülle der Belege reicht von der ältesten bis in die neueste Geschichte. Macht korrumpiert schon darum, weil sie wie eine Droge wirkt und den, der von ihr gekostet hat, nicht mehr losläßt. »Kein Abschied auf der Welt fällt schwerer als der Abschied von der Macht«, hat darum Talleyrand gesagt. Durchweg muß man die Mächtigen aus ihrer Macht losreißen, sie aus ihren Ämtern vertreiben, weil sie nicht freiwillig gehen. Und wenn es keine Regeln für den Amtswechsel gibt, dann regieren am Ende nur noch erstarrte alte Männer, so wie es in vielen Ländern des kommunistischen Ostblocks geschah.

Die Macht korrumpiert oder deformiert auch darum, weil sie zur Dummheit verführt und weithin das Lernen ersetzt. Der Mächtige muß sich nicht anpassen, sondern zwingt die anderen dazu, es zu tun. Er formt die Verhältnisse so, wie er sie haben will. Nur der kleine Mann braucht die Schlauheit des Schwejk zum Überleben wie das tägliche Brot.

Im übrigen hört der Mächtige schlecht, und was er hört, sind vor allem die Stimmen der Schmeichler. Die aber haben, um ihre Stellung am Thron des Mächtigen zu sichern, ein Interesse daran, die Warner vor Gefahren als unzuverlässige Genossen, wenn nicht gar als verkappte Feinde und als Schlappschwänze zu verdächtigen. »Schwarzsehen dulde ich nicht!« hieß ein kaiserlich wilhelminischer Kernspruch der Dummheit. Und im »Dritten Reich« wurde das Schwarzsehen oder »Miesmachen« sogar zunehmend lebensgefährlich. Daher sagte in der Spätzeit des Zweiten Weltkriegs der Berliner Volksmund: »Eh det ick mir die Rübe abhacken lasse, jlobe ick an den Endsieg.« Tauchen indessen die Schwierigkeiten auf, so liegt es nahe, ihnen mit den Mitteln zu begegnen, an die man gewöhnt ist und über die man ohnehin schon verfügt: mit Machtsteigerung und Machtkonzentration, samt der systematischen Bespitzelung aller nur von ferne verdächtigen Untertanen, die sich zur »Staatssicherheit« organisiert.

Hochmut gesellt sich hinzu. Unwillkürlich hält der Mächtige sich für kompetenter und weitsichtiger, ja sogar für besser als andere: Er ist auserwählt. Wie sonst wäre er zu seiner Macht gekommen? Zur abgründigen Verachtung der anderen ist es dann nur noch ein Schritt.

Indessen blockiert der Hochmut wiederum die Lernfähigkeit. Um das an einer vormenschlichen Geschichte anschaulich zu machen: Verhaltensforscher hatten auf einer Pazifikinsel einen Affenherde ausgesetzt, um sie dort zu beobachten. Eines Tages entdeckte eine junge Äffin, daß das ausgelegte Futter nicht bloß sauber wurde, sondern – wegen des Salzes – auch besser schmeckte, wenn sie es vor dem Verzehr im Meer wusch. Bald erlernten immer mehr Tiere diese neue Technik. Nur das Leittier, der Boß, lernte nicht. Wie sollte er? Sollte er »zugeben«, daß seine Untergebenen – und angeführt gar von einem weiblichen Wesen – etwas herausgefunden hatten, worauf er selbst nicht gekommen war?

Vielleicht signalisiert die Geschichte noch einen weiteren Faktor: Angst – die untergründige, vielleicht vorbewußte und eben darum um so tiefer angelegte Angst vor dem Verlust der Macht. Und gerade diese uneingestandene Angst weckt die Gier nach der Aggression, um zu zerschmettern, was Angst macht. Damit entsteht eine fatale Wechselwirkung oder Spiralbewegung von Verfolgungswahn und Verfolgen.

Aus den bitteren Erfahrungen mit dem Unheil der Macht lassen sich einfache Regeln ableiten. Erstens sollten die Amtszeiten der Mächtigen begrenzt bleiben, und kein Mensch sollte sich für unersetzbar halten oder von anderen dafür gehalten werden. Darum hat es in den Vereinigten Staaten eine Verfassungsergänzung gegeben – die zweiundzwanzigste, 1951 in Kraft getreten –, nachdem Franklin Delano Roosevelt viermal gewählt worden war: »Niemand darf mehr als zweimal in das Amt des Präsidenten gewählt werden.« (Hierzulande haben sich die Verfassungsväter des Grundgesetzes allerdings im Adressaten geirrt. Nach den Erfahrungen mit dem Reichspräsidenten Paul von Hindenburg haben sie die Amtszeit des Bundespräsidenten begrenzt, den sie zuvor schon entmachtet hatten, statt die Amtszeit des Bundeskanzlers, dem die Macht in der Hauptsache zufiel.)

Zweitens muß die Macht, die die Herrschenden haben,

durch Gewaltenteilung beschränkt werden. Außerdem muß es mindestens zwei Parteien geben, ebenso eine Vielfalt der Meinungsmöglichkeiten und der organisierten Interessen. Das Mit- und Gegeneinander verschiedener Gewalten mag die Entscheidungsprozesse schwerfällig machen, aber im Vergleich zur diktatorischen Machtkonzentration ist das ein bei weitem kleineres Übel. Als die amerikanische Verfassung diskutiert wurde, schrieben die Autoren der »Federalist Papers«: »Die Methode, das Fehlen edlerer Motive durch die Förderung rivalisierender Interessen auszugleichen, kann durch alle menschlichen Angelegenheiten verfolgt werden, seien sie nun privater oder öffentlicher Natur. Sie tritt besonders bei der Verteilung der Machtbefugnisse an untergeordneter Stelle in Erscheinung, wobei stets das Ziel angestrebt wird, die verschiedenen Posten so zu verteilen und einzurichten, daß deren Inhaber sich gegenseitig in Schach halten. Das persönliche Interesse des einzelnen wird so zum Wächter über die Rechte der Öffentlichkeit gemacht. Dieses von der Vernunft eingegebene Verfahren empfiehlt sich erst recht bei der Verteilung der höchsten Gewalten im Staat.«

Dazu paßt eine andere Passage: »Überlegungen solcher Art mögen denjenigen, die in Amerika die heiteren Tage des poetischen oder mythischen Zeitalters heraufbeschwören wollen, kleinlich erscheinen. Wer aber glaubt, daß auch uns das normale Maß an Wechselfällen und Schwierigkeiten nicht erspart bleiben kann, das jeder Nation zugemessen ist, wird sie ernster Aufmerksamkeit für wert halten.«*

Kain und Abel: Erfahrungen mit dem Selbstbewußtsein. Das erste Buch Mose erzählt am Anfang des vierten Kapitels die Urgeschichte vom Brudermord: »Und Adam erkannte sein

Weib Eva, und sie ward schwanger und gebar den Kain und sprach: Ich habe einen Mann gewonnen mit dem Herrn. Und sie fuhr fort und gebar Abel, seinen Bruder. Und Abel ward ein Schäfer; Kain aber ward ein Ackermann. Es begab sich aber nach etlicher Zeit, daß Kain dem Herrn Opfer brachte von den Früchten seines Feldes; und Abel brachte auch von den Erstlingen seiner Herde und von ihrem Fett. Und der Herr sah gnädig an Abel und sein Opfer; aber Kain und sein Opfer sah er nicht gnädig an. Da ergrimmte Kain sehr, und seine Gebärde verstellte sich … Und es begab sich, da sie auf dem Felde waren, erhob sich Kain wider seinen Bruder Abel und schlug ihn tot.«

Das ist eine unheimliche Geschichte, und eine sehr merkwürdige, um nicht zu sagen zwielichtige Rolle spielt darin der Herr, dem die Opfer dargebracht werden. Warum sieht er Abel gnädig an, Kain aber nicht? Duftet Hammelbraten ihm lieblicher als der Qualm von Feldfrüchten? Oder was würde man von einem Vater halten, dem seine beiden Söhne zu Weihnachten Geschenke basteln und der das eine mit Freude annimmt, während er das andere schroff zurückweist? Welch eine Wut, welche Verzweiflung müßte er damit ins Herz des abgewiesenen Sohnes senken – und welchen Neid, welchen Haß auf den bevorzugten Bruder!

Mit anderen Worten: Es handelt sich um eine Geschichte vom fahrlässig oder vorsätzlich zerstörten Selbstbewußtsein. Der Mensch aber ist das Lebewesen, das ein Verhältnis zu sich hat; er braucht das Selbst-Bewußtsein wie die Luft zum Atmen. Es wird bereits in der frühen Kindheit gebildet, im Umgang mit »Bezugspersonen«, besonders den Eltern, deren liebevolle Zuwendung ein »Urvertrauen« entstehen läßt, das in die Zukunft und die Welt hinein sich als tragfähig erweist. Andererseits können sogar bei äußerlich einwandfreier Betreuung schwerwiegende Entwicklungsschäden entstehen, etwa in Kinderheimen, wenn gar keine Bestätigung des Ich durch das Du gelingen kann, weil das Personal unpersönlich bleibt und dauernd wechselt. Fachleute sprechen dann vom Hospitalismus.

Der große Philosoph Georg Wilhelm Friedrich Hegel hat in einem ebenso dunklen wie tiefgründigen Kapitel seiner »Phänomenologie des Geistes« vom Selbstbewußtsein gesprochen. Es trägt den Titel: »Selbständigkeit und Unselbständigkeit des Selbstbewußtseins; Herrschaft und Knechtschaft«. Sehr vereinfacht ausgedrückt, sagt Hegel: Der Herr gewinnt Selbstbewußtsein durch die Macht, die er über andere ausübt; noch ihre Auflehnung, wenn sie in die Unterwerfung zurückgezwungen wird, stärkt seinen Stolz. Der Knecht dagegen gewinnt Selbstbewußtsein, indem er sich mit der Macht des Herrn identifiziert. Je umfassender und durchdringender diese Macht, desto höher reckt sich zugleich der Stolz, ihr dienen zu dürfen und eben damit an ihr Anteil zu haben. So gesehen kann in der knechtischen Perspektive die Macht des Herrn gar nicht groß genug sein und sollte sich in ihrer Endbestimmung als absolut erweisen. Daß es das gibt, wird durch die geschichtliche Erfahrung tausendfach bestätigt, auch in der neueren Geschichte, etwa im Verhältnis der Deutschen zu ihrem Führer Adolf Hitler, der absoluten Gehorsam verlangte und dem sie dennoch oder eben darum zujubelten, solange er mächtig war: »Führer, befiehl, wir folgen!«

Hegel hat indessen seiner Analyse noch eine Vision hinzugefügt: Durch die Arbeit, die zu verrichten er gezwungen ist, wachsen dem Knecht Können und Leistungsvermögen zu, letztlich eine Verfügung über die Produktionsmittel, während der Herr sich einem glänzenden Müßiggang hingibt. Am Ende gewinnt damit der Knecht die Macht, die dem Herrn entgleitet. Mit dieser »dialektischen« Vision vom Fortgang der Geschichte ist Hegel zum Lehrer von Karl Marx geworden. Aber die seither gewonnene Erfahrung sagt, daß die ursprüngliche Analyse besser begründet war als die Vision.* Denn im Gegensatz zu vormodernen Verhältnissen verfallen moderne Eliten keineswegs dem Nichtstun. Im Gegenteil: Sie arbeiten siebzig oder mehr Stunden pro Woche und lesen ihre Unentbehrlichkeit an dem schon für Wochen im voraus ausgebuchten Terminkalender ab. In der Mitte der gesellschaftlichen Pyramide gibt es dank einem Jahrhundertkampf der Gewerkschaften die Fünfunddreißig-Stunden-Woche, während »unten« sich diejenigen befinden, denen der erzwungene Müßiggang zum Fluch wird: die Arbeitslosen und ein stetig wachsendes Heer rüstiger Rentner.

Die Reihe der Beispiele ließe sich beinahe beliebig fortsetzen. Wenn man sie genauer betrachtet, stellt man fest, daß sie nicht vom Einmaligen, sondern vom Wiederholbaren reden, von dem, was in der Natur des Menschen, christlich gesprochen im »alten Adam«, als Möglichkeit angelegt ist. Denn aus dem Einmaligen läßt sich keine Erfahrung ableiten, wohl aber aus dem, was bleibt oder sich wiederholt und darum als Norm oder als Regel angesehen werden kann: Erfahrung ist gleich Erfahrungsregel.

Genau dies ist es allerdings, was den Zeitgeist gegen die Erfahrungen wüten und sie verachten läßt. Leben wir denn nicht in Verhältnissen, die vollkommen neu und einmalig bereits schon darum sind, weil ihre technischen Mittel über alle bisherigen Erfahrungen hinausweisen? Gibt es etwa Erfahrungen mit der Altersgesellschaft, der wir entgegengehen? Oder mit der Menschheitsgesellschaft, mit einer globalisierten Zukunft, die sich auf die Telekommunikation, auf Computer-Programme und das Internet stützt? Diese Zukunft, Zukunft überhaupt bestimmt unser Schicksal, nicht das Vergangene, auf das sich die Erfahrung beruft.

Mit anderen Worten: Das Einmalige, unerhört Neue, noch niemals Gekannte erscheint als das einzig noch Wichtige. Und von jeder Erfahrungsregel her betrachtet, stellt sich das Einmalige als Ausnahme dar. In diesem Sinne hat der Staatsrechtslehrer Carl Schmitt schon in den zwanziger Jahren des 20. Jahrhunderts dem neueren Zeitgeist vorgearbeitet, als er schrieb: »Eine Philosophie des konkreten Lebens darf sich von der Ausnahme und dem extremen Fall nicht zurückziehen, sondern muß sich in höchstem Maße für ihn interessieren. Ihr kann die Ausnahme wichtiger sein als die Regel ... Die Ausnahme ist interessanter als der Normalfall. Das Normale beweist nichts, die Ausnahme beweist alles; sie bestätigt nicht nur die Regel, die Regel lebt überhaupt nur von der Ausnahme. In der Ausnahme durchbricht die Kraft des wirklichen Lebens die Kruste einer in Wiederholung erstarrten Mechanik.«*

Schmitt wird gemeinhin dem »rechten« Lager zugeordnet, doch unversehens verschwimmen die Fronten. Wie bereits zu zeigen war, hat man in der sogenannten Historikerdebatte der achtziger Jahre von »links« her – oder vom »mainstream«, dem Hauptfluß des Zeitgeistes – alle der Verharmlosung oder Vertuschung angeklagt, die die Verbrechen des »Dritten Reiches«, besonders die Judenvernichtung, nicht als absolut einmalig anerkennen, sondern sie irgendwie vergleichbar machen und in die geschichtlichen Erfahrungen einordnen wollten. »Eine Art Schadensabwicklung« hat der Philosoph Jürgen Habermas das genannt.* Entsprechend wird inzwischen die Herausforderung durch den Terrorismus beurteilt und nach dem historisch Vergleichbaren gar nicht mehr gefragt; im Kapitel »Nach dem 11. September 2001« war davon schon die Rede.

Doch wir geraten hier an ein vollkommen verqueres Entweder-Oder. Denn einerseits erweist sich die Feststellung als trivial, daß jede menschliche Existenz einmalig ist. Und so auch alle Geschichte: Die Reformation Martin Luthers, der Aufstieg Preußens zur europäischen Großmacht, die deutsche Revolution von 1848, Bismarcks Reichsgründung von 1871, das Kaiserreich und die Weimarer Republik, die deutsche Teilung nach 1945 und die Wiedervereinigung 1990 sind ebenso einmalig und unwiederholbar wie die Weltkriege und die nationalsozialistischen Verbrechen. Diese Unwiederholbarkeit hat etwas mit dem unerbittlichen Zeitablauf zu tun: Nichts läßt sich zurücknehmen, danach überarbeiten und geändert noch einmal versuchen; das unterscheidet das wirkliche Leben von Theateraufführungen oder Filmproduktionen.

Andererseits setzt alles, was sich ereignete, die Möglichkeiten schon voraus, die in der Natur des Menschen angelegt sind, und alles muß sich aus ihnen ableiten lassen; auch das ist im Grunde trivial. Das bedeutet aber, daß wieder geschehen kann, was einmal geschah, eben weil es möglich ist. Unvermutet wendet sich damit der Vorwurf der Beschwichtigung gegen die Anwälte des Einmaligen; selbst ungewollt legen sie die Annahme nahe, daß abgetan ist, was gestern war oder vor zweitausend Jahren geschah, weil es doch in der Geschichte versunken ist, die hinter uns liegt. Aber natürlich kann es wiederkehren, natürlich unter anderen Umständen und in neuer Gestalt; wer damit nicht rechnet, beschwört die Blindheit und mit ihr die Gefahr herauf, die er eigentlich bannen möchte. Und warum übrigens sollen Vergleiche – anders als Aufrechnungen! – moralisch verwerflich und darum verboten sein? Ein Verbrechen bleibt ein Verbrechen und ein Mord ein Mord, ganz unabhängig davon, wo und wie viele Verbrechen und Morde es sonst noch gegeben hat.

Die Schlußfolgerung lautet: Es wäre höchst leichtsinnig, wenn wir, bloß weil wir uns der Zukunft als der angeblich einzigen Dimension unseres Daseins zuwenden, die noch wichtig sein soll, auf den reichen Schatz der Erfahrungen verzichten wollten, den die Geschichte uns bietet, statt ihn sorgsam zu hüten. Das wäre, um ein Bild zu gebrauchen, wie wenn ein Kapitän, der Gewässer ansteuert, in denen er noch niemals war, die Seekarte über Bord wirft und den Kompaß, das Radargerät, die Rettungsboote zerschlägt, um zugleich »Volle Fahrt voraus!« zu befehlen, nur weil er vor sich selbst, seiner Mannschaft und den Mitreisenden als unbeirrbar mutig erscheinen möchte. Die Panik der Passagiere wäre dann ebenso verständlich wie eine Meuterei der Mannschaft berechtigt. Denn Leichtsinn steht im Gegensatz zur Klugheit, wie Tollkühnheit zum entschlossenen, aber umsichtigen Handeln.

Erfahrungen sind Wegweiser in die Zukunft, die wir um so dringender benötigen, je reißender alle Lebensverhältnisse sich verändern. Sie warnen vor den Gefahren, die auf uns lauern, aber sie ermutigen auch. Sie liefern uns Vorbilder ebenso wie die abschreckenden Beispiele.

Von der Selbstverwirklichung und der Wehleidigkeit

»Unter den Talaren – Muff von tausend Jahren«: Der kesse Spruch, von jungen Leuten als Transparent entfaltet und mehr oder minder in Ehren ergrauten Professoren vorweggetragen, die in die Aula ihrer Universität einzogen, erwies sich als treffsicher. Fast als erstes Opfer der denkwürdigen Studentenrevolte von 1968 verschwanden die Talare. Doch natürlich ging es um viel mehr als die akademische Festtagsbekleidung. Alle Ämter und Amtsbefugnisse gerieten unter den Verdacht, angemaßt zu sein; jede Autorität sah sich zur Rechtfertigung genötigt, jede sollte nach Form und Inhalt »hinterfragt« und, wenn es keine befriedigende Antwort gab, verworfen werden; darum war von einer antiautoritären Bewegung die Rede.

Fast zweihundert Jahre zuvor hatte Immanuel Kant in seiner berühmten Schrift »Beantwortung der Frage: Was ist Aufklärung?« die selbsternannten Vormünder gegeißelt, die verhinderten, daß die Menschen sich ihres eigenen Verstandes bedienten. Es ist, hieß es bei Kant, »für jeden einzelnen Menschen schwer, sich aus der ihm beinahe zur zweiten Natur gewordenen Unmündigkeit herauszuarbeiten. Er hat sie sogar liebgewonnen und ist vor der Hand wirklich unfähig, sich seines eigenen Verstandes zu bedienen, weil man ihn niemals den Versuch davon machen ließ. Satzungen und Formeln, diese mechanischen Werkzeuge eines vernünftigen Gebrauchs oder vielmehr Mißbrauchs seiner Naturgaben, sind die Fußschellen einer immerwährenden Unmündigkeit. Wer sie auch abwürfe, würde dennoch auch über den schmalesten Graben einen nur unsicheren Sprung tun, weil er zu dergleichen freier Bewegung nicht gewöhnt ist.«

Doch einer solidarischen Bewegung kann gelingen, woran der einzelne scheitert; schon Kant hat das angedeutet: »Daß aber ein Publikum sich selbst aufkläre, ist eher möglich; ja es ist, wenn man ihm nur Freiheit läßt, beinahe unausbleiblich. Denn da werden sich immer ein paar Selbstdenkende, sogar unter den eingesetzten Vormündern des großen Haufens, finden, welche, nachdem sie das Joch der Unmündigkeit selbst abgeworfen haben, den Geist einer vernünftigen Schätzung des eigenen Werts und des Berufs jedes Menschen, selbst zu denken, um sich verbreiten werden.«

Kant schrieb das im Jahre 1784*, und mit der gehörigen deutschen Verspätung sollte die Aufklärung jetzt, 1968, endlich in Gang kommen. Die Fußfesseln sollten gelöst werden und die Vormundschaften verschwinden: die der Eltern gegenüber ihren Kindern, der Lehrer über Schüler, von Professoren über Studenten und den akademischen Nachwuchs, von Männern gegenüber den Frauen. »Macht kaputt, was euch kaputt macht!« hieß ein Motto der Studentenbewegung, und dafür schien beinahe jedes Mittel erlaubt zu sein. Freilich, um noch einmal den Philosophen aus Königsberg zu zitieren: »Durch eine Revolution wird vielleicht wohl ein Abfall vom persönlichen Despotism und gewinnsüchtiger oder herrschsüchtiger Bedrückung, aber niemals wahre Reform der Denkungsart zustande kommen; sondern neue Vorurteile werden, eben sowohl als die alten, zum Leitbande des gedankenlosen großen Haufens werden.«

Es versteht sich, daß die Ergebnisse höchst unterschiedlich ausfielen. Eine mißverstandene »antiautoritäre« Erziehung brachte vor allem maulende Anspruchsmonster hervor; Kinder brauchen wohldosierte Hindernisse und Widerstände, um daran ihre Kräfte zu erproben und in der Bewältigung ein Selbstbewußtsein zu gewinnen, das sie sogar dann trägt, wenn sie einmal – im Großwerden unausweichlich – in Schwierigkeiten geraten. Man muß ja nicht gleich beim Gegenextrem bleiben wie meine preußische Mutter. »Es gehört sich nicht«, hieß ihr kategorischer Imperativ, der jede Widerrede erstickte. Im Rückblick jedenfalls hätte ich mir manchmal die Ermutigung zum »Warum?« als Grundelement der Kantschen Aufklärung gewünscht. Aber eine Erziehung, die sich selbst abschafft, indem sie alles gehen läßt, wie es will, lädt auch nicht gerade zum Fragen, sondern bloß zum vorlauten Daherreden ein.

Um in die akademische Welt des Jahres 1968 zurückzukehren: Wenn man da statt des bisherigen Lehr- und Forschungsbetriebs eine »kritische« Wissenschaft forderte, dann erinnerte das allzusehr an einen doppelt gemoppelten Pleonasmus, einen schwarzen Raben oder weißen Schimmel, wie in der kommunistischen »Volksdemokratie«, hinter der sich die Abschaffung demokratischer Verfahren zugunsten der Parteidiktatur verbarg. Wissenschaft *ist* kritisch – oder sie ist keine Wissenschaft. Tatsächlich handelte es sich beim Geforderten eher um die unkritische Durchsetzung einer marxistischen Dogmatik: ein Bescheidwissen im Schlußverkauf und zu Schleuderpreisen.

Indessen gab es Anlässe genug dafür, an überkommener Autorität zu rütteln. Warum zum Beispiel sollen Studenten die Lehrveranstaltungen ihrer Professoren, die Vorlesungen und Seminare nach Form und Inhalt nicht kritisieren dürfen? Überall sonst ist das selbstverständlich. Bildende Künstler, Tänzer, Pianisten, Sänger, Orchester und Dirigenten, Regisseure, Schauspieler und Schriftsteller müssen sich die

Kritik gefallen lassen, ob ihnen das nun gefällt oder nicht. Für Firmen gibt es die Feuerprobe des Weltmarktes. Politiker und Parteien haben sich Tag um Tag der öffentlichen Auseinandersetzung, schließlich dem Urteil ihrer Wähler zu stellen, und wir haben gelernt, das als eine Bedingung demokratischer Freiheit zu schätzen. Sogar Gerichtsurteile sind nicht von Gott und können durch Revisionsinstanzen als fehlerhaft verworfen werden. Weshalb also soll es für Hochschullehrer eine Ausnahme geben? Sind Gelehrte denn Götter? Übrigens gehört es in Amerika zum Hochschulalltag, daß die Professoren von ihren Studenten zensiert werden, mit Auswirkungen auf Gehalt und Karriere – und nicht zum Nachteil, sondern zum Vorteil der Lehrqualität.

Oder um ein anderes Thema zu wählen: Wer wollte im Ernst bestreiten, daß die hergebrachten Vorrechte der Männer gegenüber den Frauen in Wahrheit keine Rechtfertigung, sondern einzig das Unrecht unvordenklicher Überlieferung und dumpfer Vorurteile auf ihrer Seite hatten und daß es höchste Zeit war, sie über den Haufen zu rennen? Die Frauenbewegung ist denn auch als die beharrlichste aus dem antiautoritären Ansatz hervorgegangen, der sich zunächst einmal oder doch weit überwiegend als Generationenkonflikt, als ein Aufstand der Söhne gegen die Väter oder junger Leute gegen das »Establishment« darstellte. Die Männer allerdings kamen in der Regel zur Ruhe, sobald sie im »langen Marsch durch die Institutionen« auf Posten mit Pensionsberechtigung gelangten. (Gottlob gab es gegen Ende der sechziger und Anfang der siebziger Jahre nicht nur in Schulen und Hochschulen, sondern insgesamt im öffentlichen Dienst eine beträchtliche Postenvermehrung, so daß sogar mit mäßigem Abschlußzeugnis beinahe jeder das Ziel erreichte.) Die Frauenbewegung dagegen gewann erst die Bedeutung, die ihr zustand. Sie ließ sich auf einen Kampf ein, in dem inzwischen zwar viel erreicht wurde, der aber noch längst nicht beendet ist.

Irgendwann kam im Gefolge des Aufruhrs von 1968 oder als Konsequenz der antiautoritären Erziehung die »Selbstverwirklichung« in Mode, sozusagen und ebenfalls um fast zwei Jahrhunderte verspätet als die Einforderung des Grundrechts auf das eigene Leben, auf Freiheit und das Streben nach Glück, das die amerikanische Unabhängigkeitserklärung bereits im Jahre 1776 proklamiert hatte.* »Ich will alles, und zwar sofort!« – um nochmals einen Spruch des großen Aufbruchs zu zitieren: Fort mit den falschen Vertröstungen, den Einschränkungen, den in Wahrheit bloß verkrüppelnden Hinweisen aufs Wesen, vielmehr wohl Unwesen preußisch-deutscher Pflichterfüllung! »Entbehren sollst du! sollst entbehren! Das ist der ewige Gesang«, klagt Goethes Faust dem Mephisto, und alles, was aus dem Teufelspakt folgt, enthüllt sich als ein Lehrstück der Selbstverwirklichung.

Doch was eigentlich läßt sich gegen sie vorbringen? Auf den ersten Blick ist es wenig, auf den zweiten sehr viel. Was gelingt, sofern die Selbstverwirklichung nur halbwegs energisch betrieben wird, ist das Negative, das Beiseiteräumen von Hindernissen, die Auflösung von Bindungen, die als Fesseln erscheinen. Auf den faustischen Fluch antwortet im deutschen Traumspiel der Geisterchor:

»Weh! weh!
Du hast sie zerstört,
Die schöne Welt,
Mit mächtiger Faust;
Sie stürzt, sie zerfällt!
Ein Halbgott hat sie zerschlagen!

Wir tragen
Die Trümmer ins Nichts hinüber
Und klagen
Über die verlorene Schöne.
Mächtiger
Der Erdensöhne
Prächtiger
Baue sie wieder,
In deinem Busen baue sie auf!
Neuen Lebenslauf beginne,
Mit hellem Sinne,
Und neue Lieder
Tönen herauf!«

Ja, so erklingt die Verheißung. Aber das Einreißen erweist sich als einfach, der Wiederaufbau dagegen als um so schwerer, wenn nicht als unmöglich. Um es so schlicht wie handfest zu sagen: Es gibt keine Freundschaftsbeziehung, keine Liebe, keine Lebenspartnerschaft ohne eine Beschränkung der Freiheit, die nun nicht mehr von außen durch die Verhältnisse auferlegt wird, sondern von innen als Selbstdisziplin geleistet werden muß. Das Ich will eines, das Du gerade jetzt etwas anderes. Ich möchte Musik hören, und du beharrst auf deinem Ruhebedürfnis. Dich zieht es in den Süden und mich nach Norden. Du verbreitest überall Unordnung, die mich rasend macht. Ich bin immer pünktlich, und du trödelst herum. Mit anderen Worten: Du bist mir im Weg – und das vielleicht nicht einmal in den großen, angeblich wichtigen Dingen, sondern in den tausend Kleinigkeiten des Alltags, an denen man sich langsam, aber unerbittlich wund reibt. Die Gespräche verstummen, und Mauern des Schweigens wachsen feindselig empor.

Beziehungen aber, die keine Anpassung verlangen, keine Beschränkungen mit sich bringen, gibt es nicht; sie sind kein Pleonasmus, sondern eine *contradictio in adjecto*, ein Widerspruch in sich selbst, zum hölzernen Eisen geschmiedet. Je intimer die Partnerschaft und je höher die Erwartung, die sich mit ihr verbindet, desto sicherer das Zerbrechen und desto herber die Enttäuschung. Die konsequente Selbstverwirklichung führt darum unausweichlich zur »Single«-Existenz oder weniger freundlich ausgedrückt in die Einsamkeit, deren Gefährte nicht das Glück, sondern die Bitterkeit ist. Mit Erich Kästner zu reden:

»Einsam bist du sehr alleine.
Aus der Wanduhr tropft die Zeit.
Stehst am Fenster. Starrst auf Steine.
Träumst von Liebe. Glaubst an keine.
Kennst das Leben. Weißt Bescheid.
Einsam bist du sehr alleine –
und am schlimmsten ist die Einsamkeit zu zweit.«*

Mit anderen Worten: Die Selbstverwirklichung drängt zur oberflächlichen und rasch wieder erledigten Beziehung. Man kann vielleicht »Spaß haben«, kurzfristig von Begegnung zu Begegnung springend; nicht von ungefähr ist die »Spaßgesellschaft« ein Kennzeichen unserer Zeit. Aber auf ihrer verschwiegenen Kehrseite sieht es düster aus.

Eine weitere Frage drängt sich auf: Was eigentlich ist das Selbst, das verwirklicht werden soll? Gerät es womöglich in einen fatalen Leerlauf hinein? Menschen reifen, gewinnen Kontur und Charakter an Herausforderungen, denen sie sich stellen, an Aufgaben, die sie zu lösen versuchen, in der Hingabe an eine Sache, mit Max Weber zu reden im starken langsamen Bohren von harten Brettern mit Leidenschaft und Augenmaß zugleich. Im Gespräch mit jungen Leuten hat Marion Gräfin Dönhoff einmal gesagt: »Ihr denkt immer über Selbstverwirklichung nach und darüber: ›Was tut mir gut.‹ Ich bin noch nie, weder als junger Menschen noch als Erwachsener, darauf gekommen, über Selbstverwirklichung nachzudenken. Es gab immer Aufgaben, und die mußte man machen.« Eben damit ist die ostpreußische Gräfin, die Preußin in ihrem langen und arbeitsreichen Leben zu einer unverwechselbaren Persönlichkeit geworden.*

Freilich erfordert die Hingabe an eine Aufgabe, preußisch ausgedrückt, die Pflichterfüllung, schon wieder Beschränkung. In einer arbeitsteiligen Gesellschaft muß man Sachkunde erwerben und sich ein Spezialwissen erarbeiten, das anderes Spezialwissen ausschließt. Wer alles will und jedem gerade aktuellen – oder auch nur modischen – »Anliegen« nachrennt, erreicht außer dem vordergründigen und wichtigtuerischen Dabeisein überhaupt nichts.

Um aufs Beispiel der Gräfin Dönhoff zurückzukommen: Stets hat sie sich darum bemüht, zwischen den Deutschen und ihren östlichen Nachbarn Versöhnung zu stiften. Aber zur Versöhnung braucht man ein Vertrauenskapital. Nach allem geschichtlichen Unheil, das die Völker einander zugefügt haben, läßt es sich nur mühsam aufbauen, und dafür muß man für Jahre und Jahrzehnte, ein Leben lang bei der Sache beharren. Das Echo ist nicht ausgeblieben. Als im Jahre 1991 die Universität von Thorn Marion Dönhoff die Würde eines Ehrendoktors verlieh, sagte der polnische Festredner: »Versöhnung kann nicht von oben angeordnet werden. Man muß sich zu ihr mühsam durchringen und dabei Hindernisse überwinden, die sich im eigenen Inneren befinden. Es hat fast die Zeitspanne einer Generation gedauert, bis wir uns entschlossen haben, einer deutschen Preußin den Ehrendoktor zu verleihen.« 1995 schloß sich an, daß im masurischen Nikolaiken ein polnisches Gymnasium zur

Marion-Dönhoff-Schule benannt wurde. Solch eine Ernte der Ehrungen wird nicht der Selbstverwirklichung zuteil, die bloß um sich kreist.

Die vorangegangenen Überlegungen sollten zeigen, daß im Bemühen um Selbstverwirklichung ein Scheitern angelegt ist. Nur negativ, als Zerstören von Bindungen, kommt sie ans Ziel. Doch das Leben wird nicht reicher, sondern ärmer. Das erhoffte Glück stellt sich nicht ein; die Partnerschaften enttäuschen und zerbrechen. Die Mauern des Alleinseins wachsen immer höher und finsterer empor. Die Zukunft ängstigt, weil sie aufs Altern verweist, in der das Dabeisein immer schwerer gelingt. Und das verkrampfte Bemühen, noch als jugendlich zu erscheinen, wenn man es nicht mehr ist, gibt sich der Lächerlichkeit preis. So stellt sich am Ende die Spaßgesellschaft eher traurig dar.

Was daraus folgt, ist die Wehleidigkeit. Man sucht die Schuld am Scheitern nicht bei sich selbst, sondern irgendwo sonst: in der Mitgift der Eltern und Erzieher, die nicht hielt, was sie versprach, beim falschen Partner, in dem man sich täuschte, in den mißlichen Umständen, der herrschenden Ungerechtigkeit. Man entdeckt Sündenböcke und klagt sie an. Weil aber alle klagen, muß man es so laut und so eindringlich wie möglich tun, um Gehör zu finden. Das Klagen verlangt nach seiner Inszenierung, nach bewegender, glaubwürdiger Darstellung, und dazu dient die Wehleidigkeit.

Natürlich hat es die Klagen schon immer gegeben; sie sind höchst menschlich und gehören zum Lauf der Welt. Einzig die Diktatoren wollen nichts als Loblieder hören, organisieren die Jubelchöre und verfolgen die Nörgler. Unter halbwegs demokratischen Vorzeichen aber beschweren sich alle: Bauern über die Trockenheit und fallende Rinder- oder Schweinepreise, Biergartenbesitzer über den Regen, die

Ärzte über unzulängliche Honorare, die Beamten über mangelnde Anerkennung, die Künstler über böswillige Kritiker, die Kaufleute und Fabrikanten über unfaire Konkurrenz, die Bürger über verständnislose Behörden, Steuerzahler über die Geldverschwendung des Staates und im gleichen Atem über ausbleibende Unterstützung, Wähler über unglaubwürdige Parteien und Politiker, Staatsmänner über die ausbleibende Dankbarkeit. Um Abhilfe zu erreichen, erfindet man Interessenverbände, Gewerkschaften, Bürgerbewegungen.

Mit der Wehleidigkeit hat es indessen eine eigene Bewandtnis. Sie stellt sich träumerisch oder als eine Konsequenz zerstörter Traumwelten dar, und als Massenerscheinung ist sie neu, obwohl Vorläufer schon im Zeitalter der Romantik auftauchen. Keine Einzel- oder Gruppeninteressen werden eingeklagt, sondern man entwirft oder erfindet möglichst allgemeine, hochedle, menschheitliche *Anliegen* und durchrührt, verquirlt sie sodann mit dem ganz persönlichen Engagement, mit der *Betroffenheit*. Das Seelengebräu, das auf diese Weise in wechselnden Mischungsverhältnissen entsteht und aufkocht, trägt man gewissermaßen auf dem Silbertablett, in einer dampfenden Weiheschale des Herzens vor sich her durch die Menge, das Schulternklopfen, den Zuspruch aller guten Menschen, das heißt der Gleichgesinnten erwartend. Die Intensität, mit der die Wehleidigkeit sich darstellt, ist wichtig, denn sie erscheint als ein Maßstab der Glaubwürdigkeit. Darum ruft die Wehleidigkeit nach ihrer *Inszenierung*. (Diese Inszenierung üben schon moderne Kleinkinder ein: Ehe sie losbrüllen, schauen sie sich danach um, ob sie auch die gebührende Beachtung finden.)

Hingegen kommt es auf die Zahl der Zustimmenden weniger an; wenn man in die Minderheit gerät, kann man sich sektenartig um so fester gegen den Rest der Welt zusammenschließen, um wider das Böse zu kämpfen, das zur Herrschaft gelangt ist. Falls allerdings der Zuspruch ganz ausbleibt, muß man das bisherige Anliegen gegen ein anderes eintauschen. Denn man braucht das Echo, und die Nichtbeachtung wäre fatal. Manchmal ist es verblüffend zu sehen, wie behende die Themen wechseln.

Die Entwicklung der modernen Wehleidigkeit hängt mit Traditionsabbrüchen zusammen. Einmal handelt es sich um die Auflösung des christlichen Glaubens. Nicht für alle, aber für immer mehr Menschen haben die Beichte und das Gebet ihre angestammte Bedeutung verloren. Zu ihnen gehörte keine Bühneninszenierung für Zuschauer oder Hörer; nicht von ungefähr verurteilt die Bibel die Selbstdarstellung des Pharisäers und berichtet immer wieder vom Rückzug zum Beten: »Und da er das Volk von sich gelassen hatte, stieg er auf einen Berg allein, daß er betete. Und am Abend war er allein daselbst.«

Doch das Verlorene verlangt nach Ersatz, denn die Bedürfnisse des Herzens sind geblieben, wie sie immer schon waren. Und wo es Gott nicht mehr gibt, muß man die Ansprechpartner unter seinesgleichen suchen und sich zu ihnen verhalten, wie sie es erwarten. So gesehen, stellt die moderne Wehleidigkeit einen Notbehelf, ein Surrogat dar.

Zum anderen geht es um den stillschweigenden Abschied von der klassischen Bürgertugend der Leistungsbereitschaft – oder preußisch gewendet, von der Pflichterfüllung als dem obersten Gebot. »Ein zweites Gebot war, gegen sich selbst gefälligst nicht wehleidig zu sein« – so Sebastian Haffner.* Beides hing miteinander zusammen. Denn jede Pflichterfüllung stellt die Sache über die Person, während es bei der Wehleidigkeit umgekehrt ist. Kategorisch schließt daher eines das andere aus.

Der große und langfristig prägende Erzieher zum Preußentum war der »Soldatenkönig« Friedrich Wilhelm I., der von 1713 bis 1740 regierte. An seinen Freund, den Fürsten Leopold von Anhalt-Dessau, den Exerziermeister seiner Armee, schrieb der König einmal: »Parol' auf dieser Welt ist nichts als Müh' und Arbeit.« Man könnte das ein preußisches Staats- oder Königsmotto nennen, passend ergänzt durch den Berliner Volksmund: »Preuße zu sein ist eine Ehre – aber kein Vergnügen.« Doch man versteht Friedrich Wilhelm vollkommen falsch, wenn man seinen Ausspruch als Wehleidigkeit deutet. Der König war ein ebenso frommer wie bibelkundiger Mann, und er spielte auf den 90. Psalm an, in dem Vers 10 sagt: »Unser Leben währet siebzig Jahre, und wenn's hoch kommt, so sind's achtzig Jahre, und wenn's köstlich gewesen ist, so ist es Mühe und Arbeit gewesen; denn es fähret schnell dahin, als flögen wir davon.« Es handelte sich also gerade nicht um eine Klagelitanei, sondern im Gegenteil um das Loblied eines erfüllten Lebens.*

Dem modernen Lebensgefühl fällt es freilich schwer, die biblische Weisheit noch nachzuvollziehen; sie nimmt sich höchst altmodisch, um nicht zu sagen als ein Ärgernis aus. Um dazu eine Geschichte zu erzählen: Vor etlichen Jahren sollte ein junger Pfarrer für Frieda Albrecht, eine alte Bauersfrau aus Hinterpommern, die Grabrede halten, die dafür ausdrücklich diesen Vers aus dem 90. Psalm gewählt hatte. Wie es ihm aufgetragen war, las der Pfarrer den Text, fügte jedoch ungläubig hinzu: »Es wäre aber schlimm, wenn das Leben der Verstorbenen nicht mehr gewesen wäre als Mühe und Arbeit.« Und dann erfand er allerhand Zusätze und Ausflüchte, die das Gemeinte in sein Gegenteil verkehrten.

Es ist müßig, hierüber zu rechten. Zu den großen Errungenschaften der modernen Gesellschaft gehört, daß die Menschen im Alter nicht mehr arbeiten müssen, sondern mit dem fünfundsechzigsten Lebensjahr oder statistisch gesehen noch früher in den »verdienten Ruhestand« entlassen werden, in dem sie dann, wiederum statistisch gesehen, zwanzig oder noch mehr Jahre verbringen. Freilich muß dafür ein Preis entrichtet werden, von dem nur selten die Rede ist: Eine Sinnentleerung des Lebens droht, weil man nicht mehr gebraucht wird, und darum wuchert schon vorweg die Angst vor dem Altwerden.

Kann man der Wehleidigkeit Herr werden? Vielleicht sollte man sich an Frieda Albrecht ein Beispiel nehmen. Ihr Leben war wahrlich nicht leicht gewesen. Im Krieg hatte sie ihren Mann, nach 1945 Hof und Heimat verloren. Aber es fiel ihr nicht ein zu klagen. Immer fand sie Aufgaben, und bis in ihre letzten Lebenstage, weit über die biblische Altersgrenze hinaus, hat sie mit Freude gearbeitet (unter anderem bei mir als Putzfrau).

Es gehört zum Bild, daß Frau Albrecht niemals mit Bitterkeit zurückblickte, sondern Versöhnung lebte, als sei sie selbstverständlich. Vor einer Reise nach Pommern trug sie mir auf, die Polen zu besuchen, die ihren Hof übernommen hatten. Von denen bekam ich zu hören: »Wann endlich besucht unsere liebe Freundin uns wieder? Wir warten auf sie, ihr Zimmer steht bereit, bitte bestellen Sie ihr das!« Die alte polnische Bäuerin sagte sogar, voller Stolz: »*Unsere* Deutsche ist als letzte gegangen – und als erste kam sie zurück.« Als Frieda Albrecht zwei Jahre später gestorben war, schrieb sie: »Wir weinen um unsere Schwester.«

Wahrlich: In solch einem erfüllten Leben ist für die modische Selbstverwirklichung so wenig Platz wie für die Wehleidigkeit.

Öffentlichkeit und Privatheit oder: Unser alltäglicher Faschismus

Vom »Wir« zum »Ich«: Diese Entwicklung kennzeichnet die europäische Geschichte seit der Renaissance. Davon und von den Konflikten, die sich mit der Verwandlung des Menschen, seiner Lebensumstände, seiner Weltsicht und seinem Selbstverständnis verbinden, war schon die Rede. Es treten alle die Momente zu polarer Spannung auseinander, die in den älteren Ordnungen gerade nicht geschieden waren, sondern eine Einheit bildeten: Sache und Person, Umwelt und Individualität, Äußeres und Inneres, Objekt und Subjekt, Öffentlichkeit und Privatheit. Indem der einzelne nicht mehr selbstverständlich in schicksalhaft vorgegebene, überpersönliche Verhältnisse eingebunden ist, gewinnt er ein ganz neuartiges Selbst-Bewußtsein; wachsende Distanz zur sozialen Umgebung schafft die Freiheit, als eigenverantwortlich handelndes Individuum und eben damit sachlich, Ursachen und Wirkungen, Nutzen und Schaden berechnend, mit den Verhältnissen umzugehen. Das gilt auch politisch; in Florenz entwickelt Niccolò Machiavelli seine Lehre von sach- und machtgerechter Politik*; in Venedig entsteht eine Form von diplomatischem Dienst, die für Europa zum Vorbild wird.

Die Folgen haben Karl Marx und Friedrich Engels in ihrem »Kommunistischen Manifest« aus dem Revolutionsjahr 1848 dramatisch geschildert: »Alle festen, eingerosteten Verhältnisse mit ihrem Gefolge von altehrwürdigen

Vorstellungen und Anschauungen werden aufgelöst, alle neugebildeten veralten, ehe sie verknöchern können. Alles Stehende und Ständische verdampft, alles Heilige wird entweiht, und die Menschen sind endlich gezwungen, ihre Lebensstellung, ihre gegenseitigen Beziehungen mit nüchternen Augen anzusehen.«

Die Bedingung, die gesellschaftliche und wirtschaftliche Grundlage dieser von der Renaissance eingeleiteten Umwälzungen, die dann durch die Reformation abgewandelt, aber zugleich entscheidend bestätigt, ergänzt und vertieft werden, ist eine Städtekultur, wie sie zunächst und vor allem in Oberitalien blüht, doch ebenso in Mittel- und Westeuropa sich entfaltet als Voraussetzung jenes »Durchbruchs« zur neuzeitlichen Entwicklung, die zum Kapitalismus, zum Zeitalter der Entdeckungen und der europäischen Welteroberung, zur industriellen und zur politischen Revolution hinführt.

Der Umsturz altehrwürdiger Verhältnisse stellt sich zunächst einfach genug dar: Die Stadt entwickelt sich bei wachsendem und immer weiter in die Ferne greifendem Wirtschaftsaustausch zu einem Zentrum des Waren- und des Ideenverkehrs. In der Stadtmitte liegt der Markt, auf dem sich Käufer und Verkäufer treffen. Dies ist zugleich ein Zeichen wachsender Arbeitsteilung; während es im Dorf allenfalls einen oder zwei »Universalhandwerker« gibt, den Schmied und den Stellmacher, vervielfältigen und spezialisieren sie sich in der Stadt; die verschiedenen Zünfte organisieren sich und sind oft in ihren eigenen Straßen ansässig. Der Markt signalisiert vor allem eine wachsende Distanzierung und »Rollen«-Differenzierung; man begegnet einander *als* Verkäufer und Kunde, und es wird im Prinzip gleichgültig, was man sonst noch, »hinter« der Rolle, gleichsam aus ihr zurücktretend, was man »persönlich« ist. Da man, anders als im Dorf, nicht mehr alles selbst herstellen, sehen, miterleben kann, ist man zunehmend aufs Hörensagen, auf *Nachrichten* angewiesen: eine Keimzelle der Nachfrage nach Druckerzeugnissen jeder Art, nach Büchern oder Flugschriften, am Ende nach regelmäßig erscheinenden Presseberichten.

Rings um den Markt oder in seiner Nähe erheben sich die Häuser der führenden Handelsherren. Seit der Renaissance zeigen ihre Fassaden den Willen zur Repräsentation; bewußt kehren sie sich der *Öffentlichkeit* zu. Eben damit distanzieren und verbergen sie aber zugleich; es entsteht ein »Dahinter« der persönlichen und familiären *Privatheit*. Das ist nur ein anderer Ausdruck für das Mit- und Gegeneinander von Versachlichung und Individualisierung; weil der einzelne im öffentlichen »Rollen«-Verhalten, das standardisiert und schematisiert, als Person entlastet sich zurückzieht und zurückhält, kann er zugleich – vor sich selbst und vor anderen – als besonderer Charakter, als Persönlichkeit hervortreten. Er gewinnt ein »Für-Sich«, ein neuartiges Selbst-Bewußtsein im grundsätzlich immer kritischen, labilen, gefährdeten, eigens zu leistenden Verhältnis zu sich und zur Umwelt.

Die Tiefe des Wandels zeigt sich im Vergleich. Im Mittelalter lebten die Menschen, wie Jacob Burckhardt es gesagt hat*, durchweg in schicksalhaft vorgegebenen, überpersönlichen Bindungen, zum Beispiel als Angehörige eines Standes und als Glieder in der Generationenkette ihrer Familien; für den einzelnen kam es darauf an, das ihm auferlegte und anvertraute Erbe so getreu wie möglich zu bewahren und weiterzugeben – und nicht etwa darauf, als einmalige Persönlichkeit kenntlich zu werden. Ohnehin lebten die Menschen zumeist, samt Kindern und Knechten, Werkstatt und Vieh in der Einheit des »ganzen Hauses«, das Öffentlichkeit und Privatheit, Arbeit und Familie gerade nicht voneinander trennte, sondern sie unter einem Dach zur Gemeinschaft zusammenfügte.

Natürlich vollzog sich der hier nur ganz knapp skizzierte Wandel nicht mit einem großen Schlag, sondern in einem sehr langfristigen und vielschichtigen Prozeß, der oft auch durch die Gleichzeitigkeit des Ungleichzeitigen, das Nebeneinander von Aufbruch und Stillstand gekennzeichnet war. In Deutschland wohnte noch um die Mitte des 19. Jahrhunderts die Mehrheit der Menschen auf dem Lande und arbeitete in der Landwirtschaft oder sonst in »vormodernen« Verhältnissen. Während jedoch das Bürgertum wirtschaftlich das Heft in die Hand nahm, scheiterte es bei der Durchsetzung seines politischen Führungsanspruchs. Gleichwohl gehörte der Sphärenscheidung von Öffentlichkeit und Privatheit die Zukunft, schon darum, weil der Siegeszug von Fabriken und Büros, also die Trennung der Arbeitswelten von den Wohnbereichen, sich nicht aufhalten ließ. Mit dem Klassenfeind triumphierend, erklärten daher Marx und Engels im »Kommunistischen Manifest«: »Die Bourgeoisie hat das Land der Herrschaft der Stadt unterworfen. Sie hat enorme Städte geschaffen; sie hat die Zahl der städtischen Bevölkerung gegenüber der ländlichen in hohem Grade vermehrt und so einen bedeutenden Teil der Bevölkerung dem Idiotismus des Landlebens entrissen.« Diese Entwicklung hat sich stetig fortgesetzt und längst auch globalisiert.

Es gab Gewinner und Verlierer der modernen Entwicklung. Zu den Gewinnern gehörte das Bürgertum, zu den Verlierern der Adel. Noch mehr aber muß man von der Scheidung der Geschlechter sprechen, von Männern und Frauen. Der arrivierte Bürger verkündete mit Stolz, daß seine Frau es nicht nötig habe zu arbeiten – und das hieß zugleich: daß ihm die Öffentlichkeit gehörte, während sie sich aufs Private beschränken sollte. Im »Lied von der Glocke«, das für Generationen von Schulkindern zur Plage gedieh, hat Friedrich Schiller das so ausgedrückt:

»Der Mann muß hinaus
ins feindliche Leben,
muß wirken und streben
und pflanzen und schaffen,
erlisten, erraffen,
muß wetten und wagen,
das Glück zu erjagen …

Und drinnen waltet
die züchtige Hausfrau
die Mutter der Kinder,
und herrschet weise
im häuslichen Kreise …«

Vom Herrschen konnte indessen um so weniger die Rede sein, je mehr der Lebensstandard und das Ansehen, die Rangordnung in der Gesellschaft, bloß noch vom Berufserfolg des Mannes abhingen. Zum Vergleich: Martin Luther gilt als ein Begründer des modernen, gemütsbetonten Familienlebens. Als aber der ehemalige Mönch die ehemalige Nonne Katharina von Bora heiratete, ordnete die mit fester Hand die eher chaotischen Lebens- und Finanzverhältnisse des vielbeschäftigten Reformators und leitete schließlich einen umfangreichen Wirtschaftsbetrieb. Man kann also von einer Arbeitsteilung sprechen, in der die Frau einen nicht nur wichtigen, sondern unverzichtbaren Platz einnahm, und sozusagen als ihr Statthalter ragt in meine Kindheitserinnerungen noch ein Abzählvers hinein:

»Sechs mal sechs ist sechsunddreißig,
ist der Mann auch noch so fleißig,
und die Frau ist liederlich,
geht die Wirtschaft hinter sich.«

Aber diese älteren Verhältnisse haben mit der neueren Sphärentrennung, die die bürgerliche Gesellschaft seit dem 19. Jahrhundert kennzeichnet, wenig zu tun. In der modernen Entwicklung geht der Hausfrau die Arbeit aus; die Langeweile hält Einzug. Köchinnen und Stubenmädchen, später technische Geräte übernehmen weithin die Arbeit, die im Haushalt noch bleibt, und die Kinderzahl schrumpft von Generation zu Generation bis zu dem ärgerlichen Restbestand, den es heute noch gibt.

Zur wirtschaftlichen Abschnürung der Privatheit gesellte sich die Doppelmoral. In seinen Erinnerungen an »Die Welt von Gestern« hat Stefan Zweig sie geschildert: »Denn während sie bei jungen Männern ein Auge zukniff und sie mit dem Ändern sogar zwinkernd ermutigte, ›sich die Hörner abzulaufen‹, wie man mit dem gutmütig spottenden Familienjargon jener Zeit sagte, schloß sie gegenüber der Frau ängstlich beide Augen und stellte sich blind. Daß ein Mann Triebe empfinde und empfinden dürfe, mußte sogar die Konvention stillschweigend zugeben. Daß aber eine Frau gleichfalls ihnen unterworfen sein könne, daß die Schöpfung zu ihrem ewigen Zweck auch einer weiblichen Polarität bedürfe, dies ehrlich zuzugeben hätte gegen den Begriff der ›Heiligkeit der Frau‹ verstoßen. Es wurde also in der vorfreudianischen Zeit die Vereinbarung als Axiom durchgesetzt, daß ein weibliches Wesen keinerlei körperliches Verlangen habe, solange es nicht vom Manne geweckt werde, was aber selbstverständlich offiziell nur in der Ehe erlaubt war. Da aber die Luft – besonders in

Wien – auch in jenen moralischen Zeiten voll gefährlicher erotischer Infektionsstoffe war, mußte ein Mädchen aus gutem Hause von der Geburt bis zu dem Tage, da es mit seinem Gatten den Traualtar verließ, in einer völlig sterilisierten Atmosphäre leben.«

Die »Teenager«, wie wir sie inzwischen nennen, sollten, falls sie das Unglück hatten, weiblichen Geschlechts zu sein, »Klavier üben und Singen und Zeichnen und fremde Sprachen und Kunstgeschichte und Literaturgeschichte lernen, man bildete und überbildete sie. Aber während man versuchte, sie so gebildet und gesellschaftlich wohlerzogen wie möglich zu machen, sorgte man gleichzeitig ängstlich dafür, daß sie über alle natürlichen Dinge in einer für uns heute unfaßbaren Ahnungslosigkeit verblieben. Ein junges Mädchen aus guter Familie durfte keinerlei Vorstellungen haben, wie der männliche Körper geformt sei, nicht wissen, wie Kinder auf die Welt kommen, denn der Engel sollte ja nicht nur körperlich unberührt, sondern auch seelisch völlig ›rein‹ in die Ehe treten. ›Gut erzogen‹ galt damals bei einem jungen Mädchen für vollkommen identisch mit lebensfremd; und diese Lebensfremdheit ist den Frauen jener Zeit manchmal für ihr ganzes Leben geblieben. Noch heute amüsiert mich die groteske Geschichte einer Tante von mir, die in ihrer Hochzeitsnacht um ein Uhr morgens plötzlich wieder in der Wohnung ihrer Eltern erschien und Sturm läutete, sie wolle den gräßlichen Menschen nie mehr sehen, mit dem man sie verheiratet habe, er sei ein Wahnsinniger und ein Unhold, denn er habe allen Ernstes versucht, sie zu entkleiden. Nur mit Mühe habe sie sich vor diesem sichtbar krankhaften Verlangen retten können.«*

Es versteht sich, daß bei alledem neben dem Klavierspielen, Singen und Zeichnen die hysterischen Erkrankungen und die Neurosen gediehen, die im Wien Stefan Zweigs einen Sigmund Freud auf den Plan riefen. Und ebenso wird verständlich, daß Frauen von Format gegen ihre Einsperrung ins Getto der Privatheit rebellierten und gegen den Widerstand, auch den Hohn, der den »Blaustrümpfen« von der Männerseite her entgegenschlug, den Kampf um Gleichberechtigung eröffneten: ums Wahlrecht, um höhere Bildung, den Zugang zu den Universitäten und zu Berufen, die bisher den Männern vorbehalten waren. In England rührten sich die Suffragetten, angetrieben von der streitbaren Emmeline Pankhurst*; in Deutschland entstand schon im Jahre 1865 der Allgemeine Deutsche Frauenverein, der für Jahrzehnte der Hauptträger der Emanzipationsbewegung blieb. Zu den Führerinnen gehörten Luise Otto-Peters, Auguste Schmidt, Helene Lange und Marianne Weber, etwas später Gertrud Bäumer, Elly Heuss-Knapp, Louise Schroeder, Marie-Elisabeth Lüders.*

Eine politische Erinnerung darf hier nicht fehlen: In der nationalsozialistischen Weltanschauung, die ins »Dritte Reich« führte, nahm die Scheidung der Geschlechter eine besondere Form an. Männer waren zum Heldenkampf, zu Befehl und Gehorsam, zur Pflichterfüllung und Opferbereitschaft bis in den Tod berufen; die Frauen aber sahen sich auf ihre Mutterrolle zurückverwiesen. Folgerichtig wurden ihnen Mutterkreuze verliehen, wie den Soldaten Eiserne Kreuze. Die Mobilmachung für den Krieg und noch mehr natürlich der Krieg selbst bewirkten allerdings wider Willen einen Modernisierungsschub; millionenfach übernahmen Frau Arbeitsplätze, für die es keine Männer mehr gab. Erst recht schlug 1945 im Zusammenbruch der Männerwelt eine »Stunde der Frauen«.*

Der Rückblick über das »Dritte Reich« hinweg bis in die Bürgervorstellungen des 19. Jahrhunderts legt kritische

Fragen nahe. War in der Scheidung von Öffentlichkeit und Privatheit nicht in jedem und noch im besten Falle eine Doppelmoral angelegt? Zur »Heiligkeit der Frau« gesellte sich als konsequente Kehrseite, das heißt als Fluchtpunkt für den Mann: das Bordell. Oder das Schaffen, Erlisten und Erraffen dort, die Zucht und die Ehrbarkeit hier: Was soll man von solch einer Zweiteilung halten? Und hat diese Doppelmoral im Umschlag vom bürgerlichen Wohlverhalten zur Barbarei der nationalsozialistischen Gewaltherrschaft womöglich ihren folgerichtigen und schrekkensvollen Schlußpunkt erreicht? Da blieb man privat so gewissenhaft, so ordentlich und anständig, so fürsorglich oder so sentimental, wie man es immer gewesen war. Öffentlich aber, im Dienst, in der gläubig gehorsamen Pflichterfüllung, tat man alles, was befohlen wurde, sogar wenn es sich um die Befehle zum Verfemen, Verfolgen und Vernichten handelte. Die strikte Zweiteilung sorgte für ein gutes Gewissen, sogar nachträglich noch, weil man sich ja privat – also »persönlich« – nichts hatte zu Schulden kommen lassen.

Die Verurteilung drängt sich auf, doch gleichwohl wäre es höchst leichtfertig und kurzschlüssig, wenn man die Scheidung von Öffentlichkeit und Privatheit in Bausch und Bogen verdammen und fortwerfen wollte, als hätte es sie in einem positiven Sinne niemals gegeben. Freiheit und Gleichheit, die großen Errungenschaften der Moderne, haben mit ihr zu tun und sind ohne sie nicht einmal vorstellbar. Artikel 3, der Gleichheitsartikel des Bonner Grundgesetzes von 1949, sagt: »Alle Menschen sind vor dem Gesetz gleich. – Männer und Frauen sind gleichberechtigt. – Niemand darf wegen seines Geschlechtes, seiner Abstammung, seiner Rasse, seiner Sprache, seiner Heimat und Herkunft, seines Glaubens, seiner religiösen und politischen Anschauungen benachteiligt oder bevorzugt werden.« Aber natürlich gibt es die Unterschiede; sie werden ja ausdrücklich aufgezählt – nur eben in dem Sinne, daß sie privat und persönlich bleiben sollen und öffentlich keine Rolle spielen dürfen. Ohne diese Unterscheidung bliebe das Gleichheitsprinzip entweder ein leeres Versprechen, oder es müßte in die zwangsweise Gleichmacherei entarten, die abstößt, vertreibt oder vernichtet, was zu ihr nicht paßt. Genau das ist es, worauf die Verfemung des abweichenden Verhaltens und der Fremdenhaß zielen, vom Rechtsradikalismus geschürt.

Entsprechend die Freiheitsrechte. Einerseits sichern sie Öffentlichkeit, zum Beispiel als Glaubens- und Gewissensfreiheit (Artikel 4), als Meinungs- und Pressefreiheit (Artikel 5), ebenso als Versammlungs- und Vereinigungsfreiheit (Artikel 8 und 9). Andererseits wird die Privatheit geschützt, etwa im Brief-, Post- und Fernmeldegeheimnis (Artikel 10), beim Recht auf Freizügigkeit und der Freiheit der Berufswahl (Artikel 11 und 12) oder bei der Unverletzlichkeit der Wohnung (Artikel 13).

Schutz der Privatheit: Es war auch nach 1945 noch ein langer Weg bis zur Durchsetzung der Einsicht, daß das »öffentliche Interesse« und die Staatsgewalt in dieser Privatheit oder gar unter der Bettdecke des Bürgers nichts zu suchen haben und daß niemand sich für ein öffentliches Amt, einen Beruf dadurch disqualifiziert, daß er schon mehrere Eheversuche durchlaufen hat oder im »Verhältnis« mit einer Lebensgefährtin statt ordentlich verheiratet lebt. Der berüchtigte Paragraph 175 des Strafgesetzbuches, der die männliche Homosexualität kriminalisierte, ist erst 1969 gefallen; erst seit kurzem können schwule oder lesbische Paare ihre Beziehung wenigstens mit Einschränkungen legalisieren. Mit dem Abbau der Vorurteile gegenüber abweichendem Verhalten, welcher Art auch immer, das niemanden schädigt und darum auch niemanden etwas angeht, dauert es noch länger; nur mühsam lernen wir es, den Schutz der Privatheit als einen Fortschritt zur Freiheit zu verstehen.

Doch lernen wir es wirklich? Was eigentlich scheren uns die großen, mit Opfern teuer bezahlten, durch alle Rückschläge hindurch erkämpften Errungenschaften der Moderne? Zum Teufel mit ihnen, lautet inzwischen und von Tag zu Tag unverfrorener die Parole, denn wir leben ja glücklich genug in einem anderen, dem postmodernen Zeitalter, und leichthin reißen wir die mühsam errichteten Dämme der Zivilisation wieder ein. Wie ausgehungerte Aasgeier stürzen sich die Sensationsreporter, die Fotografen und Filmer auf alles, was sich ihnen zum Fraß bietet: Was gibt es Neues im Hause Windsor? Wie sieht es aus bei Boris Becker? Und so immer weiter, in atemloser Jagd von einem Fall zum anderen, um ans Licht zu zerren, was es scheut. Was zählt da noch Scham, was Diskretion, was die Würde des Menschen? Das »Outen«, die öffentliche und genußvolle Ausbreitung des Privaten ist zu einer Abart von Sport geworden, und sogar Schwule haben sich daran beteiligt, Schwule als schwul sichtbar zu machen, jedenfalls solange das interessant schien, weil es den Betroffenen peinlich war. Hatte man denn nichts aus der Einsicht gewonnen, wie sehr es noch gestern darauf ankam, das Private zu privatisieren? Nein, offenbar nicht.

Diese Tendenz würde nicht so verheerend erfolgreich sein, wenn sie nicht weckte, was in den Menschen, den Massen selbst auf der Lauer liegt: eine Gier nach dem Blick in Abgründe, nach der Enthüllung des Intimen, in dem sich zeigt, wie Mitmenschen sich verirren oder zerbrechen, so daß man daran sich weiden kann. Oder noch um einen, den entscheidenden Schritt weiter: Zum »Outen« gesellt sich das Selbst-Outen. Viele, immer mehr Menschen drängen dazu, sich zu entblößen, ihre Beziehungen, ihre Seele preiszugeben wie einst im Pakt mit dem Teufel; ein Augenblick im Rampenlicht, im Mittelpunkt des Interesses scheint damit nicht zu teuer erkauft zu sein. Die Entwicklung der inzwischen allgegenwärtigen Talk-Shows demonstriert diese Tendenz; zwar tritt in der Regel nur Banales zutage, aber offensichtlich stört das niemanden, soweit das Geschwätz nur als »authentisch« erscheint, weil es Intimes preisgibt. Der vorläufige Höhe- oder Tiefpunkt ist mit der Big-Brother-Show erreicht worden, der vorsätzlichen und systematischen Darbietung des Privaten, noch dazu mit dem fatalen Anreiz, sich so beliebt wie möglich zu machen, um so lange wie möglich vor den Kameras zu bleiben und nicht vorzeitig eliminiert, ausgelöscht zu werden. Doch wer mag da kleinlich sein und als Spielverderber erscheinen, wer erinnert sich noch daran, daß George Orwell die Beobachtung durch den »Großen Bruder« als einen Alptraum erfand, um vor der Vernichtung der Freiheit in der totalitären Gewaltherrschaft zu warnen?* Vergessen und verweht, keinen kümmert es mehr; fröhlich feiern wir uns in unseren alltäglichen, ganz und gar unanstößigen Faschismus hinein.

Ohne Rückwirkung auf die öffentlichen Angelegenheiten bleibt das freilich nicht. Politiker müssen immerfort ihr Herz vor sich her tragen, für »Anliegen« kämpfen und ihre abgründige »Betroffenheit« bekunden, falls sie als glaubwürdig wenigstens erscheinen und erfolgreich sein wollen. Aber kaum etwas wird damit erreicht, außer einem Absinken ins Unsachliche, das aus der heillosen Verquikkung mit dem Persönlichen, des Objektiven mit dem Subjektiven folgt. Das hat Max Weber wahrlich nicht gemeint, als er die Politik »ein starkes langsames Bohren von harten Brettern mit Leidenschaft und Augenmaß zugleich« nannte. Denen, die es anders sehen, hat Weber »sterile Aufgeregtheit« vorgeworfen und ihnen zugerufen: »Sie hätten besser getan, die Brüderlichkeit schlicht und einfach von Mensch zu Mensch zu pflegen und im übrigen rein sachlich an ihres Tages Arbeit zu wirken.«*

Ich will noch von einer eigenen Erfahrung berichten. Im Jahre 2000 habe ich ein Buch unter dem Titel »Erinnerungen – Zu Gast in drei Welten« veröffentlicht und im Vorwort geschrieben: »Was folgt, ist keine Selbstdarstellung; dafür bin ich mir nicht wichtig und für eine Beichte nicht bußfertig genug. Ich will nur von den Verhältnissen, den Ordnungen und Unordnungen erzählen, die ich gekannt habe.« Ein von mir sehr geschätzter Kollege, Günter de Bruyn*, hat das Buch besprochen und, obwohl er nicht überlesen hat, sondern zitiert, was ich in meinem Vorwort gesagt habe, sich offensichtlich geärgert, weil er vom Privaten und Persönlichen so wenig erfährt. Er rügt, daß »der Mensch« hinter Arbeit und Meinung (und hinter der Schilderung der Verhältnisse) um so mehr zurücktritt, je älter er wird. Oder es heißt etwa: »Der erwachsene Sohn, der überraschenderweise gegen Ende des Buches auftaucht, kommt aus dem Nichts.« Ja, aber er taucht im Grunde auch nicht als Sohn auf, sondern in seiner Funktion als Manager und Vermarkter eines alternden Autors, also im Sachzusammenhang mit der Frage, wieweit die Figur eines unabhängigen Schriftstellers überhaupt noch eine Zukunft hat.

Was mich mit »leichtem Schwindel« erfüllt – so der Titel der Besprechung – ist nicht der Verriß; ohnehin gibt es auch positive Passagen. Aber um so mehr verstört mich das Verlangen, um nicht zu sagen die Gier nach dem Persönlichen und Privaten, die, wenn sie unerfüllt bleibt, in den Ärger umschlägt, selbst dann noch, wenn dieses Private ausdrücklich nicht zum Thema gehört. Und das sogar bei einem seriösen Autor statt bei einem Sensationsreporter, der für seine Enthüllungen bezahlt wird!

Vielleicht sehr altmodisch beharre ich darauf, daß die Scheidung der öffentlichen Angelegenheiten von den privaten Dingen zu den großen Errungenschaften der Neuzeit gehört und daß ihre Vermengung abscheulich, ja verderblich ist, weil sie sich als ein Todfeind der Freiheit erweist und die Gleichheit gerade nicht herstellt, sondern sie blokkiert. Dabei bilde ich mir nicht ein, gegen die Übermacht des Zeitgeistes etwas ausrichten zu können. Aber wenigstens meinen Protest gegen ihn möchte ich hiermit zu Protokoll geben

Förmlichkeiten, erster Teil: Über die Unmoral der Moral

»Wir sind *zivilisiert*, bis zum Überlästigen, zu allerlei gesellschaftlicher Artigkeit und Anständigkeit. Aber, uns schon für *moralisiert* zu halten, daran fehlt noch sehr viel. Denn die Idee der Moral gehört noch zur Kultur; der Gebrauch dieser Idee aber, welcher nur auf das Sittenähnliche in der Ehrliebe und der äußeren Anständigkeit hinausläuft, macht bloß die Zivilisierung aus. So lange aber Staaten alle ihre Kräfte auf ihre eiteln und gewaltsamen Erweiterungsabsichten verwenden, und so die langsame Bemühung der inneren Bildung der Denkungsart ihrer Bürger unaufhörlich hemmen, ihnen selbst auch alle Unterstützung in dieser Absicht entziehen, ist nichts von dieser Art zu erwarten; weil dazu eine lange innere Bearbeitung jedes gemeinen Wesens zur Bildung seiner Bürger erfordert wird. Alles Gute aber, das nicht auf moralisch gute Gesinnung gepfropft ist, ist nichts als lauter Schein und schimmerndes Elend.«

Das schreibt, 1784, der große Philosoph Immanuel Kant im »Siebenten Satz« seiner »Idee zu einer allgemeinen Geschichte in weltbürgerlicher Absicht«.* Man könnte auch sagen: Kant schreibt in bürgerlicher Absicht, und seine Frontstellung ist deutlich. Sie richtet sich gegen die politisch herrschenden Mächte, gegen die Fürstenstaaten und gegen die Schichten, die darin den Ton angeben: die höfische Gesellschaft und die Damen und Herren von Adel. Denn für die kommt es bloß auf die Politur, die Vollendung der Formen, im Wortsinne auf die Höflichkeit an, eben auf die bloße Ehrliebe und äußere Anständigkeit, nicht auf die wahrhaft gute Gesinnung. Für die geschliffenen Umgangsformen und für die mit ihnen verbundenen Ehrbegriffe opfert man alles, wenn nötig sogar das eigene Leben im Duell, das als Mutprobe die durch eine Beleidigung – oder die bloß äußere Formverletzung – vermeintlich angetastete Ehre wieder herstellen soll. Das Bürgertum aber, gerade weil es politisch ohnmächtig bleibt, durch die deutsche Katastrophe des Dreißigjährigen Krieges tief und langfristig ruiniert, bringt gegen die höfische Gesellschaft und die Adelsherrschaft innere Werte in Stellung: Belesenheit und Bildung, Hingabe und Gemeinschaft, Ideen und Idealismus, die Moral, die gute Gesinnung, Natürlichkeit gegen alles gekünstelte Wesen, kurz Kultur gegen Zivilisation. Daß dabei das Bürgerliche zugleich ins Weltbürgerliche gerät, versteht sich. Denn das wirklich Wahre und Gute kennt keine Grenzen; seinem Anspruch nach ist es universal. Um es mit Friedrich Schiller zu sagen: »Seid umschlungen, Millionen! Diesen Kuß der ganzen Welt!«

Kants Frontstellung bleibt kein Einzelfall, sondern erweist sich als typisch für die große geistige Bewegung des 18. Jahrhunderts, die sich mit dem Begriff der Aufklärung verbindet. Man findet sie in Lessings »Emilia Galotti« und in Schillers »Kabale und Liebe« ebenso wie in Sophie von La Roches anrührender »Geschichte des Fräuleins von Sternheim«*. Oder um ein Beispiel aus der Frühaufklärung anzuführen: Von 1732 bis 1754 erscheint in Halle und Leipzig das Zedlersche »Große vollständige Universal-Lexicon aller Wissenschaften und Künste«, ein Riesenwerk in vierundsechzig Bänden nebst vier Supplementen. Darin hieß es im Artikel »Hofmann«:

»Einer, der in einer ansehnlichen Bedienung an eines Fürsten Hof steht. Das Hofleben ist zu allen Zeiten einesteils wegen der unbeständigen Herrengunst, wegen deren vielen Neider, heimlichen Verleumder und offenbaren Feinde als etwas Gefährliches; andernteils, wegen des Müßiggangs, Wollust und Üppigkeit, so zum öfteren daselbst getrieben wird, als etwas Laster-Tadelhaftes beschrieben worden. Es haben aber zu allen Zeiten sich auch Hofleute gefunden, die durch ihre Klugheit die gefährlichen Steine des Anstoßes vermieden, und durch ihre Wachsamkeit den Reizungen des Bösen entgangen, also sich zu würdigen Exempeln glücklicher und tugendhafter Hofleute vorgestellt. Gleichwohl wird nicht vergeblich gesagt, daß nahe bei Hofe, sei nahe bei der Hölle.«

Doch offenbar bildet die Tugend eine Ausnahme und das Laster die Regel. Anderswo, besonders in Frankreich, bleibt es nicht bei solch verteufelten Porträts. Da feuern besonders die Schriften Jean-Jacques Rousseaus – die auch in Deutschland ihre begeisterten Leser finden – zur Tat an. Rousseau wollte nicht »zurück zur Natur«, wie man fälschlich oft gesagt hat, aber er erwies sich als ein Prophet der Natürlichkeit; unter seinem Eindruck veranstaltete man sogar bei Hofe Schäferspiele, und es gab noch ganz andere Gefolgsleute. Wie Heinrich Heine gesagt hat: »Maximilian Robespierre war nichts als die Hand von Jean-Jacques Rousseau, die blutige Hand, die aus dem Schoße der Zeit den Leib hervorzog, dessen Seele Rousseau geschaffen.«*

Jedenfalls setzte die Französische Revolution von 1789 dazu an, aus Ideen die Wirklichkeit zu formen. Freiheit, Gleichheit und Brüderlichkeit hießen die Schlagworte, Bürger- und Menschenrechte wurden proklamiert; das Volk sollte künftig herrschen und nicht mehr die Fürsten und der Adel. Welche Begeisterung das auslöste, hat noch im Rückblick der angeblich konservative »preußische Staatsphilosoph« Georg Wilhelm Friedrich Hegel bezeugt: »Der Gedanke, der Begriff des Rechts machte sich mit *einem Male* geltend, und dagegen konnte das alte Gerüste des Unrechts keinen Widerstand leisten. Im Gedanken des Rechts ist also jetzt eine Verfassung errichtet worden, und auf diesem Grunde sollte nunmehr alles basiert sein. Solange die Sonne am Firmamente steht und die Planeten um sie herum kreisen, war das nicht gesehen worden, daß der Mensch sich auf den Kopf, das ist, auf den Gedanken stellt und die Wirklichkeit nach diesem erbaut ... Es war dieses somit ein herrlicher Sonnenaufgang. Alle denkenden Wesen haben diese Epoche mitgefeiert. Eine erhabene Rührung hat in jener Zeit geherrscht, ein Enthusiasmus des Geistes hat die Zeit durchschauert, als sei es zur wirklichen Versöhnung des Göttlichen mit der Welt nun erst gekommen.«*

Wenn man allerdings Ideen in die Wirklichkeit überführen und dem wahrhaft Guten und Gerechten zum Durchbruch verhelfen will, muß man hobeln, daß die Späne fliegen, um das Übel, das Unrecht aus der Welt zu schaffen, das bisher herrschte. Denn wer vom Guten redet, darf vom Bösen nicht schweigen, und die Tugend setzt sich nur durch, wenn sie dem Laster auf den Leib rückt. Das hieß in der folgerichtigen Praxis: Man führte die edlen Herren und Damen des *ancien régime* aufs Blutgerüst, wo die Hinrichtungsmaschine, die Guillotine, auf sie wartete, und legte ihnen den Kopf vor die Füße.

Anderswo geht es milder zu, aber insgesamt bildet der Kampf gegen die Vorrechte und Besitzansprüche des Adels einen roten Faden der neueren europäischen Geschichte. In England zögert man lange und findet im 20. Jahrhundert schließlich den sanften Weg; hier dient neben der schrittweisen Zurückdrängung des Oberhauses als Fallbeil vor allem eine stark progressive Erbschaftssteuer. In Deutschland entsteht 1848 das Hecker-Lied, in dem es ausgemacht liebenswürdig heißt:

»An dem Darm des Pfaffen
Hängt den Edelmann,
Laßt ihn dran erschlaffen,
Bis er nicht mehr kann.«

Dazu kommt es nicht, aber die Paulskirchenverfassung von März 1849 sagt im Paragraphen 137: »Vor dem Gesetz gibt es keinen Unterschied der Stände. Der Adel als Stand ist aufgehoben. – Alle Standesvorrechte sind abgeschafft. – Die Deutschen sind vor dem Gesetz gleich. – Alle Titel, soweit sie nicht mit einem Amte verbunden sind, sind aufgehoben und dürfen nie wieder eingeführt werden.« Der Sieg der Reaktion läßt diese Bestimmungen gar nicht erst in Kraft treten; erst die Weimarer Reichsverfassung aus dem Jahre 1919 holt in ihrem Artikel 109 das Versäumte nach: »Öffentlich-rechtliche Vorrechte oder Nachteile der Geburt oder des Standes sind aufzuheben. Adelsbezeichnungen gelten nur als Teil des Namens und dürfen nicht mehr verliehen werden.« Im sonst so titelsüchtigen Österreich geht man noch weiter; da soll nicht einmal mehr der Name den ehemaligen Adel oder Hochadel noch anzeigen. »Geadelt von Karl dem Großen, entadelt von Karl Renner« – dem sozialdemokratischen Staatskanzler von 1919 –, schrieb darum jemand unter seinen Briefkopf, um sich kenntlich zu machen.

Höchst blutig verläuft wiederum die russische, teilweise auch die spanische Revolution. Und zu Hitlers Herrschaft gehört zunächst eine latente, dann, in der Spätzeit, nach dem Attentat vom 20. Juli 1944, eine ausgeprägte

Feindschaft gegenüber dem Adel. Daran schließen sich seit 1945 die Vertreibung aus dem Osten und die Enteignung in der Sowjetischen Besatzungszone an.

Um aber zum Ursprung in Frankreich zurückzukehren: Das Ziel rechtfertigt die Mittel, wie der Tugendwächter und Scharfrichter der Revolution, Maximilien Robespierre, gesagt hat:

»Wir wollen in unserem Lande den Egoismus durch die Moral ersetzen, die Ehre durch die Rechtschaffenheit, die Gewohnheiten durch Prinzipien, die Schicklichkeit durch die Pflicht, den Zwang der Tradition durch die Herrschaft der Vernunft, die Geringschätzung des Unglücks durch die Geringschätzung des Lasters, die Frechheit durch das Selbstgefühl, die Eitelkeit durch Seelengröße, den Geldhunger durch die edle Ruhmsucht, die sogenannte gute Gesellschaft durch gute Menschen ... ein artiges, leichtfertiges, klägliches Volk durch ein großmütiges, mächtiges, glückliches Volk, das heißt alle Laster und alle Lächerlichkeiten der Monarchie durch alle Tugenden und alle Wunderwerke der Republik. – Mit einem Wort, wir wollen den Willen der Natur erfüllen, die Bestimmung der Menschheit Wirklichkeit werden lassen, die Versprechungen der Philosophie einlösen, die Vorsehung von der langen Herrschaft des Verbrechens und der Tyrannei freisprechen.«

Wer das aber will, darf vor der Konsequenz nicht zurückschrecken: »Wenn die Triebkraft der Volksregierung in Friedenszeit die Tugend ist, so sind es in den Zeiten der Revolution *Tugend und Terror* zugleich: die Tugend, ohne die der Terror unheilvoll, der Terror, ohne den die Tugend machtlos ist. Der Terror ist nichts anderes als das schlagfertige, unerbittliche, unbeugsame Recht, er ist somit eine Folge der Tugend; er ist weniger ein besonderes Prinzip als ein Produkt des allgemeinen Prinzips der Demokratie, das auf die dringendsten Anliegen des Vaterlandes angewendet wird … Herrscht die Tyrannei auch nur einen einzigen Tag, so gibt es bald keine Patrioten mehr. Wie lange noch will man die Wut der Despoten Gerechtigkeit, die Gerechtigkeit des Volkes aber Rohheit und Aufsässigkeit nennen? Wie zartfühlend ist man doch gegen die Unterdrücker, wie unerbittlich gegen die Unterdrückten! Nichts ist natürlicher: Wer nicht das Verbrechen haßt, kann nicht die Tugend lieben. – Das eine oder das andere muß jedoch unterliegen. Nachsicht für die Royalisten, schreien manche Leute, Erbarmen für die Schurken! Nein: Erbarmen für die Unschuld, Erbarmen für die Schwachen, Erbarmen für die Unglücklichen, Erbarmen für die Menschlichkeit! – Nur den friedlichen Bürgern schuldet die Gesellschaft ihren Schutz; und Bürger sind in der Republik nur die Republikaner.«*

Die Begründungen des Terrors aus edelmütiger Moral erben sich fort und fort, bis zur bolschewistischen Oktoberrevolution des Jahres 1917 und den nachfolgenden Verfolgungs- und Vernichtungsorgien des Stalinismus. Immer wieder entsteht eine Schreckensherrschaft des Guten, die mit besten Vorsätzen Ströme von Blut vergießt, um einen neuen Menschen und die gerechte Gesellschaft zu schaffen. Man muß die Ziele nur hoch genug ansetzen, auf die innerweltliche Erlösung von allem Übel, das Menschheitsgluck schlechthin, damit man in der Praxis um so tiefer greifen und radikaler handeln kann; das Ziel rechtfertigt dann die Mittel, sogar die abscheulichsten: die Verabschiedung allen Rechts, die Verfemung, die Folter, die Versklavung, das massenhafte, vielmillionenfache Töten, dazu noch mit dem besten Gewissen gepanzert, weil es ja um das absolute Heil geht. Aber das alles geschieht im puren Wahn, für nichts und wieder nichts, wie die Erfahrung lehrt, weil am Ende doch kein tugendhafter neuer Mensch entsteht, sondern der sündhafte alte Adam sich hartnäckig behauptet. Der Engländer Aldous Huxley hat den Sachverhalt einmal so ausgedrückt: »Ein Denken in Begriffen von Grundprinzipien bringt ein Tun mit Maschinengewehren mit sich. Eine Regierung mit einem umfassenden Plan zur Verbesserung der menschlichen Gesellschaft ist eine Regierung, die die Folter anwendet. Per contra, wenn man nie Grundprinzipien bedenkt und keinen Plan hat, sondern Situationen behandelt, wie sie entstehen, eine nach der anderen, kann man sich unbewaffnete Polizisten, Redefreiheit und Habeas-corpus-Akte leisten.«*

Wehe darum, wenn die Anwälte einer unerbittlichen Moral, die Fanatiker des Guten, statt der Pragmatiker die Macht übernehmen, unter welchem Vorzeichen auch immer!

Es ist beinahe natürlich, daß der Kampf des Guten gegen das Böse oder des Idealismus gegen den Egoismus sich oft als Generationenkonflikt darstellt. Ältere Leute haben sich mit den Verhältnissen abgefunden und verteidigen das glücklich Erreichte; die jungen aber haben noch nichts zu verlieren, stürmen gegen die bestehenden Mauern, die wie ein Gefängnis sie einschließen, und wollen die Welt verbessern. Gerade in Deutschland kehrt dieser Generationenkonflikt periodisch wieder, nicht nur in Familien zwischen Eltern und Kindern, sondern mit historischer Bedeutung aufgeladen, und es lohnt sich, ihn mit ein paar Schlaglichtern zu beleuchten.

Am Anfang stand die Sehnsucht nach nationaler Einheit und Freiheit, die im Zeitalter der Befreiungskriege gegen die napoleonische Fremdherrschaft erst so mächtig zur Begeisterung geweckt und dann um so bitterer enttäuscht worden war. Einen buchstäblich flammenden Auftakt bildete das Wartburgfest vom 18. Oktober 1817, veranstaltet von Studenten der Universität Jena und Abordnungen aus elf anderen Universitäten, die sich in den Burschenschaften zusammengeschlossen hatten. Im Bericht eines Augenzeugen heißt es:

»Ein großer Korb ward jetzt ans Feuer gebracht, voll Bücher, die hier öffentlich, im Angesichte des deutschen Landes der Flamme übergeben wurden, in Namen der Gerechtigkeit, des Vaterlandes und des Gemeingeistes. Ein gerechtes Urteil sollte hier gehalten werden über die schlechten, das Vaterland entehrenden, unseren Volksgeist verderbenden Schriften; zum Schrecken der Schlechtgesinnten und aller derjenigen, die mit ihrem seichten Wesen, leider! nur zu sehr die alte keusche Volkssitte entstellt und entkräftet haben. – Der Titel jedes Buches ward von einem Herold laut ausgerufen; dann erscholl jedesmal ein lautes Geschrei der Anwesenden, ein Ausspruch ihres Unwillens: Ins Feuer, ins Feuer! Zum Teufel mit demselben! Somit wurde das corpus delictum den Flammen übergeben …«*

Mit dem Kampf für Einheit und Freiheit mag man ja Sympathie haben – aber mit Bücherverbrennungen? »Das war ein Vorspiel, dort, wo man Bücher verbrennt, verbrennt man am Ende auch Menschen«, hat Heinrich Heine ahnungsvoll gesagt.* (Unwillkürlich eilen die Erinnerungen voraus zu den Bücherverbrennungen, die deutsche Studenten am 10. Mai 1933 organisierten.) Schlimmes folgte beinahe auf dem Fuße: Am 23. März 1819 ermordete der Student Karl Ludwig Sand den Schriftsteller August von Kotzebue in seiner Wohnung in Mannheim.

Kotzebue, den man schon auf dem Wartburgfest mit der Verbrennung seiner Bücher geehrt hatte, war ein Unterhaltungsschriftsteller, einer der erfolgreichsten seiner Zeit, Autor von über zweihundert vielgespielten Theaterstükken. Er hatte ein bewegtes Leben geführt und lange in russischen Diensten gestanden. Später empfing er einen russischen Ehrensold, was ihn den Deutschtümlern natürlich verdächtig und verhaßt machte. Aber wie so viele Patrioten hatte er entschieden gegen Napoleon gekämpft. Außerdem führte er eine kritisch-ironische Feder; man hat ihn einen »Tucholsky seiner Zeit« genannt, was freilich die Fronten verschiebt und ihm zuviel Ehre antut. Kotzebue wurde zum Verhängnis, daß er auch die Freiheits- und Volkstümelei der Studenten mit seinem Spott überzog.* Auf beinahe alles kann der Moralismus sich einlassen; den Haß, der ihm entgegenschlägt, empfindet er sogar als Auszeichnung und die Verfolgung als Bestätigung, denn er ist für das Märtyrertum wie geschaffen. Aber ins Lächerliche gezogen zu werden? Nein, das erträgt er nicht.

Karl Ludwig Sand war Theologiestudent und der Sohn eines preußischen Justizrats. Beim Wartburgfest saß er im Festausschuß und war einer der vier Fahnenträger. Als er von Jena aus zu seiner Tat aufbrach, führte er im Gepäck ein Manifest mit sich, in dem es hieß: »Ein Zeichen muß ich geben, muß mich erklären gegen die Feigheit und Feilheit dieser Tage; weiß nicht Edleres zu tun, als den Erzknecht und das Schutzschild dieser feilen Zeit, dich Verräter und Verderber meines Volkes, August von Kotzebue, niederzustoßen.« Als Sand ein Jahr nach seiner Tat, am 20. März 1820, auf einer Wiese bei Mannheim öffentlich enthauptet wurde, waren zwei Drittel aller Heidelberger Studenten gekommen, um Zeugen zu sein. Und, wie ein Beobachter berichtete: »Manche Träne floß auf Sands Grab; überspannte Frauen und fanatische Männer tauchten ihre Tücher in des Gerichteten Blut.«*

Man mag von Wirrköpfen reden, aber in einer Zeit, in der es noch keine Parteien gab und die Presse engherzig zensiert und geknebelt wurde, war der Einfluß der studentischen Meinungsträger bedeutend. Kaum zufällig sind ja auch die Farben der Jenaer Burschenschaft – Schwarz, Rot und Gold – zu den deutschen Nationalfarben geworden. Im Jahre 1821 hat darum Hegel in der Vorrede zu seinen »Grundlinien der Philosophie des Rechts« vor der Meinung gewarnt, »daß dies das Wahre sei, was jeder über die sittlichen Gegenstände, vornehmlich über Staat, Regierung und Verfassung, sich aus *seinem Herzen, Gemüt und Begeisterung aufsteigen* lasse. Was ist darüber nicht alles der Jugend insbesondere zum Munde geredet worden? Die Jugend hat es sich denn auch wohl gesagt sein lassen. *Den Seinen gibt Er's schlafend,* – ist auf die Wissenschaft angewandt worden, und damit hat jeder Schlafende sich zu den *Seinen* gezählt; was er so im Schlafe der Begriffe bekommen, war denn auch freilich Ware danach.« Und weiter: »Dies ist der Hauptsinn der Seichtigkeit, die Wissenschaft statt auf die Entwicklung des Gedankens und Begriffs, vielmehr auf die unmittelbare Wahrnehmung und die zufällige Einbildung zu stellen, ebenso die reiche Gliederung des Sittlichen in sich, welche der Staat ist, die Archtektonik seiner Vernünftigkeit ... – diesen gebildeten Bau in den ›Brei des Herzens, der Freundschaft und Begeisterung‹ zusammenfließen zu lassen.«*

Die zweite deutsche Jugendbewegung – und sie hat diesen Begriff geprägt – entstand um die Wende vom 19. zum 20. Jahrhundert, zunächst mit den »Wandervögeln«, vor allem Gymnasiasten und Studenten, die »aus grauer Städte Mauern« zu einer neuen Lebensform aufbrachen.* Kein gewaltsamer Umsturz war gemeint, nirgendwo wurden politische Parolen entrollt oder Attentate verübt; man demonstrierte nicht mit den roten Fahnen der Revolution über den Asphalt, sondern mit der blauen Blume der Romantik durch Wald und Flur. Und doch ging es, nachhaltig sogar, um Protest, um eine Auflehnung von Bürgerkindern gegen die bürgerliche Welt, der sie selber entstammten. Es begann, was in periodisch wiederkehrenden Bewegungen, unter vordergründig sehr verschiedenen Vorzeichen, das 20. Jahrhundert prägen sollte: die Paradoxie einer antibürgerlichen Bürgerlichkeit, eine Art von Selbstverurteilung oder von Selbsthaß.

Der Höhepunkt der Jugendbewegung wurde erreicht, als im Oktober 1913 eine große Zahl von jungen Menschen auf einem Berg bei Kassel zusammenkam, um sich auf ihre *Gemeinschaft* als Lebensform – im betonten Gegensatz zur bürgerlichen *Gesellschaft* – einzuschwören. Die auf dem Hohen Meißner feierlich proklamierte »Meißnerformel« lautete: »Die Freideutsche Jugend will aus eigener Bestimmung, vor eigener Verantwortung, mit innerer Wahrhaftigkeit ihr Leben gestalten. Für diese innere Freiheit tritt sie unter allen Umständen geschlossen ein. Zur gemeinsamen Verständigung werden freideutsche Jugendtage abgehalten. Für deren Durchführung gilt: Alle gemeinsamen Veranstaltungen der Freideutschen Jugend sind alkohol- und nikotinfrei.«

Der hochgemute Idealismus, die Wahrhaftigkeit und die innere Freiheit, mit der Abstinenz vom Trinken und Rauchen kombiniert: Das ergibt einen eher komischen Klang. Aber es handelte sich um den bewußten Gegensatz zum verqualmten Biergetöse des damals üblichen studentischen Verbindungswesens. Und in verschwiegenen, beinahe vorbewußten Tiefenschichten ging es um viel mehr, um die Abkehr von der vordergründig so erfolgreichen wilhelminischen Bürgergesellschaft, die bloß noch wert schien, zerstört zu werden. Diese Stimmungslage reichte über die Jugendbewegung sogar weit hinaus. Man fand sie zum Beispiel in dem Kreis junger Bewunderer, der sich um den Dichter Stefan George bildete; in einem ähnlichen Sinne las man Nietzsche oder das, was der Philosoph Max Scheler vom bevorstehenden »Umsturz der Werte« verkündete.* Anders als aus dem abgründigen Wunsch nach Zerstörung des Bestehenden ist der Jubel, das Erlösungsgefühl kaum verständlich, mit dem bald darauf die Hunderttausende von Kriegsfreiwilligen 1914 in den Kampf und den Tod zogen.

In der Weimarer Republik politisierten sich die Jugendbünde, meist nach rechts hin bis zum Nationalsozialismus. Der nahm überhaupt auf, was ohnehin in der Luft lag, etwa den Begriff der Gemeinschaft, der nun ganz bewußt gegen die bestehende Gesellschaft und die politische Ordnung in Stellung gebracht wurde. Man darf auch nicht übersehen, daß der Nationalsozialismus jedenfalls in der »Kampfzeit« einer Jugendbewegung sehr nahe kam; die Mitglieder der »Bewegung« und ihre Funktionäre waren durchweg markant jünger als die Mitglieder und Funktionäre hergebrachter Parteien wie der SPD oder des Zentrums. »Macht Platz, ihr Alten!« hieß darum die Parole des »Reichsorganisationsleiters« der NSDAP Gregor Strasser. Und kaum zufällig war die Deutsche Studentenschaft der erste und bis 1933 einzige nationale Verband mit nationalsozialistischer Mehrheit. Im übrigen war die Propaganda ganz und gar moralistisch ausgerichtet; der *Idealismus der Opferbereitschaft* bildete das positive Kernstück der Weltanschauung, die Hitler verkündete.

Die nächste und vorläufig letzte Jugendbewegung entstand mit der Studentenrebellion von 1968. Sie war wiederum hochmoralisch angelegt: in der Verurteilung verstockter »Nazi«-Väter, im Protest gegen den amerikanischen Krieg in Vietnam und bei allen anderen Gelegenheiten, die sich für das Engagement darboten, etwa bei Hausbesetzungen im Kampf gegen Grundstücksspekulanten. Gewiß nicht bei der Mehrheit, aber doch bei einer exemplarischen Minderheit hat dieser Moralismus in den Terrorismus geführt; an Biographien wie denen von Gudrun Ensslin und Ulrike Meinhof läßt sich das deutlich ablesen. Der Idealismus des Guten und damit des Zerstörens, der in die Selbstzerstörung mündet: ein dunkles Thema, das über alle sonstigen Gegensätze hinweg drei deutsche Generationen verbindet.

Den Studenten von 1968 sind andere gefolgt, zum Beispiel die Grünen, und das Übermaß an Moralismus, das auch sie zunächst bestimmte, hat sich nur langsam und mit Mühe, in vielen und bitteren Konflikten, ins halbwegs Realistische gemildert. Nicht zu verkennen ist bei alledem, daß in der Überspannung des Anspruchs aufs Gute die Hysterie auf der Lauer liegt – eine Art von wollüstiger Einstimmung auf die jeweils aktuelle Verheißung des Weltuntergangs. Das gilt vom Kampf gegen die »Nachrüstung« und den »Atomtod« über das »Waldsterben« bis zum »Rinderwahnsinn«. Luigi Vittorio Ferraris, langjähriger italienischer Botschafter in Bonn, ein Freund und ein Kenner unseres Landes, hat dazu gesagt:

»Man könnte fast meinen, die Deutschen hätten eine unwiderstehliche Neigung, das Einfachste nicht nur kompliziert zu machen, sondern auch in jedem Geschehen eine Ursache oder beinahe einen moralischen Zwang (einen kategorischen Imperativ!) zu Hysterie zu sehen.« Im Vergleich heißt es: »Italien ist, im guten wie im schlechten Sinne des Wortes und des Inhalts, eine große und bunte Theaterbühne, auf der sich die vielen Tragödien in sarkastische oder humorvolle Komödien verwandeln … In Deutschland dagegen radikalisiert sich jedes Geschehen sofort bis zum Drama oder sogar bis zum Psychodrama, wo sich die Hysterie zu Hause fühlt.« Das Allerwichtigste, was wir lernen sollten, sei darum: »Gelassenheit statt Hysterie«.*

Ist es überflüssig, alte Geschichten auszubreiten? Nein, das glaube ich kaum. Denn einmal mehr sind in ihnen Erfahrungen angelegt, die wir beachten statt wegwerfen sollten; teuer genug haben wir sie erkauft. Und der Terrorismus des Guten geht ja weiter und weiter: Was denn sonst trieb die jungen Männer an, die sich am 11. September 2001 als lebende Flugbomben in die Türme des World Trade Center von New York steuerten?

Der Rückblick auf die geschichtlichen und die aktuellen Erfahrungen legt die Frage nahe, ob es nicht besser wäre, sich ein für allemal aus der Tyrannei des Guten zu befreien und zu den verachteten Förmlichkeiten zurückzukehren, die einst das zivilisierte Europa auszeichneten. Natürlich kann man kein *ancien régime* wiederbeleben und die Errungenschaften der Französischen Revolution nicht widerrufen, ohne wiederum Barbarei zu provozieren. Aber Formen sind Spielregeln, die, falls sie funktionieren und sich statt des Moralischen von selbst verstehen, das Leben, den Umgang miteinander erleichtern, weil sie uns ohne Umschweife sagen: Es gehört sich so. Oder: Es gehört sich nicht.

Es gehört sich zum Beispiel, im Regelfall ein Mindestmaß an Distanz zu wahren, markiert durch die Anrede mit »Sie«, statt einander kumpelhaft gleich mit dem »Du« auf den Leib zu rücken. In ihrem Buch »Fazit – Kein Rechtfertigungsversuch« hat Melita Maschmann zu erklären versucht, wie sie 1933 als junger Mensch in den Nationalsozialismus hineingeriet, fasziniert vor allem vom Begriff der »Volksgemeinschaft«: »Was mich an dieses phantastische Wunschbild band, war die Hoffnung, es könnte ein Zustand herbeigeführt werden, in dem die Menschen aller Schichten miteinander leben würden wie Geschwister.«* Ja, nur so neu war das nicht, wie es begeisterten deutschen Mädchen und Jungen sich darstellte. Schon die frühen Christen bildeten verschworene Gemeinschaften, und später fanden sich Schwestern und Brüder in den Mönchsorden zusammen. Brüderlichkeit war dann eine Parole der Französischen Revolution, wie schließlich der Genosse oder die Genossin eine Floskel des Sozialismus. Doch nein zugleich und abermals nein: Welch ein Alptraum, sich von Hinz und Kunz familiär anrempeln lassen zu müssen!

Der Begriff der Volksgemeinschaft verlor sich in der Trümmerlandschaft des »Dritten Reiches«, aber in der Sache tun wir mehr denn je so, als sei sie verwirklicht. Immerfort geht es um Gleichklang und Nähe, um Bekenntnis und Betroffenheit, um die Seelenentblößung; jeder will jedem der Psychoanalytiker und zugleich der Patient auf der Couch sein; entsprechend gedeihen wiederum die Hysterien, die Enttäuschungserlebnisse, die Anklagen, wenn die Nähe mißlingt. Immerfort verwechseln wir die Gleichheit, die sich mit der Freiheit des Andersseins verträgt, mit der zwangsweisen Gleichmacherei.

Die Nähe als sozusagen einklagbarer Anspruch und die Gemeinschaft als Gesellschaftsprinzip müssen mißlingen, weil wir Menschen für sie nicht gemacht sind. Gewiß gibt es die große Freundschaft oder die tiefe Liebe. Aber nur im Ausnahmefall gelingt sie, und immer gehört zu ihr die Gefahr, daß sie ins Gegenteil umschlägt, in den Haß und das Rachegelüst. Je durchdringender die Ansprüche und je mehr zum moralisch Absoluten gehärtet, desto größer diese Gefahr. Wenn ein Verbrechen, ein Mord geschieht, sucht der erfahrene Kriminalist darum erst einmal in der Nähe des Toten, in der Nachbarschaft, im Familien- und Freundeskreis nach dem Täter, und oft genug findet er ihn dort. Übrigens gilt das auch politisch: Die Ausbrüche von Fremdenhaß, die uns verstören, folgen aus dem falschen Anspruch auf Gleichklang und Nähe, der sich enttäuscht sieht und ängstigt. Darum ist es höchst fragwürdig, wenn wir als Heilmittel gegen den Haß die Vertrautheit oder gar die Freundschaft einfordern, statt uns einzugestehen, daß es Fremdheiten gibt, die sich nur in einem Mindestmaß von Distanz als bekömmlich erweisen. Kaum zufällig fordern Nähe und Freundschaft am lautstärksten jene, die kaum auf die Probe gestellt werden, weil in ihrer Nachbarschaft keine Türken oder Afrikaner wohnen. Eine mit den angemessenen Formen sorgsam bewahrte Distanz fordert dagegen positiv die Neugier heraus – ein Grundmotiv allen vernünftigen Reisens –, und am fruchtbarsten entwickeln sich Freundschaften, die zugleich einen Abstand respektieren.

Zur anthropologischen Regel gehört die Mischung, die Dialektik aus Annäherung und Distanzierung, die Arthur Schopenhauer in das Bild von den frierenden Stachelschweinen gefaßt hat: Sie drängen zusammen, um sich aneinander zu wärmen. Doch dabei treiben sie sich schmerzhaft ihre Stacheln ins Fleisch und rücken wieder auseinander – und so immer weiter ohne Anfang und Ende. Oder um wieder einmal, diesmal zustimmend, Immanuel Kant zu zitieren:

»Ohne jene, an sich zwar nicht liebenswürdige, Eigenschaften der Ungeselligkeit, woraus der Widerstand entspringt, den jeder bei seinen selbstsüchtigen Anmaßungen notwendig antreffen muß, würden in einem arkadischen Schäferleben, bei vollkommener Eintracht, Genügsamkeit und Wechselliebe, alle Talente auf ewig in ihren Keimen verborgen bleiben: die Menschen, gutartig wie die Schafe, die sie weiden, würden ihrem Dasein kaum einen größeren Wert verschaffen, als dieses ihr Hausvieh hat ... Dank sei also der Natur für die Unvertragsamkeit, für die mißgünstig wetteifernde Eitelkeit, für die nicht zu befriedigende Begierde zum Haben, oder auch zum Herrschen! Der Mensch will Eintracht; aber die Natur weiß besser, was für seine Gattung gut ist: sie will Zwietracht. Er will gemächlich und vergnügt leben; die Natur will aber, er soll aus der Lässigkeit und untätigen Genügsamkeit hinaus, sich in Arbeit und Mühseligkeiten stürzen, um dagegen auch Mittel auszufinden, sich klüglich wiederum aus den letztem herauszuziehen. Die natürlichen Triebfedern dazu, die Quellen der Ungeselligkeit und des durchgängigen Widerstandes, woraus so viele Übel entspringen, die aber doch auch wieder zur neuen Anspannung der Kräfte, mithin zu mehrerer Entwicklung der Naturanlagen antreiben, verraten also wohl die Anordnung eines weisen Schöpfers; und nicht etwa die Hand eines bösartigen Geistes, der in seine herrliche Anstalt gepfuscht oder sie in neidischer Weise verderbt habe.«*

Zu den Mitteln, um Gleichheit ebenso wie die Distanz herzustellen und zu bewahren, die den Wettstreit ermöglicht, ohne zu verletzen, gehören Spielregeln oder Förmlichkeiten, vorab die des Höflichseins, und zu ihren Grundelementen, mit denen bereits die Natur uns ausgestattet hat, zählt das Lächeln: ein Instrument mit eigentümlich doppeldeutiger Signalwirkung.

Einerseits zeigt es die freundliche, friedliche Absicht. Wenn zwei Menschen sich maskenhaft anstarren, wie der

Held und der Schurke im Wildwestfilm, kann in jedem Augenblick alles und das Schlimmste geschehen. Eine falsche Bewegung, und schon »sprechen« die Pistolen. Anschließend bekommen die Totengräber zu tun. Wenn aber auf die Erstarrung das Lächeln folgt und erwidert wird, ist der Bann gebrochen, ein erstes Einvernehmen hergestellt und das Leben nicht mehr bedroht, sondern gerettet; gleich darauf wird man sich die Hand reichen.

Andererseits taugt das Lächeln – jedenfalls in seiner asiatischen oder auch in seiner britischen Form – zur Abwehr; es verriegelt gegen die Zudringlichkeit, gegen den dreisten Anspruch auf Intimität. Nicht selten mischen sich die beiden Bedeutungen sogar zu dem Doppelsinn: Wir wollen miteinander auskommen, doch unter der Bedingung, daß wir uns nicht zu nahe treten. Im übrigen ist das Lächeln – im Kontrast zum Lachen – eine *leise* Verhaltensform, eng verwandt der Skepsis und der Ironie, die jede fanatische Erbpacht des Guten als so brüchig und bodenlos erweisen, wie sie es in der Regel auch ist.

Ein anderes Mittel, um Distanz zu wahren, ist *die Tugend der Scham*. Falls wir der biblischen Erzählung glauben dürfen, ist sie mit unserer Menschwerdung verbunden, denn daß Adam die verbotene Frucht vom Baum der Erkenntnis des Guten und Bösen gekostet hat und »geworden ist wie unsereiner«, erkennt Gott daran, daß der Sünder sich seiner Nacktheit schämt. Noch vor der Austreibung aus dem Paradiesgarten macht daher Gott der Herr »Adam und seinem Weibe Röcke von Fellen und kleidete sie«. Das Künstliche, das Einkleiden und der Umgang mit dem Hergestellten, gehört also zur *conditio humana*, zur Natur des Menschen; einer der Begründer der modernen philosophischen Anthropologie, Helmuth Plessner, hat die Formel von der *natürlichen Künstlichkeit* geprägt.*

Doch was soll man in solcher Perspektive von denen halten, die mit betont unangemessener oder zerrissener Bekleidung es darauf anlegen, ihre Mitmenschen herauszufordern?

Ein zeitgenössischer Biograph hat von Immanuel Kant erzählt, für wie wichtig der das Äußere hielt. »So tadelte er, wenn junge Leute hinter ein affektiert schlichtes Äußere ihre wirklichen Vorzüge verbergen wollten, weil wir nach seiner Meinung keinem Menschen das Urteil über uns erschweren oder gar zu unserm Nachteil irreleiten müssen, und weil es ein stolzes Verlangen verrate, daß Menschen, ungeachtet der von uns geflissentlich angenommenen rauhen und unpolierten Schale, doch den gesunden Kern in uns aufsuchen sollen ... Er war aus vielfältiger Erfahrung überzeugt, daß viele edeldenkende und geschickte Jünglinge durch ein solches unpoliertes und geniemäßiges Äußere ihr ganzes Lebensglück verscherzen und sich für die bürgerliche Gesellschaft unbrauchbar machen. Und dies war es eben, was seinem menschenfreundlichen Herzen wehe tat.«*

Wie aber hätte Kant wohl auf die Menschen – gleich ob junge oder ältere – unserer Tage reagiert, die auf ihre Schlampigkeit stolz sind? Oder was gar zum Kult der Nacktheit gesagt, mit der wir an südlichen Badestränden die Einheimischen schockieren? Es mag ja, wie der Name sagt, eine »Freikörperkultur« geben, aber zur Zivilisation taugt sie schwerlich – von den ästhetischen Widrigkeiten deutscher Wohlstandsbäuche ganz abgesehen, mit denen sie uns auf Schritt und Tritt konfrontiert.

Was die Höflichkeit ausmacht, zeigt sich an ihrem Gegenstück, an der Grobheit. »Du weißt wohl nicht, mein Freund, wie grob du bist?« fragt Goethes Mephisto den akademisch ausgereiften Schüler. Und der antwortet patzig: »Im Deutschen lügt man, wenn man höflich ist.« Das haben wir uns gerne gesagt sein lassen und es zu einem geflügelten Wort gemacht. Dabei kommt unsere Neigung zur Grobheit von weit her. Sie stammt aus der Bitterkeit, aus den Minderwertigkeitsgefühlen von Untertanen, die Jahrhunderte hindurch sich vor ihrer Obrigkeit verbeugten oder strammstanden und sagen mußten: »Jawohl, Euer Gnaden!« Oder: »Zu Befehl, Herr General!« Jede Auflehnung mißlang; man mußte die Bitterkeit hinunterschlukken und konnte sie nur kompensieren in der Grobheit gegen seinesgleichen. Wenigstens in ihr, so schien es, erwies sich der freie Deutsche, der Gott und sonst nichts auf der Welt fürchtet; sie leitete die eigenen Verletzungen auf diejenigen ab, die so schwach waren, oder wenn möglich noch schwächer, wie man selbst – den Stimmaufwand eingeschlossen: Unwillkürlich werden ja noch heute ratsuchende Türken oder Tamilen mit einer Lautstärke angesprochen, als sei bei allen Leuten aus der Fremde ein Gehörschaden vorauszusetzen. Hinzuzufügen ist noch, daß der Grobianismus nicht in älterer, noch von Traditionen der Höflichkeit durchwirkter, sondern erst in neuerer Zeit seinen Höhepunkt erreichte. Am Anfang des 20. Jahrhunderts, als mit dem Kaiser vorweg das Schwadronieren überhand nahm, hat Ernst Troeltsch von den »Idealen der kurzangebundenen Schneidigkeit und der bürokratischen Amtshoheit« gesprochen, »von denen der Nachwuchs der regierenden Klassen weithin erfüllt ist«.*

Aber inzwischen liegt die Fürstenherrlichkeit um fast schon ein ganzes und der Bann der Uniformen um mehr als ein halbes Jahrhundert hinter uns; wir leben in einer demokratischen Zivilgesellschaft. Wäre es darum nicht an der Zeit, sich von überlieferten Komplexen frei zu machen, den Kult der Grobheit hinter uns zu lassen und zur Höflichkeit zurückzufinden? Außerdem ist es nicht wahr, daß Grobheit und Ehrlichkeit wirklich Geschwister oder gar Zwillinge sind; man hat sie einst nur zusammen aufgezogen. Eher trifft das Gegenteil zu; immer wieder kann man beobachten, daß gerade die Leute, die mit Schwächeren, mit Kindern, Behinderten, alten Menschen oder Fremden, rüde umgehen, sich als Schleimer und Buckler erweisen, sobald sie an die Mächtigeren in den Chefetagen unserer Gesellschaft geraten. Und warum soll andererseits die Höflichkeit etwas Aufgesetztes, Äußerliches und Unechtes sein? Falls sie etwas taugt, kommt sie von innen her und trägt einen schönen Namen: Herzenshöflichkeit. Sie wendet den Mitmenschen ihre Achtung zu und schafft sie sich selbst.

Drei Anmerkungen sollen dieses Kapitel beschließen. Die erste betrifft eine offenbar aussterbende Tugend: das Pünktlichsein. Schon bei seiner Erwähnung zucken viele Leute zusammen, als wolle man sie schlagen. Nein, durchaus nicht, und bei näherem Hinsehen ist die gereizte Abwehr durchaus verständlich. Immerfort, seit den ersten Kindertagen, an die man sich erinnert, wurde man von den Erwachsenen, den Eltern, den Lehrern ermahnt, doch endlich einmal pünktlich zu sein (und aufzuräumen). Und immer zog man sich Ärger zu, wurde ausgeschimpft und womöglich bestraft, wenn man sich daran nicht hielt. Folgerichtig gehörte die Auflehnung gegen den Ordnungssinn und die Pünktlichkeit zu den Ritualen des Großwerdens, modisch ausgedrückt zur Emanzipation. Im demonstrativen Zuspätkommen erprobte man den Eigenwillen, der für das Selbständig- und Mündigwerden so wichtig war.

Aber wie in der allgemeinen Geschichte der Obrigkeitsstaat hinter uns liegt, so sollte doch in der persönlichen

Entwicklung einmal eine Reife erreicht sein, die die Auflehnung nicht mehr nötig hat. Und dann sollte erkennbar werden, daß die Pünktlichkeit eine Form der Höflichkeit darstellt. Man bestiehlt den Partner um seine Zeit und stürzt ihn in eine Ungeduld, die von Minute zu Minute tiefer ins Nervöse und in den Ärger gerät, wenn man ihn warten läßt. Im Grunde handelt es sich beim Unpünktlichsein um eine Spielart der Grobheit, wenn nicht gar der Menschenverachtung: Wir zeigen, daß der Partner, mit dem wir die Verabredung trafen, uns weit weniger wichtig ist, als er glaubte.

Die zweite Bemerkung betrifft die Kunst oder Kultur der Indirektheit. In der Welt, in der wir leben, gibt es sie kaum noch; man muß schon in ferne Länder, etwa nach Ostasien, reisen, um ihr zu begegnen. Und da häufen sich dann die Mißverständnisse. Wir hören zum Beispiel ein »Ja« und überhören die Vorbehalte, das Zögern; wir bemerken kaum, daß man kein schroffes »Nein« über die Lippen bringt, weil das unhöflich wäre und man den weitgereisten Gast nicht kränken will. Wir dagegen sind fortgeschritten; wir wissen, daß Zeit Geld ist und der gerade Weg als kürzester zum Ziel führt.

Leider übertragen wir das, was beim Abschluß von Geschäften noch halbwegs sinnvoll sein mag, auf alle Lebensbereiche. »Fast food« ist in jedem Sinne angesagt: »Zur Sache, Schätzchen!« Darum haben wir die Erotik, die lächelnde Zwiesprache, das zugleich eröffnende wie hinhaltende oder sogar abwehrende Spannungsspiel der Geschlechter, durch die pure Sexualität ersetzt. Ob wir damit mehr voneinander erfahren und uns glücklicher machen als unsere Vorfahren, läßt sich bezweifeln. Charles Maurice de Talleyrand, der viele Regime kommen und gehen sah und alle überdauerte, soll einmal gesagt haben: Niemand, der nicht schon vor 1789 gelebt habe, wisse, was das Leben wirklich sei. Doch der große Diplomat kannte sich eben noch in einer alteuropäischen Zivilisation aus, in der nicht die moralischen Ansprüche, Kurzschlüsse und Brutalitäten, sondern die Förmlichkeiten das Leben prägten.

Die dritte Anmerkung wendet sich noch einmal den Bußpredigern und Moralaposteln zu. Es gibt sie in zwei Spielarten. In der ersten, eher harmlosen, handelt es sich um eitle, beifallsüchtige Leute, die sich aufspielen und mit ihren preiswerten Traktaten gutes Geld verdienen wollen.

Im anderen und höchst gefährlichen Falle ist ernst gemeint, was gesagt und geschrieben wird. Dann bekommen wir es mit Menschen zu tun, die auf den ersten Blick oft als bescheiden und sanftmütig erscheinen und nichts zu Markte tragen als ihren Idealismus. Aber unversehens erweisen sie sich als die reißenden Wölfe, vor denen schon die Bibel uns warnt. Sie kneten den Sprengstoff, der dann die Terroristen begeistert und ihnen bei ihrem mörderischen Tun zum guten Gewissen verhilft.

Förmlichkeiten, zweiter Teil: Über Spiele und Spielregeln

»Der Mensch spielt nur, wo er in der vollen Bedeutung des Worts Mensch ist, und er ist nur da ganz Mensch, wo er spielt.«* Das jedenfalls sagt unser Nationaldichter Friedrich Schiller. Doch darüber, was eigentlich gemeint und ob es auch wahr ist, läßt sich vortrefflich und endlos streiten. Zeichnet das Spiel uns vor allen anderen Lebewesen, vor der Natur aus? Nein, wohl kaum. Der Nobelpreisträger Manfred Eigen hat die Geschichte des Universums zu einem Spiel erklärt, das einerseits vom Zufall, andererseits von Regeln bestimmt wird.* Und spielen viele Tierkinder nicht ganz ähnlich wie Menschenkinder? Mit gleichem oder noch mehr Recht könnte man wahrscheinlich behaupten, daß die Arbeit uns auszeichnet. Denn wo sind die Tiere, die sich Werkzeuge verschaffen, um dann nach einem vorgefaßten Plan und im Schweiße ihres Angesichts etwas herzustellen, was es vorher nicht gab?

Manche Autoren versuchen, das Besondere am menschlichen Spiel dadurch zu retten, daß sie es für zweckfrei erklären. Mit Friedrich Georg Jünger zu reden: »Spiele werden nicht gespielt, wie kluge Leute behaupten, damit die Kinder sich kräftigen und tüchtig werden. Mit Kindern, die auf diese Weise spielen müssen, kann man nur Mitleid haben.«* Als Kampfaufruf gegen eine falsch verstandene Spielpädagogik klingt das sehr sympathisch. Beim Spiel der Tierkinder dagegen kommt es durchaus auf diese

Zwecke an, und viele, fast alle Tierarten, die in freier Wildbahn leben, spielen nicht mehr, sobald sie erwachsen sind und zum Beispiel als Bären, Wölfe oder Katzen das Jagen erlernt haben.

Ja, aber spielen Kinder etwa nicht, um kräftig, tüchtig, gelenkig, reaktions- und fangsicher zu werden, sei es auch vorbewußt? Und verbinden sich mit dem menschlichen Spiel nicht vielfältige Absichten, zum Beispiel der Ehrgeiz, den Spielpartner zu besiegen? Oder die immerwährende Suche nach dem Spannungsgenuß in der glorreichen Ungewißheit des offenen Ausgangs? Ist das Fußball- oder Tennisspiel nicht der bessere Krimi oder Westernfilm, eben der mit dem offenen Ausgang, in dem es strittig bleibt, wer zu den Helden und wer zu den Schurken gehört? Wozu sonst, wenn nicht zu diesem Spannungsgenuß, strömen Zuschauer herbei und sogar Massen in die Sportstadien? Was bedeutet es denn, daß die Menschen sich mit »ihrem« Spieler oder »ihrer« Mannschaft identifizieren, nicht selten bis ins Fiebrige, in den Fanatismus hinein? Oder was besagt, falls »wir« nicht beteiligt sind, die unwillkürliche Parteinahme für eine Seite, um dennoch die Spannung zu genießen? Wenn es für den als schwächer Eingeschätzten geschieht, sprechen die Wohlmeinenden von Fairneß, aber mit guten Gründen könnte man den David-und-Goliath-Effekt ins Treffen führen: das vom Neid unterlegte Vergnügen der Kinder und überhaupt der kleinen Leute daran, daß die großen hinschlagen. Schließlich und nicht zuletzt geht es oft um Geld, manchmal sogar um sehr viel Geld. Wozu denn versammeln sich in verqualmten Hinterstuben die Pokerrunden, wofür gibt es die Spielsalons mit ihren Flippergeräten und den »einarmigen Banditen« oder die berühmten Kasinos von Baden-Baden über Cannes bis Las Vegas?

Natürlich empören sich die Moralapostel, sprechen von Spiel-»Höllen« und bestreiten, daß es sich überhaupt noch ums Spielen im eigentlich gewünschten Sinne handelt. Aber wo soll man die Grenzen ziehen? Was unterscheidet – dem Prinzip nach – die harmlose Skatgemeinschaft, die um Pfennigbeträge spielt, von den Leuten, bei denen es um hohe Einsätze, womöglich um Millionen, um Haus und Hof geht? Oder von welcher Verbotslinie an führt die Leidenschaft vom gerade noch Erlaubten ins »Aus«? Der Einsatz ist ohnehin erforderlich, wenn schon nicht von Geld, dann jedenfalls dieser Leidenschaft; wer sich keine Mühe, nicht sein Bestes gibt oder gar den Partner absichtlich gewinnen läßt, der ist nicht etwa ein guter, ein vorbildlicher Spieler, sondern im Gegenteil ein Spielverderber; er betrügt seinen Gegner um seinen Spannungsgenuß und die Freude am Sieg. Amateure, wirkliche Spielliebhaber, sind darum ebenso bei der Sache wie Berufsspieler, und schon bei Kindern kann es, wenn sie verlieren, zu Tränen oder zu Wutausbrüchen kommen. Ähnlich die Zuschauer; sie brauchen ein Mindestmaß an Identifikation, um sich fesseln zu lassen, aber es handelt sich um eine gleitende Skala der Anteilnahme, und wie bei der Erdbebenmessung ist sie nach oben hin offen. Wenn die Massen in der Arena nicht verwundet aufstöhnen oder Siegesgesänge anstimmen, dann läßt sich eigentlich nur der Schluß ziehen, daß nichts sie zur Leidenschaft hinreißt – und das besagt zugleich und unmißverständlich: daß sie an ein langweiliges, ein mißlungenes Spiel gerieten, das sein Eintrittsgeld nicht wert war.

Mit anderen Worten: Spiele eignen sich nicht zum Moralisieren und zur Scheidung der Kinder des Lichts von den Kindern der Finsternis. Das Beglückende an ihnen ist, daß sie von den Sorgen, vom Ernstfall des Alltags und damit eben auch von der üblichen Moral oder Unmoral entlasten, weil in ihren Bezirken nur ihre eigenen Gesetze gelten. Der Verdacht drängt sich darum auf, daß es sich bei den Anwälten des »reinen« und den Anklägern des angeblich »unreinen« Spiels um Leute handelt, die zum Spielen nicht taugen.

Übrigens hat schon die Entwicklung des modernen Sports in England, der dann seinen weltweiten Siegeszug antrat, mit Wetteinsätzen und bezahlten Athleten begonnen.* Ähnlich war es entgegen allen Legenden im klassischen Griechenland; der Sieger bei Olympischen Spielen wurde von seiner Heimatstadt meist reich belohnt, sei es mit Haus- und Grundbesitz oder mit einer lebenslangen Rente. Das sogenannte Amateurideal stellt eine späte und eher anrüchige Erfindung dar: Sein Hintersinn war es, den Angehörigen der Oberschichten, die sich die Hingabe an den Sport leisten konnten, die Proleten vom Halse halten, die auf eine Bezahlung angewiesen waren. Auf die Idee aber, daß es sich bei der Leidenschaft fürs Wetten um eine Entartung edler Turnerideale oder Spielgrundsätze handeln könnte, ist unter den Briten bis heute niemand gekommen. Sarkastisch gesagt: Auf solch einen Gedanken konnten nur deutsche Schulmeister verfallen, und für sie mag es dann auch seine Richtigkeit damit gehabt haben, daß sie im Jahre 1866 für die Preußen bei Königgrätz siegten. Dagegen steht das Wort des Herzogs von Wellington: Die Schlacht bei Waterloo sei auf den Spielfeldern von Eton gewonnen worden – wohlgemerkt auf den Spielfeldern und nicht in den Schulstuben.

Über alle Streitfragen hinweg scheint eines sicher zu sein: Um überhaupt miteinander spielen zu können, braucht man Regeln, gleich ob einfach oder kompliziert, die schon vor der Spieleröffnung festgelegt und den Beteiligten bekannt sein müssen. Wenn das Spiel gelingen soll, statt in Beschimpfungen, in die Prügelei, womöglich den blutigen Konflikt zu entarten, dann kommt es darauf an, daß die Spielregeln eingehalten werden. Weil aber die Menschen so sind, wie sind sind, nämlich höchst fehlbare Wesen, die ihr Siegesehrgeiz antreibt und mitunter zerfrißt, gibt es das Mogeln, das Falschspiel, die absichtliche Verletzung der Regeln und des Gegners. Darauf antwortet die Einsetzung von unparteiischen Schiedsrichtern, die über die Einhaltung der Regeln wachen und im Zweifelsfall darüber entscheiden, ob der Ball »aus« war oder die magische Linie noch berührte. Wenn nötig, wird ein Spieler, der die Regeln grob verletzte, vom Felde verwiesen.

Mit den Spielregeln gelangen wir nun allerdings über die Spiele und Spielfelder im engeren Sinne weit und grundsätzlich hinaus in die Gesellschaft, in die Politik und überhaupt ins menschliche Leben hinein, das ohne seine Regeln gar nicht möglich wäre oder zum chaotischen Alptraum erstarren müßte. Wir brauchen das Kunstwerk der Regeln, weil die Natur uns bei der Ausstattung mit Antrieben, der Steuerung durch sogenannte Instinkte, im Stich läßt. Um die anthrolopogische Formel zu wiederholen: Natürliche Künstlichkeit gehört zu unserem Wesen. Oder um es mit Herder zu sagen: Wir sind die ersten Freigelassenen der Schöpfung.

Die Regeln mögen dem Glauben nach von Gott gestiftet sein, wie die Gesetzestafeln, die Jehova durch Moses auf dem Berge Sinai seinem Volk zukommen ließ; sie mögen auf weise Herrscher oder auf einsichtsvolle Volksbeschlüsse zurückgeführt werden. In den ersten Jahrhunderten der Neuzeit entwickelten Philosophen und Staatstheoretiker die Fiktion des Gesellschaftsvertrages, den alle mit allen abschließen, um dem mörderischen »Kampf aller gegen alle« ein Ende zu setzen und halbwegs in Frieden und Sicherheit miteinander leben zu können.

Doch gleichviel, von welcher »Ursprungshypothese« man ausgeht: Zunächst einmal ist es wichtig, daß es überhaupt Spielregeln gibt und daß ihre Einhaltung einigermaßen zuverlässig durchgesetzt wird. Dabei sind die Spielregeln an sich rein formal; sie sagen zunächst nur: So soll es sein – und so nicht. Ob Links- oder Rechtsverkehr ist im Grunde unwichtig, aber wir müssen uns für die eine Seite entscheiden und uns an diese Entscheidung auch halten, wenn die Straßen nicht zum Schlachtfeld werden sollen. Wie man dann moralisch urteilt, ob man die Regeln für vernünftig oder unvernünftig, gerecht oder ungerecht hält, ist eine ganz andere Frage.

Mit ihr allerdings beginnen die Konflikte. Die Anschauungen und die Interessen mischen sich ein, und alle politischen Auseinandersetzungen werden darum geführt, ob bestehende Regeln beibehalten, abgeschafft oder durch neue ersetzt werden sollen. Je wichtiger und hochrangiger die Regeln, desto härter durchweg der Kampf. Die Französische Revolution setzte zwei neue Oberprinzipien durch. Erstens entzog sie die Berufung zur Herrschaft dem König »von Gottes Gnaden« und übertrug sie vom einen oder von den wenigen auf die vielen. »Alle Staatsgewalt geht vom Volke aus«, heißt seitdem die Parole. Zweitens sollten die Bürgerrechte für alle gleich sein, nicht mehr nach Ständen verschieden wie bisher.

Analysiert man den Vorgang, so erkennt man zunächst einmal die Ideen der Aufklärung. Mit Rousseau zu reden: »Der Mensch ist frei geboren, und überall liegt er in Ketten.« Mit diesem Satz beginnt, nach kurzer Einleitung, der »Contrat social«. Er wirkte wie ein Fanfarenruf: Die Sklavenketten sollten jetzt endlich gesprengt werden. An anderer markanter Stelle, am Beginn des zweiten Teils der »Abhandlungen über den Ursprung der Ungleichheit unter den Menschen«, heißt es bei Rousseau: »Der erste, der ein Stück Land eingezäunt hatte und frech behauptete: ›Das ist mein!‹ – und Leute fand, einfältig genug, ihm zu glauben, wurde zum wahren Begründer der bürgerlichen Gesellschaft. Wie viele Verbrechen, Kriege, Leiden und Schrekken würde der dem Menschengeschlecht erspart haben, der die Pfähle herausgerissen oder den Graben zugeschüttet und seinesgleichen zugerufen hätte: ›Hört nicht auf den Betrüger. Ihr seid verloren, wenn ihr vergeßt, daß die Früchte allen gehören und die Erde keinem!‹«*

Das allerdings nahm schon sozialistische Vorstellungen vorweg und vertrug sich nicht mit dem gesellschaftlichen Charakter der Revolution; in ihr griff das Bürgertum auch politisch nach der Macht, die es wirtschaftlich zuvor schon weitgehend an sich gebracht hatte. Darum sollte die Freiheit des Eigentums nicht angetastet, sondern im Gegenteil entfesselt werden; im Hintergrund der Ideen oder Ideale standen zugleich die kapitalistische Entwicklung und die industrielle Revolution. Denn ihre Dynamik wird von Ungleichheiten behindert, und sie wird freigesetzt, wenn es dem Grundsatz nach eine Konkurrenz aller mit allen gibt. Um den Sachverhalt im sportlichen Vergleich anschaulich zu machen: Weltrekorde sind nur möglich, wenn alle zum Wettbewerb antreten können und keine Gruppe vorweg schon ausgeschlossen bleibt. Mit diesem Ausschluß würde nämlich die Rekordidee ruiniert; niemand könnte mit Sicherheit sagen, ob im Kreis der Ausgeschlossenen nicht ein noch stärkerer Wettbewerber sich verborgen hält. So gesehen sprechen die Olympischen Spiele der Neuzeit und der globalisierte Wirtschaftswettkampf, den bereits Karl Marx in seinem »Kommunistischen Manifest« beschwor, nur von zwei Seiten des gleichen Sachverhalts.

Der Gleichheitsartikel unserer Verfassung besagt, daß zum Beispiel Frauen auf all den Spielfeldern zugelassen werden müssen, die bisher den Männern vorbehalten waren. Das mag für diese ärgerlich sein – es gibt mehr Konkurrenz als bisher –, aber es entspricht dem universalen Spielprinzip. Denn das läuft am Ende stets auf die Formalisierung hinaus: Von allen vor dem Spiel schon gegebenen Unterschieden, seien sie natürlich oder durch die geschichtlichen Umstände begründet, ist abzusehen, und nur auf die Qualitäten kommt es an, die im Spiel selbst sich entfalten. Im übrigen spricht die Verfassung nicht nur von Staatsbürgern, sondern davon, daß *alle Menschen* vor dem Gesetz gleich sind.

Demokratien mögen sich im einzelnen sehr verschieden organisieren; zwischen den Vereinigten Staaten, Großbritannien, Frankreich, der Schweiz, den Niederlanden und Deutschland gibt es charakteristische Unterschiede. Dagegen ist nichts einzuwenden; jeder muß das für ihn möglichst maßgeschneiderte System finden, überall aber braucht man einige elementare Spielregeln. Erstens gehören zu ihnen die Verankerung von Grundrechten wie das der Gleichheit, die Meinungs-, Versammlungs- und Vereinigungsfreiheit oder der Freizügigkeit. Zweitens ist die Mehrheitsregel unentbehrlich, weil Einstimmigkeit sich selten oder niemals erreichen läßt – es sei denn in Regimen oder Organisationen, die die Freiheit abgeschafft haben und sie durch Einschüchterung, durch drastische Strafen für die Abweichenden, wenn nicht gar durch ihre Vernichtung ersetzen. Drittens, aber nicht zuletzt sind wie beim Fußball, Tennis oder Eishockey wieder die Schiedsrichter nötig, die die Einhaltung der Regeln überwachen, über »Aus« und »Abseits« entscheiden und den des Feldes verweisen, der sich notorisch nicht an die Regeln hält. Mit anderen Worten: Man braucht einen von den Konfliktparteien unabhängigen Rechtsstaat.

Wir sind stolz darauf, daß wir unsere früheren Verirrungen hinter uns gelassen und endlich begriffen haben, worauf es ankommt. »Bonn ist nicht Weimar« hieß es schon vor Jahrzehnten, und von der Berliner Republik wird erst recht gesagt, daß sie standfest sei trotz aller Anfechtungen etwa durch den Fremdenhaß und die rechtsradikalen Gewalttaten. Alle Anständigen erheben sich und ihre Stimme, um das Übel aus der Welt zu schaffen. Natürlich schließe ich mich diesem Chor der Guten an – und habe dennoch meine untergründig bohrenden, nur anders begründeten Zweifel. Es scheint mir, als verstünden wir uns noch immer sehr schlecht aufs Spielerische des politischen Spiels.

Zunächst einmal neigen wir hartnäckig – oder womöglich mehr denn je – dazu, alles oder jedenfalls viel zu viel persönlich zu nehmen. Doch wer das tut, mit dem kann man nicht reden, es sei denn, ihm nach dem Munde. Und zu den Bedingungen jeden Spiels gehört, daß man den Sieg oder die Niederlage gerade nicht persönlich nimmt, weil über den Ausgang nicht mit moralischen Keulenschlägen, sondern mit Trainingsfleiß, Glück, Kombinationsgabe, Reaktionsfähigkeit, Ausdauer entschieden wird. Aber immerfort hausiert man hierzulande mit »Anliegen«, stellt seine »Betroffenheit« zu Schau und mißt daran, wie sie gelingt, die eigene »Glaubwürdigkeit«, die dem Gegner natürlich abgesprochen wird. Ebenso stilisiert man die Verfassung zu einem Katechismus, dessen Glaubensartikel oder »Aufträge« – etwa zur Herstellung von »sozialer Gerechtigkeit« – der Andersdenkende im Frevel verletzt. Das alles hat viele und ärgerliche Folgen.

Eine ist, daß die Unredlichkeit wächst. Für Politiker und Parteien kommt es darauf an, daß sie – wie Anwälte – so gut und so nüchtern wie möglich Anschauungen und Interessen vertreten und sich nach Kräften darum bemühen, sie durchzusetzen. Aber sie werden dazu gedrängt, sich mit den »Betroffenheits«-Masken auszurüsten. Weil das nur teilweise gelingt und gerade dann am wenigsten, wenn es sich um erfolgreiche Politik handelt, schwindet das Vertrauen der Bevölkerung in Politiker und Parteien ebenso wie die Bereitschaft, selbst politisch aktiv zu werden, es sei denn, in Protestbewegungen. Ebenso schwinden die Wahlbeteiligung und die Fähigkeit, das »System« notfalls auch zu verteidigen. »Es ist ja doch alles gelogen«, heißt es, und kaum jemand bemerkt, daß die eigene Erwartungshaltung zu eben dieser Verlogenheit drängt.

Begreifen wir überhaupt, daß die Demokratie etwas Spielerisches hat – und daß dies eigentlich das Beste ist, was von ihr gesagt werden kann? Gewiß, das politische Spiel will mit Sachkenntnis ebenso wie mit Hingabe, ja mit Leidenschaft gespielt werden. Aber das zeichnet jedes Spiel aus, das unseren Einsatz lohnt. Zum Spielcharakter und zu den kostbarsten Gaben der Demokratie gehört weiter die Begrenzung auf ein besonderes Spielfeld; falls wir wollen, können wir uns aufs Zuschauen, auf den Beifall oder das Buhrufen beschränken. Niemand muß sich in die Arena begeben, der das nicht will. Wer jemals mit der Zwangsbegeisterung Bekanntschaft machte, weiß das zu schätzen. Im übrigen gehört zu den Spielregeln, daß die Macht stets nur auf Zeit statt endgültig verliehen wird, so daß die Spannung, die glorreiche Ungewißheit immer neuer Spielrunden erhalten bleibt.

Wie anders die Gewaltregime, besonders die modernen, die wir totalitär nennen! Sie haben keinen Humor und verstehen keinen Spaß, sie fordern das Mitmachen mit Leib und Seele, die Bekenntnisse, den durchorganisierten Jubel für den Führer oder die herrschende Partei. Sie dulden keine übergeordneten Regeln, denen sie selbst halbwegs zuverlässig folgen, sondern verlangen gläubigen Gehorsam gegenüber ihrer Willkür und Gewalt, dem beliebigen Führerbefehl, der jeweils verordneten, häufig wechselnden Parteilinie. Und sie verheißen das End-Gültige, das Heil schlechthin, das gegen den Feind schlechthin als »Endlösung« erkämpft werden soll. Nur folgerichtig stieß das Buch »Homo Ludens« des niederländischen Historikers Johan Huizinga, das alle Kulturleistungen des Menschen aus dem Spiel ableitete und im Jahre 1938 erschien, im nationalsozialistischen Deutschland auf Empörung.* Denn alles Große sollte jetzt aus dem Ernstfall idealistischer Opferbereitschaft erklärt werden. Und wiederum folgerichtig wurde der Autor während der deutschen Besetzung der Niederlande verfolgt und aus seinem akademischen Lehramt verstoßen.

Hitler war zwar ein Spieler um alles oder nichts, und wer will, mag ihn einen Falschspieler von geschichtlichem Format nennen. Aber unter sich duldete er kein Spiel und erst recht keine vorgegebenen Spielregeln. Wo er sie vorfand, stieß er sie über den Haufen. Wie Sebastian Haffner gesagt hat: »Er hatte das vollkommen richtige Gefühl, daß jede verfassungsmäßige Ordnung die Macht auch des mächtigsten Verfassungsorgans einschränkt: Mindestens stößt sich auch der mächtigste Mann eines Verfassungsstaates an Zuständigkeiten, er kann nicht allen alles befehlen; und mindestens ist dafür gesorgt, daß es auch ohne ihn weitergehen kann. Beides aber wollte Hitler nicht, und deswegen schaffte er jede Verfassung ersatzlos ab. Er wollte nicht der erste Diener seines Staates sein, sondern Der Führer – ein absoluter Herr; und er erkannte richtig, daß absolute Herrschaft nicht in einem intakten Staatswesen möglich ist, sondern nur in einem gebändigten Chaos – und man muß ihm zugestehen, daß er es, solange er lebte, zu bändigen verstand.«*

Um die düstere Szenerie durch ein englisches Gegenbeispiel aufzuhellen und Parkinson zu zitieren: »Der Brite, erzogen zu Mannschaftsspielen, betritt das Unterhaus in der Stimmung eines Mannes, der lieber etwas anderes tun würde als regieren. Kann er schon nicht Golf oder Tennis spielen, so kann er wenigstens so tun, als ob Politik ein Spiel nach ziemlich ähnlichen Regeln wäre ... Das britische *House of Commons* ist so angelegt, daß sich jedes Mitglied auf eine der beiden Seiten schlagen muß, ehe es noch ein Wort zur Sache gehört hat, ja, mitunter bevor es weiß, um was es eigentlich geht. Von Geburt an trainiert, für eine Mannschaft zu spielen, braucht sich der britische Abgeordnete nicht über Gebühr geistig anzustrengen. Auch wenn er gegen Ende einer Rede in seinen Sitz rutscht, weiß er doch sofort, wie er sich in die fortgeschrittene Debatte einzuschalten hat. Steht der Sprecher auf seiner Seite, sagt er ›Hört, hört!‹ Steht er auf der anderen Seite, so kann er ohne Gefahr ein ›Schande!‹ oder ein schlichten ›Oh!‹ äußern. Irgendwann erkundigt er sich bei seinem Nachbarn, um was es eigentlich heute geht. Doch genau genommen braucht er das nicht zu tun, denn er weiß auf jeden Fall genug, um nicht aus Versehen den Ball ins eigene Tor zu schießen. Die Männer, die ihm gegenüber sitzen, haben alle miteinander Unrecht, und ihre Argumente sind dünn und kraftlos. Dagegen verkörpern die Männer auf seiner Seite wahre Staatskunst; ihre Reden stellen eine einmalige

Mischung von Weisheit, Beredsamkeit und Mäßigung dar. Und es macht auch nicht den geringsten Unterschied, ob er seine Studien auf der Schule von Harrow oder beim Fußballklub Aston Villa betrieben hat. Beide Institute haben ihm genug mitgegeben, um zu wissen, wann er jubeln und wann er entsetzt aufstöhnen muß.«*

Es sei erlaubt, hier eine persönliche und wohl auch sehr britische Geschichte einzuflechten. Im Jahre 1951 kam ich als Student nach England. Das war damals noch ein seltenes Privileg; außer Devisen brauchte man ein Visum, das streng auf sechs Monate befristet war. Es gelang auch nur, weil ich Stipendiat der »Studienstiftung des Deutschen Volkes« war, die wiederum mit dem »British Council« zusammenwirkte. So geriet ich ins idyllische nordenglische Durham – und dort in die Turniermannschaft der Universität für das Bridgespiel. Ähnlich wie beim Fußball wurde alljährlich ein Pokalwettbewerb zwischen den britischen Hochschulen ausgetragen, und sozusagen mit den Spielkarten in der Hand durchreiste ich das Land. Doch dann lief mein Visum ab. Was tun? Jemand wurde nach London geschickt, um bei der zuständigen Behörde die Verlängerung zu beantragen, mit der Begründung, daß es unfair sei, ein erfolgreiches Team auseinanderzureißen. Hätte es sich um eine wissenschaftliche Forschungsarbeit gehandelt, so wäre meine Chance gleich null gewesen. Aber die Bedeutung des Spiels leuchtete ein, und mein Visum wurde anstandslos verlängert. Leider verloren wir bald darauf, und meiner zeitgerechten Heimreise stand nichts mehr im Weg.

Übrigens gibt es in jeder ordentlichen britischen Universität die »Debating Society«, die dem britischen Unterhaus nachgebildet ist. Da werden Anträge debattiert und zur Abstimmung gestellt, manchmal absurde Anträge:

»Dieses Haus hält das Benutzen von Straßenbahnen für unmoralisch.« Um so besser erlernt man das Degenfechten mit Worten und daß es vor allem auf die Anschaulichkeit, den Glanz der Argumente ankommt.

Hierzulande lernt man das nicht und hält es für frivol. Was man erlernt, ist die Selbsteinkleidung in »Betroffenheit« und wie man sie zu Markte trägt. Was dabei unter die Räder gerät, ist die Fähigkeit, sich nicht nur notgedrungen, sondern aus Überzeugung auf Kompromisse einzulassen. In seinem »Traktat über den Kompromiß« schreibt Theodor Wilhelm: »Die Neigung, das Unmögliche zu wollen und so das Mögliche unmöglich zu machen, hat in Deutschland einen tiefgestaffelten geschichtlichen Hintergrund ... Wo Kompromisse geschlossen werden, wird das Subjekt in Abhängigkeit gebracht. Abhängigkeit von den äußeren Umständen, die gegeben und nicht beliebig veränderbar sind, und Abhängigkeit von anderen Menschen, die das Subjekt in seiner Willkür einschränken. Der Kompromiß ist eine Form des Sichentschließens, welche die Meinung und den Willen anderer zur Kenntnis nimmt und das eigene Konzept damit in Einklang bringt. Die Selbstherrlichkeit des Ichs wird ganz entschieden eingeschränkt. Eine positive Theorie des Kompromisses bricht insofern brutal in das umfriedete Gehege des deutschen Freiheitsbegriffs ein.«*

Denn dieser Freiheitsbegriff war eigentlich immer ein »rein geistiger« und eben damit absoluter; er stammte aus dem Horizont von Untertanen, denen der Weg in die politische Praxis versperrt blieb. In »machtgeschützter Innerlichkeit«, von keiner Erfahrung behindert, ließ sich um so radikaler entwerfen, was sein sollte: die Utopie, mit Fichte zu reden ein »Stand der vollendeten Rechtfertigung und Heiligung«* oder mit Marx die klassenlose Gesellschaft, die Vision von der Weltmacht, die Volksgemeinschaft, die endlich gelungene Versöhnung von Mensch und Natur. Zu den Folgen gehörte wiederum, so Wilhelm, »die Flucht des Subjekts, das durch Freiheitsbeschränkung von außen her bedroht ist, in den Innenraum der Gesinnung«. Schließlich verteidigt das kompromißlose Freiheitsverständnis sogar das Gehäuse seiner eigenen Hörigkeit, um sie nicht der Praxis aussetzen zu müssen, und denunziert die Politik als ein ihrem Wesen nach schmutziges Geschäft.

Nun kann man natürlich sagen – und so wird es in der Regel auch anerkannt –, daß Kompromisse unvermeidbar sind in einer vielschichtig gegliederten, auf Veränderungen angelegten politischen und gesellschaftlichen Ordnung, in der stets zahllose unterschiedliche oder sogar gegensätzliche Anschauungen und Interessen miteinander konkurrieren. Die Alternative wäre Gewalt, die Unterdrückung des jeweils Schwächeren durch den Stärkeren. Doch dabei bliebe der Kompromiß immer noch etwas Negatives – und die Bereitschaft, ihn einzugehen, ein notwendiges, nur geringeres Übel, von dem man annehmen muß, daß die aufs Ganze gehende Gesinnung es hinter sich läßt, sobald dies ohne schwerwiegende Konsequenzen möglich wird. Die Kompromißbereitschaft kann indessen und sollte mehr sein: ein positiver Akt, eine demokratische Tugend. Denn sie enthält die Anerkennung des Anderen in seinem Anderssein. Und in einer Wechselwirkung der Perspektiven bedeutet dies wiederum die Anerkennung meiner eigenen Person in ihrer Besonderheit. Die positive Kompromißbereitschaft enthält damit nichts Geringeres als ein Fundament der Freiheit, die sich nicht in ihrer Innerlichkeit verschließen muß, sondern sich auf Politik und Gesellschaft einläßt. Wo man aber das Anderssein des Anderen nicht wirklich anerkennt, sondern es nur mit Seufzen als ein leider unvermeidbares Ärgernis hinnimmt, da wird zugleich die eigene Besonderheit an ein angeblich höheres, abstrakt Allgemeines – das sogenannte Gemeinwohl – verraten, in dessen Namen sich letztlich *allem* Abweichen und Anderssein die Berechtigung absprechen läßt. So kommt es im ungewollten Ergebnis zu einer Selbstverkrüppelung der Freiheit, und noch so geistreiche Konstruktionen (wie etwa die von Jürgen Habermas*) helfen darüber nicht hinweg.

Nur scheinbar haben wir uns aus der Welt des Spiels und der Spielregeln entfernt. Die Schlußfolgerung aus dem bisher Gesagten lautet: Einzig im Spiel finden wir zur wirklichen Anerkennung des Anderen in seinem Andersseins, auch oder gerade dann, wenn er der Gegner, aber eben auch der Partner ist, den wir brauchen, um überhaupt spielen zu können, und mit dem gemeinsam wir uns – aus freien Stücken – auf das Spielfeld, ins magische Reich seiner Regeln begeben. Wahrscheinlich war es dies, was Schiller meinte, als er sagte, daß der Mensch nur da ganz Mensch ist, wo er spielt. In diesem Sinne ist auch das Spielenkönnen eine Tugend, eine ganz elementare dazu.

Aber Tugenden sind kein Naturereignis; wie jede Meisterschaft wollen sie erlernt sein und fallen nicht vom Himmel. Weder durch Aufrufe noch durch pure Willensakte lassen sie sich herbeizwingen. Tugenden entwickeln sich oder verkümmern mit den Umständen; sie sind Produkte der Erziehung im weitesten Sinne, einschließlich der Erziehung durch bewußte oder vorbewußte geschichtliche Überlieferungen.

Beim Spielen, nicht zuletzt beim politischen Spiel, ist es besonders wichtig, die Sensibilität für Spielregeln zu erlernen. Sie zeigt sich in der Reaktion auf Regelverletzungen;

das Bewahren demokratischer Freiheit hängt entscheidend davon ab, daß Bürger durch die Änderung ihres Wahlverhaltens den Machtmißbrauch ahnden, den die Regelverletzung signalisiert. Denn die Erfahrung, daß Machtmißbrauch zum Machtentzug führt, stellt den denkbar wirksamsten, schon vorbeugenden Schutz der Freiheit dar.

Doch was tun wir eigentlich für die Erziehung zur Empfindsamkeit im Umgang mit Spielregeln? Politische Bildung in den Schulen will durchweg entweder Kenntnisse vermitteln oder für »Anliegen« engagieren; von den Spielregeln handelt sie kaum. Ob das im Rahmen eines Bildungswesens geändert werden kann, in dem es vor allem um den Ernstfall des Überlebens im Zensurenwettkampf geht, ist eine offene Frage. Und zur Sache gehört, daß man die Bedeutung der Spielregeln in der Praxis erfährt, nicht in der Theorie. Eine Ganztagsschule, wie sie in England und Amerika üblich ist, bietet dafür ganz andere Möglichkeiten, als unsere Vormittags-Wortschule, in der sich die Verhaltenserziehung meist auf das Minimum der Disziplin beschränkt: Seid ruhig, schreibt nicht ab, prügelt euch nicht auf dem Pausenhof!

Einen gewissen Ausgleich bietet vielleicht das Vereinswesen. Allein in Sportvereinen ist beinahe jeder dritte Deutsche Mitglied, Kinder und Senioren eingeschlossen, und die richten sich in ihrer großen Mehrheit nicht aufs verbissene Training für Spitzenleistungen aus, sondern sie spielen und tanzen nach Herzenslust; manchmal ist die sportliche Betätigung sogar nur ein Vorwand für die Geselligkeit. Allerdings werden die Jugendlichen im kritisch prägenden Alter immer seltener erreicht.

Weitaus am wichtigsten ist indessen die Frage, ob die öffentliche Meinung und intellektuelle Wortführer, die die politischen Ereignisse begleiten, im einen oder im anderen

Sinne erziehen. Weisen sie auf die Bedeutung der Spielregeln hin oder vermitteln sie, daß die »Betroffenheit«, der Streit um Inhalte ungleich wichtiger ist? Das letztere scheint der Fall zu sein – und zwar zunehmend; die zahllosen Gesprächsrunden, die sich im Fernsehen ausbreiten, erweisen sich geradezu als Brutstätten der Betroffenheit. Für das, worum es geht, mögen zwei schon etwas ältere Beispiele Anschauung vermitteln; beide stammen nicht aus der Sensationspresse oder aus dem Milieu der Stammtische, sondern von namhaften Gelehrten, von Professoren der Politikwissenschaft und der Soziologie.

Im Kampf um die »Nachrüstung« mit Mittelstreckenraketen, der am Anfang der achtziger Jahre ausgefochten wurde, kündigten Bernd Guggenberger und Claus Offe ausdrücklich die Mehrheitsregel auf. Denn was, so schrieben sie, »besagen Mehrheiten – in der Perzeption von Minderheiten – schon angesichts einer ›drohenden Selbstvernichtung‹? Was ist das, was apathische, ignorante ›Akklamationsmehrheiten‹ und ihre Repräsentanten in solcher Situation tun, anderes als ›Parteinahme für den Tod, die Vernichtung, ohne daß ihnen das voll bewußt (wäre)‹? Vermag in einer solchen Situation der Hinweis auf bestehende Mehrheiten wirkliche Legitimität zu begründen, oder hat er nicht allenfalls arithmetischen und statistischen Wert für die Vertreter eines (überholten) quantitativen Demokratieverständnisses?«*

Ähnliche Äußerungen gab es damals vielfach. Aber Apathie und Ignoranz dort, Monopolanspruch auf die rettende Einsicht und Wahrheit hier: Das läuft, so steht zu befürchten, nicht bloß auf den Abschied von einem überholten Demokratieverständnis hinaus, auf den Machtanspruch einer ausgerechnet im Namen von »Basis«-Bewegungen selbsternannten Elite, sondern auf den Abschied von einer freiheitlichen Ordnung überhaupt. Auf fatale Weise, nur sozusagen im Umstülpen von »unten« und »oben«, kehrt das alte Obrigkeitsprinzip zurück, eben die Ableitung der Führung aus einer wer weiß woher verliehenen, überlegenen Weisheit, der die von solcher Weisheit nicht gesegneten Untertanen sich zu unterwerfen haben. »Jedermann sei Untertan der Obrigkeit, die Gewalt über ihn hat. Denn es ist keine Obrigkeit ohne von Gott; wo aber Obrigkeit ist, da ist sie von Gott verordnet«: Über Jahrhunderte hin hat man das von den Kanzeln gepredigt. Oder in der Fassung des preußischen Innenministers Gustav Adolf Rochus von Rochow vom 15. Januar 1838: »Es ziemt dem Untertanen, seinem Könige und Landesherrn schuldigen Gehorsam zu leisten ... aber es ziemt ihm nicht, die Handlungen des Staatsoberhauptes an den Maßstab seiner beschränkten Einsicht anzulegen und sich in dünkelhaftem Übermute ein öffentliches Urteil über die Rechtmäßigkeit derselben anzumaßen.«* Daraus ist dann, dank Georg Herwegh, das geflügelte Wort vom »beschränkten Untertanenverstand« geworden.

Selbsternannte Eliten und beschränkter Bürgerverstand, der zu Mehrheitsentscheidungen nicht taugt: Wie sonst soll man es deuten, wenn die eigene Position als die einzig noch rettende dargestellt, jede andere dagegen als Wegbereiter des Weltuntergangs verteufelt wird? Ironisch sei noch angemerkt, daß im vorliegenden Fall nicht die Mehrheitsmeinungen, sondern diese Eliten sich irrten: Der Nachrüstungsbeschluß wurde schließlich durchgesetzt, mündete aber keineswegs in die Katastrophe, sondern führte im Gegenteil zu ersten Schritten der Abrüstung und der Entspannung im Kalten Krieg.

Zur Abwertung der Mehrheitsregel gehört die zur Anklage verdrehte Behauptung, sie oder überhaupt das System demokratischer Spielregeln sei doch »bloß formal«

und besage nichts über die Inhalte oder Ziele. Ja, allerdings. Aber genau das ist sein Vorzug; am Förmlichen hängt nicht zuletzt die Chance von Minderheiten. Nur weil die Entscheidungsbefugnis der Mehrheit »bloß formal« ist und einzig auf Zeit, bis zum möglichen Widerruf verliehen wird, können diese Minderheiten sagen: Jene Entscheidung war falsch, dieses Gesetz abwegig; wir werden für neue Mehrheiten kämpfen, um das Falsche und Abwegige aus dem Weg zu räumen. Wer daher von Inhalten oder Sinnzielen her, zu weihevollen »Anliegen« stilisiert, bei jeder Gelegenheit einen Gewissensnotstand ausruft, um gegen die Mehrheitsentscheidungen den Widerstand zu proklamieren und zu praktizieren, der handelt höchst töricht, wenn nicht gar selbstmörderisch.

Für wen denn, wenn nicht für die Minderheiten und zum Schutz der Schwachen, sind die Spielregeln wichtig? Wer die Mehrheit hinter sich weiß und die Macht hat, der ist auf formgerechte Verfahren weit weniger angewiesen. Er kann, wenn es zum Äußersten kommt, seine Überlegenheit einsetzen und diktieren, was geschehen soll. Darum müssen in ihrem eigenen Interesse gerade Minderheiten pingelig auf die Einhaltung der Regeln achten. Wer etwa das Demonstrationsrecht gewalttätig mißbraucht oder die Gewalt mit seinem »Verständnis« begleitet, der darf sich eigentlich nicht wundern und erst recht nicht beklagen, wenn dann im Gegenzug die Neigung überhand nimmt, dieses Recht zu verkürzen.

Natürlich gibt es letzte, existenzbestimmende Glaubensfragen, die weder durch Mehrheiten noch sonst »bloß formal« entschieden werden dürfen. Man kann nicht darüber abstimmen, ob es Gott gibt oder nicht gibt – und wenn ja, in welcher Gestalt –, um daraus praktische Konsequenzen für die Ordnung des Gemeinwesens abzuleiten.

Wer dies dennoch versucht, riskiert den religiösen, modern ausgedrückt den weltanschaulichen Bürgerkrieg, an dessen Ende die Diktatur des Siegers und die Zwangsbekehrung oder die Vertreibung und Vernichtung der Besiegten steht. Mehrheitsentscheidungen erfordern deshalb in einem strikten Sinne Zurückhaltung: Sie müssen sich auf »vorletzte«, praktische Fragen beschränken. Umgekehrt müssen aber auch die Minderheiten sich fügen, statt daß sie sich mit Martin Luther verwechseln und ihr »Hier stehe ich, ich kann nicht anders!« als schweres Feldgeschütz in Stellung bringen. Diese Einsicht gehört zu den teuer erkauften, mühsam durchgesetzten und stets gefährdeten Errungenschaften der Toleranz, zu jenem kunstvollen Regelwerk, das letzte Fragen ausgrenzt und Demokratie erst möglich macht.

Wie die Grenzziehung zwischen vorletzten und letzten, mehrheitsfähigen und nicht mehrheitsfähigen Fragen der Mißachtung preisgegeben wird, zeigt das zweite Beispiel. Im Konflikt um die Kernenergie hat Iring Fetscher gesagt: »Es sollte klar sein, daß in dieser Frage der Hinweis auf formaldemokratische Verfahren nicht mehr ausreicht, um Legitimitätsüberzeugungen zu begründen. Genausowenig, wie sich religiöse Minderheiten im 17. Jahrhundert – in England und den Niederlanden – durch Mehrheitsbeschlüsse von ihren Glaubensüberzeugungen abbringen ließen, lassen sich heute Gegner der Nukleartechnologie … davon überzeugen, daß wir ›in die Steinzeit‹ zurückfallen, wenn wir auf diese technologische Möglichkeit verzichten, und daß sie sich aus diesem Grunde dem Mehrheitsvotum beugen müssen.«*

Fetscher macht allerdings selbst auf einen grundlegenden Unterschied aufmerksam: Im 17. Jahrhundert konnte der Staat sich aus den religiösen Streitfragen »herausziehen«, indem er sich für neutral erklärte und wie die brandenburg-preußischen Kurfürsten und Könige seinen Bürgern, den Pfarrern vorab, Toleranz verordnete, im übrigen aber die Glaubensüberzeugungen unangetastet ließ. Bei den modernen Konflikten um technologische Möglichkeiten, die aus wissenschaftlichen Entdeckungen folgen – inzwischen nicht nur der Kern-, sondern etwa auch der Gentechnologie –, ist das nicht denkbar; der Ausbau solcher Möglichkeiten hat ebenso wie der Verzicht auf sie in jedem Fall praktische Konsequenzen. Um die muß zunächst einmal mit Sachargumenten gefochten und schließlich mit Mehrheiten politisch entschieden werden.

Sollte eben dies aber nicht als Hinweis darauf verstanden werden, daß es sich durchaus noch um vorletzte, praktische Fragen handelt? Erliegen wir womöglich einmal mehr unserer ererbten Neigung, alles, was jeweils unser »Anliegen« ist, ins Weltanschauliche, Quasi-Religiöse, Apokalyptische zu übersteigern, unsere »Betroffenheit« zur Schau zu stellen und Hysterien zu entfachen, statt nüchtern zu bleiben, nur um uns damit ins Recht und in die Moral – und den Andersdenkenden ins Unrecht und die Unmoral zu versetzen? Ziehen wir uns darum so gern in Gesinnungsfestungen zurück, weil wir uns den Zweifel am Verantwortbaren und nicht Verantwortbaren ersparen wollen – und ohne dabei zu überdenken, welche Folgen es für den Frieden oder Unfrieden hat, wenn wir das tun und den Bereich der demokratischen Spielregeln verlassen? Eine heilsame Erinnerung an die Verwüstungen, Vertreibungen und Blutopfer im Zeitalter der europäischen Religionskriege – und in Deutschland dazu an die Schrecken einer Herrschaft von Weltanschauungen noch im 20. Jahrhundert – sollte uns eigentlich davon abhalten, unter neuen Vorzeichen wieder in die alten Fehler zurückzufallen. Es sollte als Maxime gelten – und nicht nur für Parteien, sondern für jeden von uns –, was Adolf Arndt schon vor Jahrzehnten formuliert hat:

»Ich bitte, es als das Herzstück meines Versuchs, als den beschwörenden Zuruf meiner Ausführungen aufzufassen, wenn ich jetzt sage: Die Unmenschlichkeit bricht aus, sobald im Vorletzten, wie es jeder politischen Partei als Ort gebührt, eine letzte Wahrheit vom Menschen zum Maßstab für mitmenschliche Gemeinschaft erhoben wird.«*

Man sagt uns Deutschen nach, daß wir leicht von einem Extrem ins andere geraten. Doch womöglich ist es noch schlimmer: Wir lieben die Kontraste und richten uns auf beiden Polen zugleich ein. Während wir einerseits wenig Verständnis für die Bedeutung der Spielregeln aufbringen, verfallen wir andererseits dem Laster der Überregulierung. Selbst Fachleute verlieren in den Nebelschwaden und Sturmfluten der Gesetze, Verordnungen und Durchführungsbestimmungen die Übersicht und den Boden unter den Füßen, etwa Finanzbeamte und Steuerberater im Dschungel der Steuerbestimmungen. Und so überall, von den Baugenehmigungen bis zur Abfallbeseitigung und vom Verbraucherschutz bis zum Ladenschluß. Wer tatsächlich alle Vorschriften beachten wollte, geriete in den Stillstand; längst ist der »Dienst nach Vorschrift« zu einer Sonderform des Streiks geworden. Die Folgen sind absehbar; es entsteht ein uferloser Bedarf, das Unüberschaubare rechtlich zu klären. Darum leisten wir uns weltweit die höchste »Richterdichte«: Auf hunderttausend Einwohner kommen hierzulande sechsundzwanzig Richter; in den Vereinigten Staaten – einem angeblich besonders prozeßfreudigen Land – sind es fünf, in den Niederlanden sechs, in Frankreich und Italien zehn Richter. Wegen der Überlastung der Gerichte schleppen sich gleichwohl in vielen Bereichen die Verfahren schier endlos hin.

Erst recht gedeiht mit der Unübersichtlichkeit natürlich die allgemeine Verwaltung, sprich die Bürokratie, und vielleicht hängt die Regulierungswut auch damit zusammen, daß in den Parlamenten nicht Volksparteien wie die CDU oder die SPD, sondern Beamte und sonstige Angehörige des öffentlichen Dienstes die stärkste Fraktion stellen. Im Reich der Bürokratie aber ist die Risikovermeidung ein Hauptziel, und dies führt wiederum dazu, die Verordnungsdichte zu verstärken, um alle Prüf- und Genehmigungsverfahren lückenlos zu gestalten. »Handle so, daß du nicht haftbar gemacht werden kannst!« heißt der kategorische Imperativ jeder ordentlichen Verwaltung.

Überregulierung verkrüppelt die Freiheit. Sie läßt die Eigenverantwortung des Bürgers erlahmen, wie Wilhelm von Humboldt schon vor mehr als zweihundert Jahren gesagt hat: »Überhaupt wird der Verstand des Menschen doch, wie jede andre seiner Kräfte, nur durch eigne Tätigkeit, eigne Erfindsamkeit oder eigne Benutzung fremder Erfindungen gebildet. Anordnungen des Staates aber führen immer mehr oder minder Zwang mit sich, und selbst wenn dies nicht der Fall ist, so gewöhnen sie den Menschen zu sehr, mehr fremde Belehrung, fremde Leitung, fremde Hilfe zu erwarten, als selbst auf Auswege zu denken ... Noch mehr aber leidet durch eine zu ausgedehnte Sorgfalt des Staats die Energie des Handels überhaupt und der moralische Charakter.«*

Humboldt gehörte zu den preußischen Reformern, die nach dem preußischen Zusammenbruch von 1806/07 den Neubeginn wagten. In einer Situation der krassen Finanznot schuf er 1810 die Universität zu Berlin und entwickelte mit dem Prinzip der Einheit und Freiheit von Forschung und Lehre ein Modell, das für ein Jahrhundert die Vorrangstellung deutscher Gelehrsamkeit in der Welt begründete.

Die anderen Reformer beseelte ein ähnlicher Geist. Der Freiherr vom Stein verachtete die »Rasse der Lohnschreiber«. Es sei, so sagte er, »eine der Folgen der despotischen Verfassung, diese Menschenklasse zu vervielfachen, weil die despotische Gewalt die Zahl ihrer Handlanger vermehren muß, wenn sie sich aller Gewalten bemächtigt, – während eine Nation, die reif ist für die Freiheit, bei sich den größten Teil der Geschäfte durch die Leute in freiwilliger Zusammenarbeit erledigen läßt, die an einer Sache interessiert sind.« In Steins Denkschrift zur Städtereform vom 19. November 1808, die die kommunale Selbstverwaltung von der bürokratischen Vormundschaft des Staates loskettete, hieß es in der Vorrede: »Zutrauen veredelt den Menschen, ewige Vormundschaft hemmt sein Reifen, Anteil an den öffentlichen Angelegenheiten gibt politische Wichtigkeit, und je mehr diese an Umfang gewinnt, wächst das Interesse für Gemeinwohl und der Reiz zur öffentlichen Tätigkeit, welche den Geist der Nation erhebt, zur Erwerbung gemeinnütziger Kenntnisse, ja selbst eines unbescholtenen Rufes anfeuert und dadurch den Egoismus und die Frivolität zügelt.«*

Ein Vergleich drängt sich auf, und er fällt kaum zu unseren Gunsten aus: Im Jahre 1990 war es das wohl schwerste Versäumnis der deutschen Wiedervereinigung, daß ihre Gelegenheit nicht zu Entrümpelung der Gesetze und Verordnungen und damit zur Befreiung aus bürokratischen Vormundschaften genutzt wurde, sondern daß sie die Bürger der neuen Bundesländer nur in den Irrgarten der Überregulierungen hineinversetzte, in dem die Bewohner der alten Bundesländer sich bereits befanden, doch immerhin mit dem Vorteil, daß sie sich darin wenigstens halbwegs auskannten. Daraus erwuchs die Enttäuschung, eine Fremdheit zur Freiheit, und an den Folgekosten dieses Versäumnisses haben wir bis heute zu tragen.

Überregulierung wirkt sich auch darum verhängnisvoll aus, weil sie die Spielfreude und das Verständnis für die Bedeutung von Spielregeln keineswegs fördert, sondern im Gegenteil blockiert. Überhöhte Steuersätze und undurchschaubare Vorschriften drängen dazu, es mit den Regelungen nicht so genau zu nehmen und sie zu umgehen, wo immer das möglich ist. Zum Teufel mit der Ehrlichkeit, die doch nichts einbringt! Andererseits gewöhnt man sich an die Verantwortungslosigkeit: Die Behörden, der Staat sollen gefälligst einspringen, wenn es Schwierigkeiten gibt – und das keineswegs nur auf wirtschaftlichem Felde. Mit Kant zu reden: »Es ist so bequem, unmündig zu sein. Habe ich ein Buch, das für mich Verstand hat, einen Seelsorger, der für mich Gewissen hat, einen Arzt, der für mich die Diät beurteilt, usw.: so brauche ist mich ja nicht selbst zu bemühen. Ich habe es nicht nötig zu denken, wenn ich nur bezahlen kann; andere werden das verdrießliche Geschäft schon für mich übernehmen.«*

Sicherheit statt Freiheit: Auf fatale Weise paart sich diese Verantwortungslosigkeit mit dem Drang, weltanschauliche Verschanzungen anzulegen und sich mit moralischen Gewißheiten über das Gute und Böse zu panzern. Das erspart die eigene Mühe um ein differenzierendes, sachgerechtes Urteil. Es rettet aus dem Meer der Ungewißheiten auf ein sicheres Felsmassiv des Glaubens hinauf.

Der Engländer Bernard Crick hat hierzu gesagt: »Vielleicht läuft alles darauf hinaus, daß die Politik zwei große Feinde hat: Gleichgültigkeit gegenüber menschlichem Leid und Leidenschaft für Gewißheit in Dingen, die wesentlich politisch sind. Gleichgültigkeit gegenüber menschlichem Leid macht freie Regierungen unglaubwürdig, wenn sie nicht fähig oder nicht mutig genug sind, die Möglichkeit und Gewohnheit der Freiheit von den wenigen auf die vielen auszudehnen. Die Leidenschaft für Gewißheit verachtet die politische Qualitäten – Vorsicht, Konzilianz, Kompromißbereitschaft, Anpassungsfähigkeit und Lebhaftigkeit – zugunsten einer Pseudo-Wissenschaft des Regierens, eines Weltbildes rassischer oder wirtschaftlicher Art. Vielleicht ist es sonderbar oder einfach unnatürlich, daß Menschen, die mit Würde und Ehrbarkeit leben können angesichts solcher Ungewißheiten wie Tod, Unfall oder Krankheit, wie der Liebe mit all ihrer Labilität, Vergänglichkeit, ihrer Abhängigkeit von Willen und Launen der anderen, dennoch verrückt sind nach Gewißheit im Regieren, einer Gewißheit, die Politik und Freiheit tötet. Eine freie Regierung ist eine, die Entscheidungen politisch und nicht ideologisch trifft.«*

Ob es wirklich sonderbar, unnatürlich oder verrückt ist, wenn ein Mensch sich nach Gewißheit sehnt, steht freilich dahin. Wahrscheinlich gehört das zu seinem Wesen, weil er zur Zukunft lebt, aber sie nicht kennt. Andererseits ist der Mensch mit Neugier begabt. Was bei ihm die Oberhand gewinnt, ob die Angst vor der Zukunft, die zu trügerischen Gewißheiten flüchtet, oder diese Neugier, hängt von den Umständen und Gewohnheiten ab.

Einmal mehr wird hier die Bedeutung des Spiels sichtbar. Sie ist eine, im Grunde die einzige Form des Lebens, die die Ungewißheit mit positiver Anspannung besetzt. Die politischen Qualitäten aber, die Crick nennt und zu denen man die Hingabe und die Leidenschaft noch hinzufügen sollte, sind in ihrem Kern die Eigenschaften, die man zum Spiel braucht. Gerade weil zu ihm der offene Ausgang gehört, kann es faszinieren wie kaum eine andere Beschäftigung.

Die Sicherheit, die man zur Hingabe an Spiel allerdings braucht, besteht nicht aus Inhalten, sondern aus Formen, aus den Regeln, die eindeutig und einfach genug sein sollen, um allen verständlich zu sein. Wo sie unverständlich bleiben (wie für Kontinentaleuropäer manche Sportspiele, die nur in England oder in Amerika populär sind), da kann nichts gedeihen; die Leidenschaft zum Mitmachen erlischt ebenso wie die zum Zuschauen. Und die Regeln müssen *vorab* festgelegt sein; wer sie ändern will, muß dafür sehr gute Gründe haben und darlegen, warum das unabweisbar ist.

Zur Bedeutung der formalen Regelungen hat Alexis de Tocqueville in seiner großen Untersuchung »Über die Demokratie in Amerika« schon im Jahre 1840 festgestellt: »Die Menschen, die in den demokratischen Zeiten leben, sehen den Nutzen der Formen nicht leicht ein; sie begegnen ihnen mit instinktiver Geringschätzung … Die Formen erregen ihre Verachtung, oft sogar ihren Haß. Da sie gewöhnlich nur auf bequemen und leichten Genuß aus sind, stürzen sie sich leidenschaftlich auf jeden Gegenstand ihrer Wünsche; die geringste Verzögerung bringt sie außer sich. Diese Ungeduld, die sie auch in die Politik hineintragen, nimmt sie gegen die Formen ein, durch die sie immerfort in ihren Plänen aufgehalten oder behindert werden.

Genau das aber, was die Menschen der Demokratien für den Nachteil der Formen halten, macht sie für die Freiheit so nützlich, denn ihr Hauptverdienst besteht darin, daß sie als Schranke zwischen die Starken und die Schwachen, die Regierenden und die Regierten treten, um die einen aufzuhalten und den anderen Zeit zur Besinnung zu geben. Die Formen sind um so notwendiger, je tätiger und mächtiger die Staatsgewalt sich entwickelt und je gleichgültiger und schwächer die einzelnen werden. Darum brauchen demokratische Völker die Formen naturgemäß mehr als andere Völker, und naturgemäß achten sie sie geringer.»*

Zugegeben: Tocqueville war ein französischer Aristokrat, der noch etwas vom Zauber des *ancien régime*, von den Formen oder Förmlichkeiten einer höfischen Gesellschaft wußte. Aber er wußte auch, daß die große Revolution zur Gleichheit unwiderruflich war. In seinem Schlußwort sagt er: »Die Nationen unserer Tage können an der Gleichheit der gesellschaftlichen Bedingungen nichts mehr ändern, doch von ihnen hängt es nun ab, ob die Gleichheit sie in die Knechtschaft oder in die Freiheit, zu Bildung oder Barbarei, zum Wohlstand oder ins Elend führt.«

Für die Gegenwart und die Zukunft hängt um so mehr davon ab, ob wir endlich begreifen, welche Bedeutung das Spiel und die Spielregeln für unser persönliches Leben und für die Politik haben, statt daß wir uns weiter in nichtsnutzigen Gewißheiten und den zugehörigen Untergangsängsten vergraben. Um das Urteil Immanuel Kants abzuwandeln und es in sein Gegenteil zu verkehren: Wir sind moralisiert bis zum Überlästigen, zu allem gesellschaftlichen Besserwissen und Übelnehmen. Aber uns schon für zivilisiert zu halten, daran fehlt noch sehr viel.

Oder um noch eine und sehr viel ältere Autorität, nämlich Platon, zu zitieren: »Man muß Ernst machen mit dem Ernsten, und es ist Gott, der allen seligen Ernstes wert ist. Der Mensch aber ist dazu gemacht, ein Spielzeug Gottes zu sein, und das ist wirklich das Beste an ihm. So muß denn jedermann, ein Mann so gut wie eine Frau, dieser Weise folgend und die schönsten Spiele spielend das Leben leben – gerade umgekehrt gesinnt als jetzt.«

Anmerkungen zur Toleranz

Toleranz ist eine schöne Tugend, die immer gefordert und selten geübt wird. Aber bevor man ins Schimpfen verfällt, empfiehlt es sich, nach den Bedingungen zu fragen, die Toleranz überhaupt möglich machen, und zunächst einen Blick in die Geschichte zu werfen.

Im Jahre 1689 veröffentlichte John Locke seinen berühmten »Letter Concerning Toleration«, »Brief über Toleranz«, eine Art von nachträglichem Manifest für die »glorreiche« Revolution, die ein Jahr zuvor in England stattgefunden hatte.* Sie stieß den Stuartkönig Jakob oder James II. vom Thron und befestigte den politischen Vorrang des Parlaments gegenüber der Krone; seitdem gab es eine bruchlose Verfassungsentwicklung, die bis in die Gegenwart führt.

Die Glaubensfreiheit nahm sich in der Praxis allerdings höchst einseitig aus; sie verhinderte nicht, daß Katholiken in Großbritannien von allen Staatsämtern ausgeschlossen blieben – und zwar bis ins 19. Jahrhundert hinein. In Frankreich wiederum löste Ludwig XIV. im Jahre 1685 eine brutale Verfolgung der Protestanten aus, indem er das Edikt von Nantes widerrief, das ihnen Bekenntnisfreiheit zugesichert hatte. Um von Österreich, Italien oder Spanien nicht erst zu reden: Europa war ein Kontinent der religiösen Intoleranz, aus der nur wenige Inseln oder Festungen der Toleranz herausragten. Eine davon, die weitaus wichtigste, bildeten die Niederlande, aus einsichtigen Gründen:

Ihre Bewohner waren wie keine andere Nation zu Seefahrern und Kaufleuten geworden, zu höchst erfolgreichen überdies, und der Kaufmannsgeist fragt nicht nach Unterschieden des Glaubens; er will Geschäfte machen. Dazu paßte der calvinistisch geprägte Erwerbssinn, der sich als nüchtern genug erwies, um die Vorteile der Toleranz zu erkennen.

Locke lebte in den Jahren vor der »glorreichen« Revolution in den Niederlanden, und seine Streitschrift erschien in Gouda, aus Vorsicht zunächst anonym und lateinisch. Es hieß darin: »Der wirft Himmel und Erde zusammen, diese am weitesten voneinander entfernten und gegensätzlichen Dinge, der die beiden Ordnungen vermischt, die in Ursprung und Amt und in jeder Hinsicht total verschieden sind.« Locke proklamiert damit die Trennung von Staat und Kirche als das Prinzip, das im Glaubensstreit, der Europa seit dem Zeitalter der Reformation erschütterte und verwüstete, endlich Frieden stiften sollte. Oder zum mindesten proklamiert er, daß die Stellung des Staatsbürgers von seiner Konfession unabhängig sein und das eine mit dem anderen nichts zu tun haben sollte.

Von der Proklamation zur Praxis war es freilich ein weiter Weg. Die Stimmung des Zeitalters brachte eher eine »Assembly of Divines« zum Ausdruck, die wenige Jahrzehnte zuvor, während der »großen« englischen Revolution, in Westminster tagte und ein Sendschreiben an das Parlament richtete, in dem es hieß: »Die Toleranz würde aus diesem Königreich ein Chaos, ein Babel, ein zweites Amsterdam [!], ein Sodom, ein Ägypten, ein Babylon machen. Wie die Erbsünde die Ursünde ist, die den Samen und Laich aller Sünden in sich trägt, so trägt die Toleranz alle Irrtümer und alle Sünden in ihrem Schoß.«* Nachträglich ist es leicht, das als Fanatismus oder als Bigotterie abzutun. Und kaum besser steht es mit dem »cuius regio, eius religio«, dem Prinzip, wonach das Bekenntnis des Herrschers über die Glaubensform der Untertanen bestimmt. Sie mag uns als zynisch erscheinen. Aber zunächst einmal handelte es sich auch um eine rettende Friedensformel, bestätigt im Westfälischen Frieden des Jahres 1648, geboren aus den Schreckenserfahrungen der Religionskämpfe und des Dreißigjährigen Krieges, daß der Streit um den Glauben nur Verwüstungen und endloses Blutvergießen nach sich zieht.

Wenn schließlich doch das andere, auf die Toleranz gegründete Friedensprinzip sich mehr und mehr durchgesetzt hat, dann beruht das auf einer Bedingung, die sich durchaus nicht von selbst versteht und in ihrer Bedeutung nur selten gewürdigt wird. Gesellschaftliche Voraussetzung der Toleranz ist nämlich, was als Entwicklung zur *Komplexität* oder zur Gliederung des sozialen Gesamtsystems in Untersysteme beschrieben werden kann. Dabei ist der einzelne im Gegensatz zur vormodernen Gesellschaft nicht einem Lebensplatz dauernd zugeordnet, sondern jeder muß in vielen Bereichen mit ständig wechselnden Anforderungen seine »Rollen« spielen. Anders und einfacher ausgedrückt: Der vormoderne Mensch ist typischerweise das, was er ist, ganz und für immer: Knecht, Bauer, Grundherr, König; es geht nicht um auswechselbare Teilrollen, sondern in aller Regel um ein vergebenes Schicksal, über das bereits die Geburt entscheidet, und zur Ganzheit des Lebens gehört auch der Glaube. Der moderne Mensch dagegen *erwirbt* eine Vielzahl von Rollen und verläßt sie auch wieder: als Auszubildender, Berufsangehöriger oder Rentner, als Ehepartner, Mitglied eines Vereins, einer Partei, einer Kirche und so fort. Und er muß die Vielfalt und Verschiedenartigkeit der jeweiligen Rollenzumutungen tragen und ausbalancieren, oft sogar als Konflikt erfahren und bestehen. Weitaus wichtiger ist jedoch die Entlastung: Der Tourist läßt die Berufsanforderungen hinter sich, die Betätigung im Sportverein befreit aus der Enge der Familie, und was im einen Bereich wichtig ist, gilt nicht im anderen.

Diese Entwicklung geht ständig weiter; zur Gegenwart und erst recht wohl zur Zukunft gehört, daß Rollen, denen früher so etwas wie eine Schicksalsbestimmung zukam, zum Beispiel der Familien- und der Berufszugehörigkeit, sich mehr und und mehr in Wechselverhältnisse, in Teilzeiten auflösen, die stets kurzfristiger geraten. Auch die Ortsbindung oder regionale Zugehörigkeit lockert sich. Wie junge Hunde auf der Suche nach der erregenden Duftspur streunen wir in der Hoffnung aufs Neue, Einträgliche und Interessante, womöglich aufs Glück, kreuz und quer durch unsere Lebensreviere. Wo es doch noch eine Schicksalszuweisung gibt, zum Beispiel in der Mutter- und Elternschaft, da wird sie kaum noch ertragen. Das ist einer der Gründe dafür, daß die Geburtenrate dramatisch abnimmt.

Wie immer indessen der Einzelfall aussehen mag: Gerade in der Auffächerung des Lebens in eine Vielzahl von Verhältnissen und Rollenanforderungen steckt zugleich die gesellschaftliche Bedingung für Freiheit und Toleranz. Dabei stellt sich das konfessionelle Toleranzprinzip natürlich nur noch als ein Sonderfall des allgemeinen Prinzips dar, das der Gleichheits- und Toleranzartikel unserer Verfassung zum Ausdruck bringt, wenn er sagt, daß niemand wegen seines Geschlechtes, seiner Abstammung, seiner Rasse, seiner Sprache, seiner Heimat und Herkunft, seiner religiösen oder politischen Anschauung benachteiligt oder bevorzugt werden darf. Was gemeint ist und was das bedeutet, wird im Negativen anschaulich:

Wo jemand auf *eine* Rolle festgelegt, sozusagen festgenagelt wird, die in alle anderen Rollen durchschlägt und die als ein Schicksal, als gleichsam naturgegeben über den Rollenträger verfügt wird – der Deutsche, Türke, Jude, Neger, Homosexuelle, *die* Frau oder was auch immer –, da handelt es sich in der modernen Gesellschaft um ein Signal der Intoleranz, der verweigerten Freiheit. Wir sprechen von Diskriminierung. Verfemung ist dann mindestens latent schon vorhanden, und die Verfolgung duckt sich zum Ansprung. Es ist das Obszöne an Regimen, die wir gemeinhin totalitär nennen, daß sie mit allen ihnen verfügbaren Gewaltmitteln diese Intoleranz, also eine ins Grundsätzliche, Weltanschauliche geronnene Antimodernität, unter irgendwelchen Vorzeichen angeblicher letzter Werte und Wahrheiten neu durchsetzen wollen – und sei es um den Preis einer schreckensvollen »Endlösung«, die sich als Vernichtung darstellt.

Seit dem 17. Jahrhundert entwickelte sich neben den Niederlanden eine zweite europäische Zitadelle der Toleranz: Brandenburg-Preußen. Und eine Art von Wahlverwandtschaft entstand, die nicht von ungefähr kam. Im Jahre 1613 war nämlich der brandenburgische Kurfürst Johann Sigismund vom lutherischen zum reformierten Bekenntnis übergetreten, mit durchaus irdischen Nebengedanken. Im Kampf um Gebietsansprüche am Niederrhein hoffte er auf die oranische Unterstützung, die sich aus der Gemeinschaft im Glauben ergeben sollte. (Im Gegenzug wechselte sein Konkurrent um die Gebietsansprüche schleunigst zum Katholizismus, um den Kaiser für sich zu gewinnen.) In der Folgezeit, in der es noch immer aufs konfessionell korrekte Heiraten ankam, haben sich die Hohenzollern und die Oranier mehrfach verschwägert.

Indessen schuf der Glaubenswechsel des Kurfürsten eine heikle Situation. Denn Johann Sigismund war in seinem eigenen Land kein starker, sondern ein schwacher Herrscher; die Stände hatten noch etwas oder sogar viel zu sagen, und die waren lutherisch. Reformierte und Lutheraner aber bekämpften einander ebenso heftig wie beide die Katholiken – oder noch heftiger, weil es sich gewissermaßen um einen Familienzwist, einen Konflikt unter Verwandten handelte. »Lieber die Türken im Land als die Reformierten!« konnte man überall hören, wo es gut lutherisch zuging. Die Türken jedoch hielten sich gottlob weit entfernt oder wurden vor Wien glücklich zurückgeschlagen, während die Reformierten nun nahe waren und sogar regierten. Johann Sigismund beeilte sich daher, die Aufregung im Jahre 1614 mit einem Edikt zu dämpfen, in dem es hieß: »Auch wollen Seine Kurfürstliche Gnaden zu Seinem Bekenntnis keinen Untertanen öffentlich oder heimlich zwingen, sondern den Kurs und Lauf der Wahrheit Gott allein befehlen, weil es nicht an Rennen und Laufen, sondern an Gottes Erbarmen gelegen ist.« Ein edles Wort, das freilich bald unter den Wirren des Dreißigjährigen Krieges begraben wurde.

Es ließ sich kaum mehr tun, als den Zank der Konfessionen zu unterbinden, wie er – unter anderem – in der »Kanzelhetze« der Prediger wieder und wieder aufflammte. In diesem Sinne griff Friedrich Wilhelm, der Große Kurfürst, energisch durch, der von 1640 bis 1688 regierte. So vertrieb er im Jahre 1666 Paul Gerhardt aus seiner Pfarrstelle an der Berliner Nikolaikirche, weil der große und fromme Liederdichter zugleich ein streitbarer Lutheraner war, der trotz aller Abmahnungen vom Kampf gegen die reformierte Ketzerei nicht lassen wollte. Insgesamt kann man sich die Durchsetzung der Toleranz kaum schwierig genug vorstellen, und mit Recht hat Sebastian Haffner gesagt: »Die religiöse Toleranz, die uns heute als ein Ruhmestitel Preußens erscheint, war für seine Untertanen im 17. Jahrhundert und noch lange Zeit, bis ins 18. Jahrhundert hinein, ein harter Zwang, härter und weniger begreiflich als Militarismus, Steuerdruck und Junkerherrschaft.«*

Im Jahre 1685 erließ der Große Kurfürst im Gegenzug zur Aufhebung des Edikts von Nantes in Frankreich, das die Reformierten, die Hugenotten, der Verfolgung preisgab, das Edikt von Potsdam. Es bot denen, die Frankreich verließen, Zuflucht an. Am Ende des Edikts bekundete der Kurfürst, er werde »Unsere Evangelisch-Reformierte Glaubensgenossen, Französischer Nation, so viel sich deren in Unseren Landen einfinden werden, samt und sonders unter ihren absonderlichen Schutz und protection nehmen, bei alle oberwehnten ihnen gnädigst condedierten Privilegiis sie nachdrücklichst mainteniren [belassen] und handhaben, auch keinesweges zugeben wollen, daß ihnen das geringste Übel, Unrecht oder Verdruß zugefügt, sondern vielmehr im Gegentheil alle Hülfe, Freundschaft, Liebes und Gutes erwiesen werden«.

Mehr als drei Jahrhunderte sind seit dem Edikt von Potsdam vergangen, aber noch heute kann man den Text eigentlich nur mit Bewegung lesen. Ein kleines, armseliges und zerrissenes Land beinahe am Rande der europäischen Zivilisation, wie kaum ein anderes von den Schrecken des Dreißigjährigen Krieges heimgesucht, verwüstet und noch kaum erholt, im Kreis der Großen bisher weder ernsthaft gezählt noch gewogen, erhebt seine Stimme gegen die Vormacht Europas. Und gegen Gewalt und Verfolgung spricht es von Toleranz. Es ruft den Bedrängten, den Flüchtlingen sein Willkommen zu; es bietet ihnen eine neue Heimat an.

Die Vertriebenen sind in Scharen gekommen; zeitweilig

war jeder siebente oder nach anderen Berichten sogar jeder fünfte Berliner ein Hugenotte. Und die haben das Gute, das ihnen widerfuhr, mit Zins und Zinseszinsen vergolten. Sie haben ihrem neuen Vaterland tüchtige Handwerker, Unternehmer, Beamte und Offiziere gestellt, die Gelehrten und die Künstler, die Dichter nicht zu vergessen, bis hin zu Theodor Fontane. Dabei sind sie zu Musterpreußen, zu beispielhaften Staatsbürgern geworden. Als im Jahre 1806, nach der Schlacht bei Jena und Auerstedt, Napoleon als Sieger in Berlin einzog, wetteiferten Behörden und Bürger darin, ihm untertänig zu Diensten zu sein. Von den Hugenotten erwartete Napoleon erst recht, daß sie ihn freudig begrüßen und sein Angebot annehmen würden, nach Frankreich zurückzukehren. Doch vor dem Kaiser der Franzosen bekannte sich ausgerechnet der Sprecher der französischen Gemeinde als Preuße und sagte: »Sire, ich wäre weder des Amtskleides würdig, das ich trage, noch des Worts, das ich verkündige, noch des Königs, dem ich diene, wenn ich die Anwesenheit Eurer Majestät an diesem Ort nicht mit größtem Schmerz sähe.«*

Die Toleranzpolitik ist auch im 18. Jahrhundert mit großer Stetigkeit fortgesetzt worden. Im Jahre 1722 schrieb der »Soldatenkönig« Friedrich Wilhelm I. in seinem politischen Testament für den Thronfolger ganz im Geiste des Großen Kurfürsten: »An alle Konsistorien in Eurem Lande mußt Ihr einen Befehl ergehen lassen, daß die Reformierten und Lutheraner auf den Kanzeln keine Kontroversen traktieren, ganz besonders nicht von der Gnadenwahl. Auch sonst sollen sie auf den Kanzeln nur das reine Wort Gottes predigen; sie dürfen sich nicht in weltliche Angelegenheiten einmischen, was sie gerne tun. Die Herren Geistlichen müssen kurzgehalten werden, denn sie wollen gern als Päpste in unserem Glauben regieren.«

Bei Friedrich dem Großen wechselt nur der Stil ins Lapidare und glanzvoll Zugespitzte; seine Randglossen sind mit Recht berühmt. Im Jahre 1740 wehrte er einen evangelischen Vorstoß gegen die katholische Kirche in Glogau mit der Bemerkung ab: »Die Religionen müssen alle toleriеret werden, und muß der Fiskal nur das Auge darauf haben, daß keine der anderen Abbruch tue, denn hier muß ein jeder nach seiner Fasson selig werden.«

Die Stetigkeit der brandenburg-preußischen Toleranzpolitik über fast zwei Jahrhunderte hinweg verblüfft beinahe, wenn man sich vor Augen führt, um was für unterschiedliche, in vielem sogar kraß gegensätzliche Persönlichkeiten es sich bei den Kurfürsten und Königen handelte. Friedrich Wilhelm I. zum Beispiel war ein gottesfürchtiger, durch und durch frommer Mann, sein Sohn Friedrich dagegen ein Aufklärer, um nicht zu sagen ein Zyniker von Format. Ein Unterton von Verachtung mischt sich in seine Randbemerkungen und Erlasse ein. So entscheidet er in einem Gesangbuchstreit: »Es steht einem jeden frei zu singen: ›Nun ruhen alle Wälder‹« – übrigens ein Lied von Paul Gerhardt – »oder dergleichen dummes und törichtes Zeug mehr. Aber die Priester müssen die Toleranz nicht vergessen, denn ihnen wird keine Verfolgung gestattet werden.« Oder als Antwort auf die Bitte einer Gemeinde, ihren Pfarrer abzulösen, weil der nicht an die Auferstehung glaubt: »Der Pfarrer bleibt. Wenn er am Jüngsten Gericht nicht mit auferstehen will, kann er ruhig liegen bleiben.«

Man mag das als einen Kampf gegen Engstirnigkeit und Vorurteile für sympathisch halten und für witzig außerdem. Aber solcher Witz sollte wohl die Waffe der Ohnmächtigen, nicht der Mächtigen sein. Mit deutlicher Anspielung auf Friedrich und mit Recht hat schon Lessing gewarnt: »Gott hat keinen Witz und die Könige sollten auch keinen haben, denn hat ein König Witz, wer steht uns für die Gefahr, daß er deswegen einen ungerechten Ausspruch tut, weil er einen witzigen Anspruch dabei anbringen kann.« Doch wie immer man urteilt: Alle persönlichen Gegensätze der brandenburgischen Kurfürsten und preußischen Könige ändern nichts am Bewundernswerten: an der politischen Stetigkeit, mit der sie die Toleranz auch gegen hartnäckigen Widerstand durchsetzten.

Wenn man nach den Hintergründen dieser Stetigkeit fragt, stößt man darauf, daß die Toleranz sich nicht nur als großherzig, sondern auch als nützlich erwies. Brandenburg-Preußen war im Gefolge des Dreißigjährigen Krieges ebenso menschenleer wie arm geworden. Es brauchte dringend Zuwanderer, die wüst gewordene Flächen wieder in fruchtbares Ackerland verwandelten, und ebenso dringend brauchte es neue Kenntnisse und Fertigkeiten, um dem Handel und dem Gewerbe auf die Beine zu helfen. Dazu taugten die Hugenotten ebenso wie Niederländer, Schweizer, Böhmen, Schotten und andere. »Menschen halte ich für den größten Reichtum«, schrieb der sparwütige »Soldatenkönig« einmal, handelte danach und gab für den Zugewinn an Menschen viel Geld aus. Das »Retablissement« nicht nur, aber besonders mit den aus Salzburg vertriebenen Protestanten, das heißt die Wiederbesiedlung Ostpreußens, das noch in den Jahren 1709 bis 1711 ein später Zug der Pest leergefegt hatte, stellt eine seiner denkwürdigen Leistungen dar.

Die Tatsache, daß sich zum Guten der Nutzen gesellte, ändert durchaus nichts an der Bedeutung der Toleranz und sehr wenig an ihrem moralischen Gewicht. Weitsicht, Wagemut und Festigkeit waren in jedem Falle gefordert. Von der Fremdenangst, von allen Vorurteilen, dem mißmutigen Grummeln derer ganz abgesehen, die schon da waren, verursachte die Ansiedlung der meist mittellosen Flüchtlinge oder sonstwie Zugereisten sehr viel Behördenarbeit und erhebliche Kosten; man mußte die Neubürger zunächst einmal ausstatten, ihnen ein Obdach, Arbeitsgerät, Saatgut, Hausvieh beschaffen und auf Jahre hinaus die Steuern erlassen. Entsprechend wurden den Ansiedlern große Umstellungsleistungen abgefordert, angefangen beim Klima: Man bedenke den weiten Weg aus Frankreich in die Mark Brandenburg oder aus dem lieblichen Salzburger Land ins rauhe Ostpreußen! Erst für eine fernere Zukunft mochte man darauf hoffen, daß die eingesetzten Mittel Frucht tragen würden – hoffen, kaum rechnen; es handelte sich um Experimente ohne Vorbild, mit durchaus offenem Ausgang; die mittelalterlichen Wanderungen vom Westen in den Osten lagen so weit zurück, daß kaum jemand mehr sich an sie erinnerte oder daraus gar Nutzanwendungen hätte ableiten können. Nur im nachhinein ist man bekanntlich klüger und weiß schließlich, daß das Geld, das man ausgab, vorzüglich angelegt war – etwa so, wie nach dem Zweiten Weltkrieg die Mittel des Lastenausgleichs für die Vertriebenen aus Ostpreußen, Pommern, Schlesien oder dem Sudetenland gut angelegt waren, ohne die es das »Wirtschaftswunder« der Bundesrepublik schwerlich gegeben hätte. Aber welch ein Maulen der Einheimischen war nach 1945 zu hören!

Noch etwas ist zu bedenken, wahrscheinlich das Wichtigste: Ideen und Ideale oder Tugenden ohne den Rückhalt an Interessen blamieren sich in aller Regel – oder, schlimmer, sie verkommen ins Dumme und Dumpfe, in die Gier nach der Gewalt, weil sie anders keine Kraft finden, um sich durchzusetzen. Die Verfolgung ist allemal ein Bastard, den Idealismus und Angst in fataler Bettgemeinschaft miteinander zeugen. Und was übrigens besagt es für oder gegen die Ideale der amerikanischen Unabhängigkeitserklärung, für oder gegen die Proklamation der Menschenrechte in der Französischen Revolution, daß sich hier wie dort die hintergrundige Macht der Interessen nachweisen läßt?

Wenn die christlichen Glaubensgehalte sich auflösen, fällt es leicht, religiöse Toleranz zu üben und mit überlegenem Unverständnis auf die früheren Verfolgungen zurückzublicken. Aber neue, nun innerweltliche Frömmigkeit und Feindschaft treten an die Stelle der alten, seit dem 19. Jahrhundert vor allem in der Gestalt des Nationalismus. Was er in den Köpfen anrichten kann, hat 1840 schon Heinrich Heine beschrieben:

»Sonderbar! trotz ihrer Unwissenheit hatten die sogenannten Altdeutschen von der deutschen Gelahrtheit einen gewissen Pedantismus geborgt, der ebenso widerwärtig wie lächerlich war. Mit welchem kleinseligen Silbenstechen und Auspünkteln diskutierten sie über die Kennzeichen deutscher Nationalität! Wo fängt der Germane an? Wo hört er auf? Darf ein Deutscher Tabak rauchen? Nein, behauptete die Mehrheit. Darf ein Deutscher Handschuhe tragen? Ja, jedoch von Büffelhaut ... Aber Bier trinken darf ein Deutscher, und er soll es als echter Sohn Germanias; denn Tacitus spricht ganz bestimmt von deutscher Cerevisia. Im Bierkeller zu Göttingen mußte ich einst bewundern, mit welcher Gründlichkeit meine altdeutschen Freunde die Proskriptionslisten anfertigten, für den Tag, wo sie zur Herrschaft gelangen würden. Wer nur im siebenten Glied von einem Franzosen, Juden oder Slawen abstammte, ward zum Exil verurteilt. Wer nur im mindesten etwas gegen [den Turnvater] Jahn oder überhaupt gegen altdeutsche Lächerlichkeiten geschrieben hatte, konnte sich auf den Tod gefaßt machen, und zwar auf den Tod durchs Beil, nicht durch die Guillotine, obwohl diese ursprünglich eine deutsche Erfindung und schon im Mittelalter bekannt war, unter dem Namen ›die welsche Falle‹.«*

Das klingt komisch, aber unser Lachen gefriert, wenn wir an das denken, was ein Jahrhundert später tatsächlich geschah. Und kaum etwas war dann abwegig genug, um nicht geglaubt und exekutiert zu werden. Halb Deutschland gründet sich auf ursprünglich slawischem Boden, und ein Großteil seiner Bevölkerung hat slawische Ahnen. Dennoch stempelte man die Slawen zur minderwertigen Rasse. Polen und Russen sollten den germanisch-deutschen Herrenmenschen als Sklavenarbeiter dienen, soweit sie nicht der Ausrottung verfielen; nur mit Schaudern läßt sich ausmalen, was im Falle eines deutschen »Endsieges« im Osten geschehen wäre. Oder wie erst die Juden, die gerade in Deutschland seit ihrem Aufstieg im 19. Jahrhundert wie keine andere Bevölkerungsgruppe zu den großen Kulturleistungen beigetragen hatten!

Deutschland blieb kein Einzelfall; die Blutspur der Intoleranz aus nationalistischem oder sonstigem weltanschaulichem Wahn zieht sich durch die Geschichte des 20. Jahrhunderts. Man denke an die Vernichtungsfeldzüge gegen angebliche Klassenfeinde in der stalinistischen Sowjetunion, an die Ereignisse im ehemaligen Jugoslawien bis unmittelbar an die Gegenwart heran, aber auch in China, Kambodscha, Teilen Afrikas oder im Nahen Osten.

Ist das alles nun abgetan? Dürfen wenigstens wir uns in Sicherheit wiegen? Nein, wohl kaum. Die geschichtliche Erfahrung zeigt, daß die Toleranz ein ebenso kostbares wie zerbrechliches Gut ist. Sie versteht sich wirklich nicht von selbst; man muß sie verteidigen, soweit das nur möglich ist.

Illusionen sind dabei schwerlich erlaubt. Es gehört zum

Menschen als Menschen, das er sich ein Bild von seiner »Identität«, von dem Leben macht, daß er führen will und das er für das einzig sinnerfüllte hält, das den Einsatz lohnt. Aber aus vielen Gründen, sei es geistigen, politischen, wirtschaftlichen und gesellschaftlichen oder einer Mischung aus alledem, kann diese Identität sich auflösen, und dann liegt es nur zu nahe, sie in Feindbildern zu suchen, die einem selbst Profil und Bedeutung wenigstens ersatzweise verschaffen. In der Zeit der Weimarer Republik, als das deutsche Selbstbewußtsein durch die Niederlage von 1918 abgründig beschädigt war, hat der Staatsrechtslehrer Carl Schmitt geschrieben:

»Die eigentliche politische Unterscheidung ist die Unterscheidung von Freund und Feind. Sie gibt menschlichen Handlungen ihren politischen Sinn; auf sie führen schließlich alle politischen Handlungen und Motive zurück. Sie ermöglicht infolgedessen auch eine Begriffsbestimmung im Sinne eines kennzeichnenden Merkmals, eines Kriteriums. Insofern sie nicht aus anderen Merkmalen ableitbar ist, entspricht sie für das Politische den relativ selbständigen Merkmalen anderer Gegensätze: Gut und Böse im Moralischen, Schön und Häßlich im Ästhetischen, Nützlich und Schädlich im Ökonomischen ... Die Unterscheidung von Freund und Feind bezeichnet die äußerste Intensität einer Verbindung oder Trennung. Sie kann theoretisch und praktisch bestehen, ohne daß gleichzeitig alle jene moralischen, ästhetischen, ökonomischen oder sonstigen Unterscheidungen zur Anwendung kommen müßten. Der politische Feind braucht nicht moralisch böse, er braucht nicht ästhetisch häßlich zu sein; er muß nicht als wirtschaftlicher Konkurrent auftreten, und es kann vielleicht sogar vorteilhaft und rentabel scheinen, mit ihm Geschäfte zu machen. Er bleibt aber ein *Anderer*, ein *Fremder.*«

Das sagt deutlich genug: Es muß gar keine sachlichen Begründungen für die Feinderklärung geben; es genügt die Konstruktion sozusagen aus dem Nichts, aus dem Wahn einer Weltanschauung, die den Feind zum Kampf um die eigene Rechtfertigung braucht; der Antisemitismus liefert dafür das deutlichste Beispiel. Und Schmitt läßt keinen Zweifel an der Konsequenz: »Zum Begriff des Feindes gehört die im Bereich des Realen liegende Eventualität eines bewaffneten Kampfes, das bedeutet hier eines Krieges ... Der Krieg folgt aus der Feindschaft, denn diese ist seinsmäßige Negierung eines anderen Seins. Krieg ist nur die äußerste Realisierung der Feindschaft.«*

Mit anderen Worten: Die Kriegserklärung der Intoleranz ist im Wesen des Menschen angelegt; immer liegt sie auf der Lauer, und wie in der Vergangenheit wird das gewiß auch in der Zukunft so bleiben. Die Toleranz aber ist ein Kunstwerk, das unserer Hingabe und der beständigen Pflege bedarf.

Vielleicht können wir dafür etwas aus der Geschichte lernen, zum Beispiel aus der brandenburg-preußischen Toleranz. Auf die Anfrage, ob Katholiken das Bürgerrecht erwerben dürften, antwortete Friedrich der Große mit dem Vermerk: »Und wenn Türken und Heiden kämen und wollten das Land peuplieren [besiedeln], so wollen wir ihnen Moscheen und Kirchen bauen. Ein jeder kann bei mir glauben, was er will, wenn er nur ehrlich ist.« Inzwischen sind die Türken da, und noch viele Menschen werden ihnen folgen müssen. Denn die statistischen Berechnungen sagen unerbittlich voraus, daß in der Altersgesellschaft, der wir entgegengehen, die Bevölkerung sich drastisch verringern, halbieren und immer weiter absinken wird. Irgendwann einmal und in historischen Zeitspannen gar nicht so weit entfernt wird Deutschland sich in ein Altersheim verwandeln, dessen Kosten niemand mehr bezahlen kann. Dann wird das finstere Motto lauten: Der Letzte schalte bitte das Licht aus. Wenn wir weiterhin wohlhabend und erfolgreich sein wollen, brauchen wir also die Zuwanderer, so wie Brandenburg und Preußen sie einst brauchten. Und wenn wir sonst schon zur Toleranz gegenüber denen, die aus der Ferne zu uns kommen, uns nur mit Mühe durchringen, dann sollten wir wenigstens erkennen, daß es um eine nützliche, ja überlebenswichtige Tugend geht.

Die Sprache der Nation

Die Nation und der Nationalstaat sind nicht ehrwürdig alt, sondern eher jung, jedenfalls in dem Sinne, wie wir sie verstehen. Im Altertum bezeichnete »natio« die Bevölkerung, die durch ihre Geburt mit einer Stadt oder Region verbunden war. Seit dem Mittelalter sprach man an Universitäten von »nationes« oder von Nationen und meinte damit die Landsmannschaften, zu denen die Studenten gehörten. Politisch hatte das wenig Bedeutung. Und das Heilige Römische Reich Deutscher Nation war nicht, was der Name versprach, sondern seiner Idee nach übernational; ein straff organisierter Staat war es schon gar nicht.

Noch im 18. Jahrhundert lebte man in Deutschland zunächst einmal als der Angehörige eines Standes: als Fürst, Edelmann, Bürger, Bauer. Oder auch schon, nirgendwo mehr recht hinpassend: als Beamter, Soldat, Akademiker. Zweitens rechnete man sich einer Konfession zu: als Lutheraner oder Reformierter, als Katholik oder als Jude. Drittens war man Preuße – unterteilt in Brandenburger, Pommern, Ostpreußen oder die Leute vom Niederrhein –, Sachse, Bayer, Österreicher oder sonst Untertan eines der zahllosen, buntscheckigen Herrschaftsgebilde, die das Reich zerschnitten, etwa der »Krummstabslande«, der geistlichen Kurfürstentümer Mainz, Köln und Trier. Man könnte von einer Idylle reden – oder von bedrückend engen und durchweg sehr armseligen Verhältnissen. Und beinahe alles war hochkompliziert; im geistlichen Hochstift

Osnabrück zum Beispiel regierte abwechselnd, jeweils auf Lebenszeit, ein katholischer Fürstbischof und ein evangelischer Prinz aus dem Welfenhause. Deutschland dagegen kam im Grunde nur als eine ganz unpolitische, eigentlich literarische Erfindung ins Spiel durch die Sprache, zum Klingen gebracht wie die Musik von Bach bis Beethoven dank Martin Luthers Bibelübersetzung und der frommen Lieder Paul Gerhardts, dann durch Dichter wie Klopstock, Lessing, Goethe, Schiller, Jean Paul, Heinrich Heine. Man hat darum auch von einer Sprach- oder Kulturnation gesprochen.

Fast über Nacht wurden indessen die Idee der Nation und der Nationalstaat als Errungenschaften der Französischen Revolution geschichtsmächtig. Als die Ständeversammlung, die der König einberufen hatte, sich unter Führung des dritten, bürgerlichen Standes am 17. Juni 1789 eigenwillig zur *Nationalversammlung* umdeutete, war das ein Zeichen der Zeitenwende. Freiheit und Gleichheit als Bürger- und Menschenrechte sollten in der Staatsnation politisch wirksam werden, die sie erkämpfte. Die Revolutionsheere, etwas später die napoleonischen Armeen, trugen dann die Ideen von 1789 sozusagen im Marschgepäck kreuz und quer durch Europa.

Aber was sollte man anderswo, was in Deutschland mit diesen Ideen anfangen? Sich an Frankreich anschließen, glücklich darüber, am Fortschritt zur Freiheit und Gleichheit Anteil zu haben? Zumindest für Teile des alten Reiches, das seiner Auflösung entgegentrieb, erschien das als Möglichkeit. Georg Forster, bekannt durch den Bericht seiner Weltumseglung mit James Cook und seit 1788 Bibliothekar in Mainz, erklärte dort am 15. November 1792, ohne auf Widerstand zu stoßen, freilich unter den Augen und Bajonetten einer französischen Besatzung: »Der

Rhein ist die natürliche Grenze eines großen Freistaats, der keine Eroberungen zu machen verlangt, sondern nur die Nationen, die sich ihm freiwillig anschließen, aufnimmt.«* Ein paar Monate danach trat in Mainz ein »rheinisch-deutscher Nationalkonvent« zusammen, der am 21. März 1793 einen denkwürdigen Beschluß faßte: »Das rheinisch-deutsche Volk wünscht seinen Anschluß an die französische Republik und beantragt ihn bei ihr.« Mit diesen Beschluß trat Forster neun Tage später vor den Konvent in Paris, der gnädig zustimmte.*

Doch das blieb eine Episode. Das Kriegsglück wendete sich, die Preußen eroberten Mainz zurück, und Forster starb als Geächteter arm und einsam in einer Pariser Dachkammer. Episode blieben auch die französischen Departements, die Napoleon seit 1797 zwangsweise einrichtete, ebenso das Bündnissystem des Rheinbundes, das er sich schuf. Im Rußlandfeldzug von 1812, danach in den Freiheitskriegen von 1813 bis 1815 kam der Welteneroberer zu Fall, und Preußen beerbte Frankreich am Rhein.

Das geschichtliche Ergebnis stellte sich höchst zwiespältig, ja widersprüchlich dar. Einerseits zündeten die Ideen von 1789. Einen Nationalstaat, als Verfassungsordnung auf Freiheit und Gleichheit gegründet, wollte man auch haben. Anfangs waren es nur wenige, die danach verlangten, besonders die seit 1815 in den Burschenschaften organisierten Studenten. Die konservativen Mächte unter der Führung Österreichs und Preußens unterdrückten sie mit harter Hand. Aber im Lauf der Jahrzehnte erfaßte die freiheitliche Nationalbewegung immer weitere Kreise, von den Bildungsschichten ausgehend praktisch das gesamte Bürgertum bis hin zu Handwerkern und Handwerksburschen, und am Ende erwies sich diese Bewegung als unwiderstehlich.

Andererseits entzündete sich das Nationalbewußtsein in der Auflehnung, im Freiheitskampf gegen die napoleonische Fremdherrschaft, das heißt gegen das »welsche« Wesen oder vielmehr Unwesen. Heinrich von Kleist, Ernst Moritz Arndt, der »Turnvater« Ludwig Jahn und andere predigten den Franzosenhaß, und was sie sagten, fiel auf fruchtbaren Boden. Die »Erbfeindschaft« gegen Frankreich kündigte sich an; die Nation, so hieß es, stand im Abwehrkampf der eigenen *Kultur* gegen die artfremde westliche *Zivilisation*. Deutschland aber sollte kerndeutsch sein und mit den angeblichen Errungenschaften von 1789 nichts zu tun haben. Um aus dem »Lied der Deutschen« von Hoffmann von Fallersleben, dessen dritte Strophe wir heute als Nationalhymne singen, die zweite zu zitieren:

> »Deutsche Frauen, deutsche Treue,
> deutscher Wein und deutscher Sang
> sollen in der Welt behalten
> ihren alten schönen Klang,
> uns zu edler Tat begeistern
> unser ganzes Leben lang –
> deutsche Frauen, deutsche Treue,
> deutscher Wein und deutscher Sang!«

In anderen Liedern war von deutschen Eichen – und ganz besonders natürlich vom urdeutschen Rhein die Rede, den vor dem frevelnden Zugriff des welschen Feindes zu schützen die Ehrensache jedes deutschen Mannes sein sollte. Lange vor dem Deutschlandlied wurde »Die Wacht am Rhein« vom Max Schneckenburger zu einer Art von Nationalhymne.* Was sich mit alledem politisch anfangen ließ, blieb freilich eine offene Frage. Im Grunde war es im Mangel an eigenen Ideen bloß das Negative, das Freund-Feind-

Verhältnis, das den »Erbfeind« brauchte, um an ihm ein Profil zu gewinnen.

Im Jahre 1840 hat Heinrich Heine im Rückblick auf die Zeit seit 1815 und zugleich ahnungsvoll gesagt, daß es »im Heere der deutschen Revolution eigentlich nur zwei grundverschiedene Parteien gab, die keiner Transaktion fähig und heimlich dem blutigsten Hader entgegenzürnten. Welche von beiden schien die überwiegende? Die Wissenden unter den Liberalen verhehlten einander nicht, daß ihre Partei, welche den Grundsätzen der französischen Freiheitslehre huldigte, zwar an Zahl die stärkere, aber an Glaubenseifer und Hülfsmitteln die schwächere sei. In der Tat, jene regenerierten Deutschtümler [nach der Art des Turnvaters Jahn] bildeten zwar die Minorität, aber ihr Fanatismus, welcher mehr religiöser Art, überflügelte leicht einen Fanatismus, den nur die Vernunft ausgebrütet hat; ferner stehen ihnen jene mächtigen Formeln zu Gebot, womit man den rohen Pöbel beschwört, die Worte ›Vaterland, Deutschland, Glauben der Väter‹ usw. elektrisieren die unklaren Volksmassen noch immer weit sicherer als die Worte ›Menschheit, Weltbürgertum, Vernunft der Söhne, Wahrheit ...!‹ Ich will hiermit andeuten, daß jene Repräsentanten der Nationalität im deutschen Boden weit tiefer wurzeln als die Repräsentanten des Kosmopolitismus und daß letztere im Kampf mit jenen wahrscheinlich den kürzeren ziehen werden, wenn sie ihnen nicht schleunigst zuvorkommen ...«*

Zwei Weichenstellungen des 19. Jahrhunderts haben schließlich entschieden. Zunächst scheiterte die bürgerliche Freiheitsbewegung in der Revolution von 1848. Danach setzte eine Umbesinnung ein. Offenbar taugten zur deutschen Einigung Ideale weit weniger als die Mittel der Macht. Im Jahre 1853 veröffentlichte August Ludwig von

Rochau den ersten und höchst einflußreichen Band seiner »Grundsätze der Realpolitik«.* Der Titel war Programm. Und 1862, kurz nach seiner Ernennung zum preußischen Ministerpräsidenten, sagte Otto von Bismarck seinen liberalen Gegnern unter den preußischen Abgeordneten ins Gesicht, worauf es ankam: »Nicht durch Reden und Parlamentsbeschlüsse werden die großen Fragen der Zeit entschieden – das ist der Fehler von 1848 und 1849 gewesen – sondern durch Eisen und Blut.«*

So geschah es dann auch: Mit der Leistungstüchtigkeit des alten Obrigkeitsstaates und mit der Schlagkraft seiner Armee schaltete Preußen unter Bismarcks überlegener Regie im Jahre 1866 den Rivalen Österreich aus den deutschen Angelegenheiten aus, und im Krieg gegen Frankreich 1870/71 entstand der so lange ersehnte, mit Jubel begrüßte Nationalstaat. Der Triumph über den »Erbfeind« im Schlachtensieg bei Sedan wurde seither an jedem 2. September festlich begangen – übrigens als der einzig wirklich populäre Nationalfeiertag, den wir jemals gehabt haben.*

Aber was bildete in einem tieferen Sinne das Fundament des neuen Nationalstaates, was begründete die Einheit der Nation, ihre *Identität*. War es die Herkunft, das »Blut«, die Kultur, die Sprache? Als es um die Annexion Elsaß-Lothringens unter Berufung auf solche Wurzeln ging, hat der Franzose Ernest Renan seinen deutschen Briefpartner David Friedrich Strauß geradezu prophetisch gewarnt: »Ihr [Deutschen] habt an der Stelle der liberalen Politik das Banner archäologischer und ethnographischer Politik entfaltet; diese Politik wird euch zum Verhängnis werden. Die vergleichende Philosophie, die ihr geschaffen und zu Unrecht auf das Feld der Politik übertragen habt, wird euch übel mitspielen. Die Slawen werden sich dafür begeistern; ... wie könnt ihr glauben, die Slawen würden euch nicht zufügen, was ihr andern antut? … Wenn eines Tages die Slawen Anspruch auf das eigentliche Preußen, auf Pommern, Schlesien und Berlin erheben werden, und zwar deswegen, weil alle diese Namen slawischen Ursprungs sind, wenn sie an Elbe und an Oder das tun, was ihr an der Mosel getan habt, wenn sie auf der Karte den Finger auf die wendischen und obotritischen Dörfer legen, was werdet ihr dann zu sagen haben? Nation ist nicht gleich Rasse.«*

Nein, in der Tat nicht, und von dem Rassenwahn des Nationalsozialismus war das Kaiserreich auch noch weit entfernt. Das eigentliche Stichwort der Reichsgründung hieß indessen: *Macht* – und zwar in erster Linie nach außen gewendete Macht. Denn um die innere Einheit war es schlecht genug bestellt. Dem Triumph von 1871 folgte auf dem Fuße der »Kulturkampf« gegen die katholische Kirche und die in der Zentrumspartei organisierten politischen Kräfte der Katholiken; an diese Spaltung der Nation schloß sich nahtlos und noch folgenschwerer die Sozialistenverfolgung an. Von den »Reichsfeinden« war zunächst die Rede, dann von den »vaterlandslosen Gesellen«; alles Übernationale erschien als Verrat. Um so wichtiger war das Bindemittel der äußeren Bedrohung. Zur Annexion von Elsaß-Lothringen gehörte darum der Hintersinn, Frankreich auf die »Revanche« festzulegen und so aus der immerwährenden Kriegsgefahr, aus dem Freund-Feind-Verhältnis den Zusammenhalt zu schmieden, an dem es sonst mangelte.

Heinrich von Treitschke, der »Herold der Reichsgründung«, verkündete seinen begeisterten Hörern und Lesern, daß das Wesen des Staates zum ersten Macht, zum zweiten Macht und zum dritten nochmals Macht sei – und daß zur Machtentfaltung der Krieg gehöre. »Wir Deutschen«, sagte er, »können es gar nicht hoch genug als ein Glück preisen, daß unsere Revolution von 1866 nicht durch Volksbewegung und Volksabstimmung sich vollzogen hat, wie in Italien, sondern durch einen Krieg.« Und »immer wieder und wieder wird sich die Wahrheit bestätigen, daß nur im Kriege ein Volk zum Volk wird«. Oder weiter: »Die Gerechtigkeit des Krieges beruht einfach auf dem Bewußtsein seiner sittlichen Notwendigkeit. Da es über den großen nationalen Persönlichkeiten eine Zwangsgewalt nicht geben kann und darf, da die Geschichte in ewigem Fluß sein muß, so ist auch der Krieg gerechtfertigt; man muß ihn als eine von Gott gesetzte Ordnung auffassen.«*

Aber der Krieg ist, laut Clausewitz, eine Fortsetzung der Politik mit anderen Mitteln, und auch die Macht sollte ein Mittel und kein Selbstzweck sein. Wird sie dennoch dazu erhoben, so steht Unheil ins Haus – genau das Unheil, in das dann unser erster Nationalstaat im 20. Jahrhundert geraten ist. Man könnte von einer Mangelkrankheit reden, vom Mangel an Sinnzielen; darum hat Helmuth Plessner das Bismarckreich eine »Großmacht ohne Staatsidee« genannt.*

Macht und sehr wenig, beinahe nichts darüber hinaus: In solchem Sinne kann man die Wirkung der Bismarckschen Erfolgspolitik auf die Vorstellungen der Deutschen gar nicht hoch und verhängnisvoll genug einschätzen. Der Reichsgründer selbst war noch ein Preuße und ein Europaer; er wußte, wo die Grenzen lagen. Mit Bedacht erklärte er das Deutschland, das er geschaffen hatte, für »saturiert« und setzte in den späteren Kanzlerjahren alle seine Kraft für die Erhaltung des Friedens ein. Die Nachfolger aber kannten seine Bedenken nicht mehr, träumten vom angeblich vorenthaltenen »Platz an der Sonne« und schufen sich im wilhelminischen Schlachtflottenbau das neue Machtinstrument, das die Weltmacht herbeizwingen sollte.

Das ist gründlich mißlungen. Im Ersten Weltkrieg dümpelte die Flotte funktionslos dahin und wurde schließlich zur Keimzelle der Revolution. Als aber der Traum von der Weltmacht in der Niederlage von 1918 zerrann, setzte sich nach kurzem Atemholen nicht etwa die Besinnung, sondern der Ruf nach Rache, der Wille durch, nun erst recht auf die Macht zu bauen, nur bedenkenloser als bisher, über alle Schranken des Rechts hinweg ins Absolute gesteigert, um doch noch zum Ziel zu kommen. Das war Hitlers Botschaft, und ihre Annahme mündete in den Zweiten Weltkrieg, ins beispiellose Verbrechen, in die deutsche Selbstzerstörung.

Bald nach 1945 spaltete der Kalte Krieg die Siegermächte, und die Grenzlinie zwischen West und Ost verlief quer durch Deutschland. Der Bundesrepublik Deutschland und der Deutschen Demokratischen Republik, die 1949 entstanden, blieb kaum etwas anderes übrig, als sich so eng wie möglich an ihre jeweilige Vor- und Schutzmacht anzuschließen. Zwar mag man die zielstrebige Leistung Konrad Adenauers hier und Walter Ulbrichts dort so hoch einschätzen, wie man will, aber im Rückblick ist kaum zu sehen, welche Alternativen es hätte geben sollen. Beide Staaten waren die Kinder und auf ihre Weise die Gewinner des Kalten Krieges. Das führte auch dazu, daß sie mit ihren Feindbildern heranwuchsen, an denen sie sich rechtfertigten. Mit dem Schreckensgemälde von der kommunistischen Gewaltherrschaft auf der einen Seite und vom imperialistischen Klassenfeind im Gegenlager ließ sich wieder einmal begründen, warum man auf Gedeih und Verderb zusammenhalten mußte und den Andersdenkenden als einen Verräter anzusehen hatte.

Davon abgesehen war es bequem, nach allem, was geschehen war, die nationale Frage auf sich beruhen zu lassen, trotz aller einschlägigen Rhetorik und des Gebots zur Wiedervereinigung in der Präambel des Bonner Grundgesetzes. Im Alltag konzentrierte man sich darauf, tüchtig zu sein, soweit die Verhaltnisse es erlaubten. Je auf ihre Weise wollten sowohl die Bundesrepublik als auch die DDR vorbildliche Arbeitsgemeinschaften und Leistungsgesellschaften sein – und beinahe nichts außerdem. Pointiert zwar, aber im Kern zutreffend hat der Historiker Rudolf von Thadden dazu gesagt:

»Es gehört zu den charakteristischen Merkmalen der deutschen Nachkriegsentwicklung, und zwar in beiden Teilen Deutschlands, daß technische und wirtschaftliche Leistung in der Skala der Werte wieder weit obenan stehen. Bis in den Sport hinein gelten die Bundesrepublik und die DDR in der internationalen Öffentlichkeit als die Staaten, in denen andere Werte als Leistungssteigerung und technische Modernität vergleichsweise ein Schattendasein führen. Zwar erheben beide deutsche Staaten den Anspruch, mit ihrem Leistungswillen für übergeordnete Ziele zu stehen, faktisch entwickelt sich jedoch ein Selbstverständnis der Deutschen, das fast ausschließlich vom Stolz auf technische und wirtschaftliche Werte bestimmt wird. D-Mark und Goldmedaillen bilden den Kern des deutschen Nationalbewußtseins.«*

(Da die DDR über keine imponierende Währung verfügte und im wirtschaftlichen Wettbewerb hoffnungslos zurückfiel, konzentrierte sie sich auf die Goldmedaillen und vollbrachte auf ihre Weise eine Art von »Wunder«: Auf vergleichsweise winziger Bevölkerungsbasis entwickelte sie sich nicht nach, sondern neben den Vereinigten Staaten und der Sowjetunion zur dritten olympischen Weltmacht – mit Auswirkungen bis heute: Noch in Sydney 2000 waren die Goldmedaillengewinner aus den neuen Bundesländern gegenüber denen aus der alten Bundesrepublik kraß überrepräsentiert.)

Aber seit 1990 leben wir in unserem zweiten Nationalstaat – und zwar unter erschwerten Bedingungen. Denn die Flucht zu Feindbildern erbringt nichts mehr, es sei denn für einen dummen und dumpfen Rechtsradikalismus; wir sind, wie jemand sarkastisch gesagt hat, »von Freunden umzingelt«. Auch die Flucht nach vorn, nach Europa, hilft wenig. Denn was immer das sein oder werden mag, es besteht rings um uns her aus Nationen, die sich ihren historisch gewachsenen Zusammenhalt nicht abhandeln lassen und allergisch reagieren, wenn wir es dennoch versuchen. Die Frage, was unsere eigene Identität ausmacht, muß also so nüchtern wie möglich gestellt und beantwortet werden. Schließlich, aber nicht zuletzt werden wir in der Altersgesellschaft, der wir entgegengehen, auf Einwanderung angewiesen sein, und die Menschen, die nach Deutschland kommen, um hier zu leben, zu arbeiten und schließlich Bürger zu werden, haben ein Anrecht darauf, zu erfahren, was sie von uns zu erwarten haben und was nicht.

Es bietet sich an, zunächst einmal auszusondern, was zu nichts taugt, und das ist vorab die sogenannte *Kulturnation* samt allen Spielarten wie der »deutschen Kultur«, einer »Leitkultur« oder ähnlichem. Denn erstens bleibt vollkommen nebelhaft, was im einzelnen gemeint sein soll; der Willkür öffnen sich Tür und Tor. Und weil es an Klarheit mangelt, gerät man nur zu leicht ins Primitive hinüber, am Ende gar in den Wahn von »Blut und Boden«. Das gehört zu unseren geschichtlichen Erfahrungen, und sie sollten uns von weiteren Versuchen am untauglichen Objekt abhalten.

Zweitens hat auch sonst der national beschlagnahmte Kulturbegriff von den Anfängen im 19. Jahrhundert bis 1945 wahrlich genug Unheil angerichtet. Immer begleitete und rechtfertigte er den Kampf gegen die westliche Zivilisation, das heißt die Blockade der Errungenschaften von Freiheit und Gleichheit und der Durchsetzung von Demokratie. Fast beliebig könnte man Zeugnisse zitieren. Um Thomas Mann das Wort zu geben: »Ich will nicht Politik. Ich will Sachlichkeit, Ordnung, Anstand ... Ich bekenne mich tief überzeugt, daß das deutsche Volk die politische Demokratie niemals wird lieben können aus dem einfachen Grunde, weil es die Politik selbst nicht lieben kann, und daß der vielverschriene ›Obrigkeitsstaat‹ die dem deutschen Volk angemessene, zukömmliche und von ihm im Grunde gewollte Staatsform ist und bleibt ... Der Unterschied von Geist und Politik enthält den von Kultur und Zivilisation, von Seele und Gesellschaft, von Freiheit und Stimmrecht, von Kunst und Literatur; und Deutschtum, das ist Kultur, Seele, Freiheit, Kunst und *nicht* Zivilisation, Gesellschaft, Stimmrecht, Literatur.«*

Thomas Mann hat sich bald eines Besseren besonnen; andere und immer mehr Leute taten das Gegenteil. Im Zeichen der Gegensatzkonstruktion von deutscher Kultur und westlicher Zivilisation schürte man den Haß, machte man die Weimarer Republik als angeblich wesensfremd, als das Werk von Vaterlandsverrätern verächtlich und bereitete der Gewaltherrschaft den Weg, verbrannte man 1933 Bücher, trieb den Geist ins Exil, zerstörte mit der angeblich entarteten Kunst die Kunst überhaupt, organisierte die Judenvernichtung. Darf man das jemals vergessen? Und wie anders denn als schlicht reaktionär soll man es darum beurteilen, wenn der ostdeutsche Dramatiker Heiner Müller sich nach der Wiedervereinigung weinerlich beklagte: »Die ökonomisch über- und kulturell unterentwickelte Zivilisation der ehemaligen Bundesrepublik versucht, die in der ehemaligen DDR im Widerstand gegen die stalinistische Kolonisierung gewachsene Kultur durch Diffamierung und administrativ auszulöschen.«* (Ob eine besondere Kultur der DDR wirklich im Widerstand gegen den Stalinismus der Sowjetunion gewachsen ist, statt – von den Ausnahmen abgesehen, die die Regel bestätigen – im eher halbherzigen Ringen mit einer hausgemacht engstirnigen Staatsbürokratie, wäre außerdem zu fragen.)

Im Namen der Kulturnation begann der deutsche Irrweg ins Verhängnis. Wieder einmal läßt sich kein besserer Kronzeuge finden als Heinrich Heine: »Da sahen wir nun das idealische Flegeltum, das Herr Jahn in System gebracht; es begann die schäbige, plumpe, ungewaschene Opposition gegen eine Gesinnung, die eben das Herrlichste und Heiligste ist, was Deutschland hervorgebracht hat, nämlich gegen jene Humanität, gegen jene allgemeine Menschenverbrüderung, gegen jenen Kosmopolitismus, dem unsere großen Geister, Lessing, Herder, Schiller, Goethe, Jean Paul, dem alle Gebildeten in Deutschland immer gehuldigt haben.«*

Drittens läßt sich keine Kunst und Kultur von Rang national beschlagnahmen; sie mündet in ein Welterbe. Goethe und Thomas Mann gehören so wenig den Deutschen allein wie Dante den Italienern, Shakespeare den Briten, Balzac den Franzosen, Tolstoi den Russen oder Hemingway den Amerikanern. Entsprechend die Musik, die Malerei, die bildende Kunst, das Theater, der Film, die Architektur. Was wäre das für ein Museum, das zwar Dürer und Altdorfer darbietet, aber Rubens und Rembrandt vorsätzlich fernhält? Oder das von Manet und Picasso nichts wissen will – und nicht etwa aus Geldmangel, sondern mit der

Begründung, daß es von Max Liebermann bis Werner Tübke schon mit deutscher Kunst versorgt sei? Nein und abermals nein: Mit der Kulturnation läßt sich weder ein Staat noch Kultur machen und schon gar nicht die Nation begründen.

Oder soll man aufs Münchner Oktoberfest, den rheinischen Karneval und sonstiges Brauchtum von Friesland bis in die bayerischen Schuhplattlerberge verweisen? Wiederum nein: Das alles mag ja liebenswert sein und dem Tourismus aufhelfen wie Altheidelberg, Rothenburg ob der Tauber oder Neuschwanstein. Doch es gehört zur regionalen Vielfalt, an der hierzulande dank der einstigen Kleinstaaterei gottlob kein Mangel herrscht; zur Einheit der Kulturnation trägt es schwerlich bei. Denn es handelt sich um Vorpolitisches. Die Nation aber ist eine politische Schicksalsgemeinschaft, in der die Menschen miteinander Verantwortung übernehmen für das, was in ihrem Land und mit ihm in der Welt geschieht.

Dem Abräumen des Ungehörigen muß das Eingeständnis einer Verlegenheit folgen: Es fehlt uns an Mythen oder Gründungslegenden, auf die wir uns berufen können, wie die Eidgenossen auf ihre Tell-Saga und den Rütli-Schwur, die Engländer auf die Magna Charta und die »glorreiche« Revolution, die Franzosen auf die Jungfrau von Orleans und den Sturm auf die Bastille, die Niederländer auf ihren Freiheitskampf gegen Habsburg-Spanien, die Amerikaner auf die Unabhängigkeitserklärung und den Unabhängigkeitskrieg. Um diese Verlegenheit durch eine Anekdote anschaulich zu machen, die ich schon anderswo erzählt habe:

Etwa vor einem Vierteljahrhundert wurde ich zu einer Tagung junger Bundeswehroffiziere eingeladen. Es ging – wieder einmal – um die Frage, die wie das Ungeheuer von

Loch Ness periodisch auftaucht und verschwindet: welcher Tradition die Bundeswehr sich verpflichtet fühlen soll und welcher nicht. Ich erzählte vom Rütli-Rapport: Als im Jahre 1940 nach dem deutschen Sieg über Frankreich das Schicksal der Schweiz auf des Messers Schneide zu stehen schien, rief der eidgenössische Oberbefehlshaber, General Guisan, seine Truppenkommandanten auf dem Rütli zusammen. Hier, am mythisch geheiligten Ort, gingen die Befehlshaber miteinander die feierliche Verpflichtung ein, im Falle des deutschen Einmarsches nicht zu kapitulieren, sondern die Alpenfestung bedingungslos zu verteidigen. Das erwies sich als ein Vorgang von hoher Symbolkraft; keinem Offizier oder Soldaten und auch keinem Zivilbürger der Schweiz mußte noch eigens gesagt werden, was gemeint war.

Ich fragte: Wo wohl sollten bei einer entsprechenden Lage deutsche Generale sich versammeln? Langes Nachdenken. Dann sagte jemand: »Im Teutoburger Wald.« Die Reaktion war Gelächter – mit Recht, denn von Hermann dem Cherusker und aus seinen germanischen Urwäldern führt keine gerader Weg zum modernen Gemeinwesen. Wiederum nach längerer Pause schlug ein anderer Leutnant vor: »Am Sarge Friedrichs des Großen.« Ich fragte nach, wo der sich denn befinde, und das hätte ich besser nicht tun sollen. Denn darauf gab es keine Antwort mehr, jedenfalls keine zutreffende. (Damals hätte man die württembergische Hohenzollernburg in Hechingen besuchen müssen; erst nach der Wiedervereinigung, 1991, sind der große Friedrich und sein Vater, Friedrich Wilhelm I., nach Potsdam zurückgekehrt, und heute findet man Friedrich dort, wo er schon immer begraben sein wollte: bei seinen Hunden auf der Terrasse von Sanssouci.) Hiervon abgesehen, bleibt natürlich offen, wie eigentlich am Sarge eines preußischen Königs Sachsen, Bayern oder Rheinländer sich zur Vaterlandsverteidigung motiviert fühlen sollten.

Die Anekdote spricht nicht vom Bildungsmangel der Offiziere, sondern von der Verlegenheit, in die höchstpersönlich die Geschichte uns versetzt; sie ist von Brüchen statt von Kontinuität gekennzeichnet. Allein im 20. Jahrhundert hat es im deutschen Westen vier, im Osten sogar fünf Regime gegeben, von denen jedes des Vorgängers Feind war. Aber bereits das Kaiserreich befand sich in der mißlichen Lage, brandneu und traditionslos zu sein. Es hat Versuche gegeben, ans mittelalterliche Reich anzuknüpfen und etwa den »Weißbart« Wilhelm I. zum wiedererstandenen »Rotbart« Friedrich von Hohenstaufen zu stilisieren; die Ergebnisse kann man im thüringischen Kyffhäuserdenkmal oder im Kaisersaal zu Goslar besichtigen. Aber im Rückblick nehmen sie sich kurios aus, und sie waren es von Anfang an. Kurzum: So weit wir auch suchen, finden wir in der Geschichte sehr wenig, was uns zur nationalen Identität verhilft, und statt womöglich neue Kuriositäten auszubrüten und uns mit ihnen lächerlich zu machen, sollten wir uns damit abfinden.

Vielleicht gäbe es ja etwas, was für unseren zweiten Nationalstaat sich als tauglich erwiese. An seinem Anfang standen kein Krieg und kein Schlachtentriumph, sondern die Zivilcourage einer Bürgerbewegung, die den hoffentlich letzten Obrigkeitsstaat auf deutschem Boden zum Einsturz brachte. Doch deren Symbol wäre die Nacht des 9. November 1989, in der die Berliner Mauer fiel. Statt dessen haben wir den 3. Oktober 1990 zu unserem neuen Sedantag gewählt. Eigentlich sollte das ein Feiertag für Ministerialbeamte sein, denn sie haben gezeigt, was sie unter hohem Zeit- und Problemdruck zu leisten vermögen, und das Datum ergab sich daraus, daß ihre Stäbe unter Leitung des Bundesinnenministers Wolfgang Schäuble und des Parlamentarischen Staatssekretärs beim Ministerpräsidenten der DDR, Günther Krause, mit ihrer Arbeit fertig waren, so daß der Einigungsvertrag und die anderen Vertragswerke von den Parlamenten ratifiziert werden konnten.* Nur mit der Freiheitsbewegung in der DDR hatte das kaum noch etwas zu tun – sollte es womöglich auch nicht; der Verdacht drängt sich auf, daß nicht Unruhe und ziviler Ungehorsam, sondern alterprobte Leistungstüchtigkeit das zu sein hat, was unser Gemeinwesen begründet.

Wie immer man urteilt: Was uns nach der Abweisung aller Illusionen zur Verfügung steht, ist ein weitgespanntes Rechtssystem, angefangen bei der Verfassung, die in ihren Grundzügen bereits aus dem Jahre 1949 stammt und die ihre geschichtliche Bewährungsprobe bestanden hat. Was wir damit haben, sollten wir nicht geringschätzen; alle Bürgerfreiheiten und alle Verpflichtungen, die zur politischen Ordnung gehören, sind darin aufbewahrt, übrigens ist es kein Zufall, daß die letzte Entscheidung über das Gebotene und Unerlaubte nicht beim Volk liegt, von dem angeblich alle Staatsgewalt ausgeht, auch nicht bei Parteien, beim Parlament, der Regierung oder der Länderkammer, sondern beim Bundesverfassungsgericht, also einer Rechtsinstanz.

Es ist mühsam, einen Rechtsstaat von Rang zu entwikkeln; die Arbeit von Generationen ist dafür erforderlich. Und wehe, wenn er verfällt! Diesen Verfall des Rechtsbewußtseins kann man bereits an der politischen Justiz der Weimarer Republik erkennen, und die vorsätzliche Mißachtung, ja Zerstörung des Rechts, die im »Dritten Reich« folgte, markiert die deutsche Katastrophe des 20. Jahrhunderts.*

Wenn aber eine Nation sich als Rechtsgemeinschaft versteht, dann bietet das große Vorteile. Erstens stellt sie sich nüchtern statt schwärmerisch dar. Zweitens verbindet sie mit anderen Rechtsgemeinschaften, auch übernationalen, statt daß sie trennt. Drittens schafft sie Klarheit für Zuwanderer. Um zu wiederholen, was der Grundgesetz sagt: »Alle Menschen sind vor dem Gesetz gleich … Niemand darf wegen seines Geschlechts, seiner Abstammung, seiner Rasse, seiner Sprache, seiner Heimat und Herkunft … benachteiligt oder bevorzugt werden.« Es ist freilich an uns, diese Prinzipien nicht nur zu beschwören, sondern sie gegen alle Borniertheit und Bösartigkeit auch in der Praxis durchzusetzen. Nicht in Festreden und Feiern, sondern im Alltag muß sich die Nation als Rechtsgemeinschaft bewähren.

Aber gehört wirklich auch die Sprache hierher? *Nein* in dem Sinne, daß es uns nichts angeht, wie sich die zugewanderten Türken oder Chinesen miteinander unterhalten. (Auch die Glaubensflüchtlinge aus Frankreich, die Hugenotten, denen der Große Kurfürst im Jahre 1685 mit seinem Edikt von Potsdam eine neue Heimat bot, haben Generationen hindurch untereinander französisch gesprochen und niemandem damit geschadet, ebensowenig die »Brüder aus der kalten Heimat« polnischer Sprache, die einst ein Grundelement der Ruhrbevölkerung bildeten.) *Ja* in einem sehr praktischen Sinne: Wer in einer Gesellschaft oder Nation leben will, muß ihre Rechts- und Verkehrsregeln verstehen, und es gibt unter Menschen kein wichtigeres Verkehrsmittel als die gemeinsame Sprache. Schon um ihrer Chancengleichheit willen liegt es daher im Interesse der Zuwanderer, daß sie des Deutschen mächtig werden – und in unserem Interesse, dafür jede nur denkbare Hilfe zu bieten.

Doch die Sprache ist ja noch mehr als bloß eine Abart von sozialem Führerschein. Sie stellt sich bei allen Wandlungen, denen sie unterliegt, traditionsmächtig dar, und wie bereits angedeutet, gehört gerade zum Deutschen eine große Tradition. Sie war das, was uns schon vorpolitisch zur Nation gemacht hat.

Wenn man allerdings den Zustand betrachtet, in dem sich unsere Sprache befindet, kann man wohl nur von einer Verschluderung sprechen, und dafür darf man wahrlich nicht die Türken, Chinesen oder andere Völkerschaften verantwortlich machen, die zu uns gekommen sind, sondern einzig uns selbst. Der Zeitgeist spricht grob und aufdringlich statt elegant und geistreich; er stammt aus der Welt der Werbung. Im übrigen spricht er englisch oder in einem Kauderwelsch, in das sich immerfort die aus dem Englischen abgeleiteten Ausdrücke mischen, sei es sinnvoll oder mehr noch sinnlos, bloß im Bestreben, sich wichtig zu tun und »up to date« zu sein.

Natürlich gibt es Anlässe, die etwas mit dem Nützlichen und Vernünftigen zu tun haben, denn immer ist es die Frage, wie man sich über die Sprachgrenzen hinweg verständlich machen will. Dem Latein der Kirche und der Gelehrten folgte im 18. und im 19. Jahrhundert in den Oberschichten, die international verkehrten, das Französische. Und um die Wende vom 19. zum 20. Jahrhundert sah es beinahe so aus, als würde jedenfalls im Reich der Wissenschaften das Deutsche sich international durchsetzen, denn damals nahmen unsere Universitäten und sonstigen Forschungsstätten in der Welt die Spitzenposition ein. Diese Chance haben wir im Zeitalter der Weltkriege und durch die Vertreibung des Geistes seit 1933 selbst zerstört.

Dem Siegeszug des Englischen haben Unternehmen wie die Ostindische Handelskompanie, Entdecker wie James

Cook und Admirale wie Horatio Nelson, kurz die Briten als Beherrscher der Meere mit ihrem weltumspannenden Empire vorgearbeitet, gefolgt von der Weltmacht Amerika, einschließlich seiner Unterhaltungsindustrie und Popkultur. Es gibt manche und sogar gute Gründe dafür, daß im Bereich der Popmusik und der Unterhaltungsprogramme, die deutsche Rundfunksender zum Nutzen der Jugend und der Autofahrer ausstrahlen, ganz überwiegend englisch gesungen wird. Und nicht bloß nützlich, sondern schlechthin notwendig ist es, daß Piloten, die um die Welt fliegen, sich mit den Fluglotsen der Bodenstationen in einer standardisierten Einheitssprache unterhalten können. Die endgültige und in ihrer historischen Bedeutung kaum hoch genug einzuschätzende Entscheidung zugunsten des Englischen dürfte wohl mit der technischen Revolution der Computer und des Internet gefallen sein; Globalisierung ist damit gleich Anglisierung.

Mit anderen Worten: In der Zukunft, der wir entgegengehen, müssen wir uns darauf einstellen, daß das Deutsche keine Weltsprache mehr ist, sondern ein indogermanischer oder europäischer Regionaldialekt, den, von den Zuwanderern abgesehen, immer weniger Menschen als Fremdsprache erlernen, weil er für sie nicht wichtig ist. Doch das bedeutet ja nicht, daß wir diesen Dialekt verkommen lassen dürften, statt ihn nach Kräften zu hüten und zu pflegen. Leider sieht es nicht danach aus. Mit den Massenmedien vorweg bläst der Zeitgeist dem Deutschen mit Sturmstärke ins Gesicht; das Geschwätz, das sich ausbreitet, muß unbedingt eine »Talk-Show« sein, und die Selbstentblößung des Intimen wird im Namen von »Big Brother« dargeboten. Das Gestelzte und die Wichtigtuerei kommen hinzu; wir richten den »Fokus« statt den Blick oder die Aufmerksamkeit auf etwas, das wir für »relevant«

statt bedeutsam oder wichtig halten. (Ach, endlos könnte man so fortfahren, aber der Abscheu verbietet es.)

Noch einmal, gegen die lauernden Einwände: Es ist vernünftig und nützlich, es erspart Zeit und Geld, wenn wir im internationalen Warenverkehr »Container« statt des altertümlichen Stückguts in Umlauf bringen, und entsprechend erspart es Mühen und Mißverständnisse, wenn wir grenzüberschreitend uns auf eine Verkehrsprache einigen, die vom Piloten über den Hotelportier bis zum Vorstandsvorsitzenden jeder versteht. Womöglich wäre es sogar für die Fortschritte der Europäischen Union sehr nützlich, wenn ihre Mitglieder die Eitelkeiten überwinden könnten und sich miteinander auf das Englische einließen, statt Übersetzungsdienste aufzubieten, die mit der wachsenden Zahl der zugehörigen Länder ins Absurde wuchern. Aber damit, daß wir, wenn wir unter uns sind, die Sprache der Nation als ihr Heiligtum hüten, hat das überhaupt nichts zu tun.

Zur Verschluderung der Sprache tragen natürlich die technischen Entwicklungen bei. Weithin hat das Fernsehen das Gespräch, das Erzählen, das abendliche Vorlesen im Familienkreis stranguliert. Und seit der Erfindung des Telefons sieht man sich zunehmend der Mühe enthoben, außer in geschäftsmäßigen Standardwendungen noch etwas schriftlich zu formulieren. Als unfreiwilliger Mithörer der allgegenwärtigen Handy-Kommunikation stellt man fest, wie laut, hastig und brüchig dort dahergeschwatzt wird; kaum daß noch richtige Sätze entstehen. »Alles klar?« heißt es zum Schluß.

Nein, überhaupt nicht. Nur von ferne und mit Wehmut erinnert man sich an die Gewohnheit und Kultur des sorgsamen Briefeschreibens, die frühere Generationen auszeichnete. Man lese zum Beispiel Briefe (oder die großen

Reden) Otto von Bismarcks; sie bieten sich als Denkmäler deutscher Sprachkunst dar.* Niemand unter den Staatsmännern der Gegenwart hält dem Vergleich stand, und man darf unsere Politiker nicht einmal tadeln; schließlich müssen sie dem Volk aufs Maul schauen und sich an die Menschen ihrer Umgebung und vor allem an die Massenmedien halten. Dort setzt sich offenbar als Regelfall durch: Je platter die Witze und je vordergründiger das Gerede, desto höher die Einschaltquoten. Oder wo überhaupt gibt es noch das halbwegs gute Gespräch, das beschwingt und womöglich sogar klüger macht? Doch wenn man sich nichts mehr zu sagen hat, erscheint sogar das hartnäckige Schweigen als sympathisch.

Als Trost wirkt nur, daß vom Handy-Geschwätz nichts bleibt – im Gegensatz zu den Schatztruhen voll vergilbter Briefe, die bisweilen ans Licht kommen und aus denen wir so viel über Menschen erfahren, die vor hundert oder zweihundert Jahren gelebt haben. Oder man sehe sich den Zustand von Buchbesprechungen in Zeitungen an, besonders die Besprechungen von Sachbüchern. Statt daß die Rezensenten sich als Anwälte ihres Lesepublikums verstehen, fragen sie nur, was es Neues gibt, und sprechen von »Meisterwerken«, wenn Materialschlachten geschlagen werden. Von der Sprache, von der Fähigkeit, Anschauung zu vermitteln, vom Lesefutter, vom guten oder schlechten Deutsch ist kaum noch die Rede. Wie sollte es denn? Davon verstehen die Leute, die da zur Feder greifen, vielmehr auf die Tastatur ihres Computers einhämmern, ja selbst nichts mehr.

Kann man gegen den Zeitgeist etwas ausrichten? Wahrlich sehr wenig, doch wir sollten es versuchen, und jeder kann dazu seinen Beitrag leisten, wie alltäglich und bescheiden auch immer. Oder sogar dann, wenn es allem Anschein nach vergeblich ist. Der antike Mythos erzählt von Sisyphos, der dazu verurteilt war, unablässig einen schweren Stein den Hügel hinaufzuwälzen. Wenn die Bergspitze fast erreicht war, rollte der Stein immer wieder in die Tiefe hinunter. So ungefähr ergeht es uns mit Arbeit an der Sprache. Aber Albert Camus hat in einem großen Essay gesagt, daß wir uns Sisyphos als einen glücklichen Menschen vorstellen sollen.*

Zur guten Sprache hilft übrigens das Lesen guter Sprache. Nach meiner Meinung hat das Deutsche im 19. Jahrhundert seinen Gipfel erreicht, von dem es seither herabrollt, und darum rate ich zu Autoren des 19. Jahrhundert. Man lese Heinrich Heine, Theodor Mommsens »Römische Geschichte«, Bismarcks »Gedanken und Erinnerungen«, die großen Romane eines Theodor Fontane. Oder man halte sich an Schriftsteller, die zwar im wesentlichen schon ins 20. Jahrhundert gehören, aber ihre Sprachbildung bereits früher empfingen, wie Thomas Mann. Und allem hochgestochenen Kauderwelsch der Psychologie und der Sozialwissenschaften in der Gegenwart möchte ich Sigmund Freud entgegenhalten. Man muß sich ja damit durchaus nicht zur Psychoanalyse bekehren – so wenig, wie man ein Lutheraner oder überhaupt ein Christ sein muß, um mit Gewinn in der Lutherbibel zu lesen. Aber an Freud kann man bewundem, mit welch einer klaren, stets von Anschauung gesättigten Sprache dieser Pionier der Seelenerkundung die bisher unbekannten Kontinente und sogar die Abgründe beschreibt, die sich ihm erschließen.

Zur Sache gehört allerdings, daß Sigmund Freud nicht in seiner Heimatstadt Wien oder in Deutschland gestorben ist, sondern 1939 im Londoner Exil, so wie Stefan Zweig 1942 in Brasilien und Lion Feuchtwanger 1958 in Los Angeles.

Wie uns die Stunde schlägt

Die Zeit spielt für den Menschen eine ganz besondere, bis in den Kern seiner Existenz hinein ihn prägende Rolle.* Sie schafft uns Abstand vom Bann des Augenblicks und von einer blinden Wiederholung des immer nur Gleichen – Abstand im doppelten Sinne. Einerseits wissen wir von der Vergangenheit; wir haben Geschichte und speichern in ihr unsere Erfahrungen. Andererseits wissen wir von der Zukunft, allerdings ohne sie zu kennen. Darum haben wir auch ein Wissen vom Sterbenmüssen, vom Tod, doch ohne der Umstände und des Zeitpunktes jemals sicher zu sein. Die Stunde wird uns schlagen, aber wann das sein wird, bleibt unbekannt.

Es ist offensichtlich, daß dieses Wissen vom Unwiderruflichen, von der unerbittlich ablaufenden Zeit, das uns auszeichnet, zugleich eine Last darstellt, oft nur schwer zu ertragen. Immer haben sich darum Menschen zurückgesehnt in die verlorene Unschuld, in die reine Natürlichkeit, in den Garten Eden. Es gibt eine Art von Neid auf einfacher begründete Lebewesen. Wie es bei Rainer Maria Rilke in den »Duineser Elegien« heißt:

»O Seligkeit der kleinen Kreatur,
die immer *bleibt* im Schoße, der sie austrug …«

Und dazu im Kontrast:

»Wer hat uns also umgedreht, daß wir,
was wir auch tun, in jener Haltung sind

> von einem, welcher fortgeht? Wie er auf
> dem letzten Hügel, der ihm ganz sein Tal
> noch einmal zeigt, sind wendet, anhält, weilt –,
> so leben wir und nehmen immer Abschied.«

Die Bibel erzählt gleich nach der Schöpfungsgeschichte von unserer Halbheit: Zwar haben wir die Frucht der Erkenntnis gegessen, aber es bleibt uns verwehrt, auch vom Baum des Lebens zu kosten. Wir dürfen nicht ewig leben und unsterblich sein; diese Eigenschaft haben die Menschen in den verschiedensten Formen immer wieder ihren Göttern zugeschrieben, weil sie selbst darauf hoffen. Zur christlichen Verheißung gehört – jenseits des Todes, am Jüngsten Tag, also am Ende aller Zeit: die Auferstehung des Fleisches und ein ewiges Leben. Einen ganz anderen, aber wenigstens im Negativen, in der Hoffnung auf ein Entkommen aus dem Zugriff der Zeit brüderlich verwandten Weg offenbart der Buddhismus: Aus dem Zirkel der Wiedergeburten kann es einen Ausweg der Erleuchtung und Erlösung geben, den Weg ins Nirwana.

Doch wir lassen den Weltenvergleich beiseite, so verlokkend er sein mag, und wenden uns dem eigenen Kulturkreis zu. Was ihn schon früh auszeichnet, ist die Entwicklung eines ständig präziseren Zeitbewußtseins, mit der Tendenz, das ganze Leben nach genauen Zeitplänen zu organisieren. Man sagt nicht zuviel, wenn man feststellt, daß die Uhr das eigentlich zentrale Instrument, daß die Zeit-Maschine die wirklich entscheidende Maschine unserer Zivilisation ist. Übrigens auch eine der ersten: Vom 13. Jahrhundert an kommen Räderuhren mit Hemmung und Gewicht auf, etwas später dann in den Städten die Turmuhren, die die Stunden und wieder etwas später sogar schon die Viertelstunden schlagen. In Nürnberg zum Beispiel fängt das auf St. Sebaldus 1493 an, wie zum Symbol für den Beginn der Neu-Zeit; gerade ein Jahr zuvor hatte Kolumbus seine berühmte Entdeckungsreise angetreten. In Nürnberg war es übrigens auch, wo Peter Henlein um 1510 eine Taschenuhr zum Mittragen entwickelte, sozusagen als den Ahnherrn oder die Ahnfrau der uns selbstverständlichen Armbanduhren. Gut zweihundert Jahre später, im 18. Jahrhundert, berichtet Voltaire aus dem sportversessenen England von Stoppuhren, die die Sekunden ticken. Und wiederum in England erfand John Harrison den Chronometer, der auch bei langen Seereisen so genau lief, daß mit ihm die Schiffsposition auf dem Längengrad bestimmt werden konnte.* Inzwischen sind wir im Sport bei der Hundertstelsekunde angekommen – und in den wissenschaftlich-technischen Grenzbereichen natürlich schon viel, viel weiter, längst über das hinaus, was sich halbwegs anschaulich überhaupt vorstellen läßt.

Was das alles bedeutet, wird im Kontrast sichtbar. In einem Bericht aus Mexiko heißt es: »Diejenige Haltung, die dem Indio den Ruf der Faulheit und Haltlosigkeit eingetragen hat, ist einzig seine Unpünktlichkeit, sein Mangel an Zeitsinn, oder wie immer man es nennen mag. Er lebt nach seinem eigenen Rhythmus, auf seiner eigenen Zeitebene. Die Vergangenheit ist wirklich, sie ist gewesen, wir alle haben sie gestern gesehen. Auch das Heute ist wirklich, ist heiß oder kalt, wir haben gegessen oder nicht gegessen, jedes Menschen Körper oder Magen kann das ohne Zaudern entscheiden. Aber das Morgen ist hypothetisch, es existiert nicht, ist völlig unwirklich, und Dinge, die unwirklich sind, haben keine bestimmten Dimensionen und keine bestimmte Zeitdauer. ›Ich komme morgen‹, sagt ein Indio und kommt vier Monate später – oder vielleicht auch fünf. Dennoch hat er nicht gelogen, hat weder betrogen noch versucht zu betrügen. Er hat nichts anderes getan, als daß er seine Gedanken auf das Unwirkliche richtete. Und wie in aller Welt könnte man etwas definieren, was nicht existiert?«*

Als historische Anmerkung: Die vorkolumbianischen Kulturen Altmexikos verfügten über sehr genaue und höchst komplizierte Zeitberechnungen.* Aber diese Kulturen wurden durch die Spanier zerstört, und immer gehört es zum Vollzug der Unterwerfung, daß Sieger den Besiegten die Verfügung über die Zeit rauben. (Das Wegnehmen der Uhren, das 1945 nicht nur im deutschen Osten vorkam, stellt so gesehen nicht bloß einen Akt der Bereicherung, sondern auch eine symbolträchtige Handlung dar.) Was folgte, war eine bis in vorbewußte Tiefenschichten reichende Verweigerung, und beinahe folgerichtig ist »el hombre acurrucado«, der Mann, der geduldig und gelassen im Schatten einer Mauer oder eines Baumes hockt und die Zeit verdöst, den Sombrero tief ins Gesicht gezogen, zu einem Sinnbild Mexikos geworden.

Pünktlichkeit, sagt man – sagen *wir* –, ist eine Form der Höflichkeit. Es gehört sich nicht, den anderen, mit dem man sich verabredet hat, warten zu lassen. Darum ärgern wir uns über die Bahn, die sich um sieben Minuten verspätet; sie verhält sich uns gegenüber nicht höflich, sondern ruppig. In Mexiko ist es genau umgekehrt – und keineswegs nur bei den Indios. Wenn man zum Beispiel für acht Uhr abends zum Essen eingeladen wird und pünktlich erscheint, stürzt man den Gastgeber in peinliche Verlegenheit. Der Hausherr ist im Zweifelsfall gar nicht da, sondern noch irgendwo zu letzten Einkäufen unterwegs, und die Hausfrau sitzt in der Badewanne, mit Lockenwicklern im Haar. Vielleicht nicht ganz so kraß, aber doch ähnlich geht es in vielen Ländern der sogenannten Dritten Welt zu.

Den Zusammenstoß des Unvergleichbaren markiert die Geschichte vom nordamerikanischen oder mitteleuropäischen Touristen, der irgendwo den dösenden »Eingeborenen« sieht, sich ärgert, ihn anstößt und fragt:

»Warum arbeitest du nicht?«

»Warum sollte ich?«

»Um Geld zu verdienen!«

»Und was soll ich mit dem Geld anfangen?«

»Dir ein Sparkonto anlegen!«

»Wozu brauche ich das denn?«

»Damit du im Alter nicht mehr zu arbeiten brauchst.«

»Aber das tue ich jetzt, wo ich jung bin, doch auch schon nicht.«

Wenn man genau hinhört, geht die Pointe, das heimliche Gelächter in dieser Geschichte zu Lasten des Touristen. Und irgendwo in der Tiefe pocht sein Neid – unser Neid. Der alljährliche Ferienstrom in südliche Gefilde hat ja nicht nur mit der Sonne zu tun, sondern ebenso mit einer Lebensform der Entspanntheit, die wir dort vermuten. Wenigstens auf Zeit möchten wir die Zeit, das heißt unser Angespanntsein zur Zukunft hin, vergessen und bloß den Augenblick genießen.

Aber wie soll uns das gelingen, wenn wir es nur auf Zeit, nach dem Terminkalender tun? Daher wohl die Hektik des typischen Urlaubs; möglichst viel soll in die knappe Zeit hineingepackt werden. Wir könnten etwas versäumen, sei es, bildungshungrig, ein Gemäuer mit dem Stern im Reiseführer, sei es, erlebnishungrig, die Begegnung mit dem Traummann oder der Traumfrau. Eben damit bleibt freilich die Enttäuschung vorprogrammiert; unser Zeitsinn blockiert die Chance zum wirklich anderen Leben. Das – so vermuten wir – führen die Eingeborenen heimlich, hinter unserem Rücken oder wenn wir wieder fort sind. (In

Wahrheit verführt unser Auftreten sie dazu, als »Asylanten« zu uns zu kommen, um fleißig zu sein und gutes Geld zu verdienen.)

Die Frage drängt sich auf: Wie ist es in der westlich-abendländischen Zivilisation zu einer besonderen Zeitorganisation, zur Angespanntheit auf die Zukunft hin eigentlich gekommen? Ein Teil der Antwort hat mit dem Glauben zu tun, mit der christlichen Erwartung des Jüngsten Gerichts und der Auferstehung zum ewigen Leben. Die Reformation hat die Verurteilung des Müßiggangs, die Konzentration auf Beruf und Erwerb hinzugefügt. Jeder wurde fortan verachtet, der nicht nutzbringend tätig war: der Mönch und der Heilige, der Bettler ebenso wie der reiche Genießer, der Spieler und der Don Juan.* Doch langfristig entscheidend waren die Entwicklung und die Durchsetzung der bürgerlichen Gesellschaft, die sich seit dem Mittelalter in der Städtekultur vorbereitete.

Wieder erkennt man das im Kontrast. Nicht nur in Europa, sondern fast überall auf der Welt begegnen uns Agrargesellschaften. Die große Mehrheit der Menschen lebt auf dem Lande und von der Landwirtschaft – wie einmal mehr schon die Bibel erzählt: »Abel ward ein Schäfer, Kain aber ward ein Ackermann.« Von Hirten- und Bauernkulturen ist also die Rede, und bei allen Unterschieden im einzelnen gelten da im Elementaren stets ähnliche Umstände. Man lebt eingebettet in die Natur, in die Bedingungen des Bodens und des Klimas, in den Rhythmus von Tag und Nacht, Frühjahr und Herbst, von Aussaat und Ernte, von Werden und Vergehen. Jedermann schuftet, wenn es nötig ist, aber den Winter verdöst man hinter dem wärmenden Ofen und träumt vom Schlaraffenland, in dem einem ohne alle Arbeit die gebratenen Tauben ins Maul fliegen.

Immer gibt es Gefährdungen, auch durch menschliche Gewalt, durch Krieg und Plünderung, mehr noch durch Mißernten, Dürre, Überschwemmung, Hagel, Blitzschlag, durch Seuchen. Das eigentlich Mächtige ist nicht der Mensch, sondern die Natur. Und die stellt sich als Wiederkehr des immer Gleichen dar. Nichts ändert sich wirklich, auch nicht die Produktionsbedingungen. Nur als Beispiel zur Anschauung stelle man sich vor, wie wenig von Urzeiten bis ins 19. Jahrhundert die Verkehrsgeschwindigkeiten sich geändert haben; bis zur Erfindung der Dampfmaschine und der Eisenbahn blieb noch die schnellste Möglichkeit, sich zu bewegen, bestimmt durch natürliche Kräfte: durch das galoppierende Pferd oder das vom Wind geschwellte Segel. Oder wie Luther aus dem Fünften Buch Mose übersetzt: »Du sollst dem Ochsen, der da drischt, nicht das Maul verbinden.« Das war keine Redensart, sondern für Jahrtausende handgreifliche Realität, in Altisrael nicht anders als in Alteuropa.

Die Menschen erleben sich nicht im Fortschritt, sondern im Rundgang des Natürlichen, auch im Sinne von Geburt und Tod; nicht das Individuum, sondern die Kette der Generationen bildet die eigentliche Realität. Das heißt, mit anderen Worten: Die Zeit ist im Grunde nicht ein linearer Prozeß unwiderruflicher Veränderung, sondern Kreisbewegung und Wiederkehr. Uhren braucht man ohnehin nicht; wann es Zeit ist zum Pflugen oder zur Ernte, sagt dem Landmann nicht der Blick aufs Zifferblatt oder in den Terminkalender, sondern auf Himmel und Erde, nicht die abstrakte Einteilung, sondern die ererbte Erfahrung.

Die Änderung beginnt, wo man sich vom Natürlichen emanzipiert, sich davon im modernen Triumph der Weltbemächtigung freikämpft. Es ist kein Zufall, daß für die frühe Uhrenentwicklung zwei Institutionen genannt werden: das Kloster und die Stadt. Der Mönch muß wissen, wann ihm die Hora, die Stunde fürs Stundengebet, geschlagen hat, und für den Lieferanten, den Handelsherrn werden Termine wichtig. Termine, wohlgemerkt, die immer weniger natürlich bestimmt sind, die immer mehr, immer ausschließlicher rein gesellschaftlich und wirtschaftlich bestimmt werden in einem stets dichteren und stets weiter ausgreifenden Beziehungsgeflecht, im menschengemachten Räderwerk, das die Uhr symbolisiert.

Aus der Vielfalt der Einzelfragen ragt ein Stichwort heraus: Konkurrenz. Wo sie sich durchsetzt, geraten alle Verhältnisse, die Wirtschaft, die Gesellschaft, die Vorstellungen, unabsehbar in Bewegung, und der Unternehmer, der sich nicht auf den »Prozeß der schöpferischen Zerstörung«, auf den Sturm des Wandels einstellt, muß früher oder später den Gang zum Konkursrichter antreten.* Übrigens hat niemand den Sachverhalt und den Kontrast zu vormodernen Verhältnissen so farbig, so dramatisch geschildert wie Karl Marx im »Kommunistischen Manifest«:

»Die Bourgeoisie hat enthüllt, wie die brutale Kraftäußerung, die die Reaktion so sehr am Mittelalter bewundert, in der trägsten Bärenhäuterei ihre passende Ergänzung fand. Erst sie hat bewiesen, was die Tätigkeit des Menschen zustande bringen kann. Sie hat ganz andere Wunderwerke vollbracht als ägyptische Pyramiden, römische Wasserleitungen und gotische Kathedralen, sie hat ganz andere Züge ausgeführt als Völkerwanderungen oder Kreuzzüge. – Die Bourgeoisie kann nicht existieren, ohne die Produktionsinstrumente, also die Produktionsverhältnisse, also sämtliche gesellschaftlichen Verhältnisse fortwährend zu revolutionieren. Unveränderte Beibehaltung der alten Produktionsweise war dagegen die erste Existenzbedingung aller früheren industriellen [sprich: wirtschaftlichen] Klassen. Die fortwährende Umwälzung der Produktion, die ununterbrochene Erschütterung aller gesellschaftlichen Zustände, die ewige Unsicherheit und Bewegung zeichnet die Bourgeoisepoche vor allen anderen aus. Alle festen, eingerosteten Verhältnisse mit ihrem Gefolge von altehrwürdigen Vorstellungen und Anschauungen werden aufgelöst, alle neugebildeten veralten, ehe sie verknöchern können.«

Es versteht sich, welch zentrale Rolle bei alledem die Vorausschau, die Ausrichtung zur Zukunft, die präzise Zeitorganisation, die Zeitrationalisierung spielt. Denn Zeit ist buchstäblich Geld. Und man kann den Sachverhalt durch alle Lebensbereiche hindurch verfolgen. Das System der parlamentarischen Demokratie ist als Konkurrenzprinzip organisiert, im Gegensatz zum uralten und einst menschheitlich verbreiteten Königs- und Adelsprinzip, das sich auf das Überdauern in der Erbfolge gründet. Hingegen sind am Ende des 20. Jahrhunderts das Sowjetimperium und Staaten wie die DDR auch daran gescheitert, daß sie sich auf die Monopolherrschaft einer Partei verließen. Unsere politische Ordnung hat mit ihrer Zeitorganisation zu tun: damit, daß die Mehrheitsbefugnis nur auf Widerruf verliehen wird; der stets schon heranrückende Zeitpunkt der Neuwahlen ist das Damoklesschwert für die Regierungen, die Hoffnung für die Opposition.

Oder um einen anderen und wiederum symbolträchtigen Bereich zu erwähnen, der bei der Geschichte der Uhrenentwicklung schon gestreift wurde, den modernen Sport: Auch da gilt, was Karl Marx geschildert hat. Johnny Weissmuller zum Beispiel war der überlegenste und berühmteste Kraulschwimmer seiner Epoche. Er stellte zahlreiche Weltrekorde auf, unterbot als erster die »Traumgrenze« von einer Minute für einhundert Meter und gewann bei zwei Olympischen Spielen Goldmedaillen. (Das Gold vergoldete er anschließend als »Tarzan«.) Aber bei den Spielen von München, 1972, wäre er mit seinen einstigen Bestleistungen gar nicht mehr zugelassen – oder noch von den Mädchen bis zur Lächerlichkeit besiegt worden. Doch dem »Superstar« von München, Mark Spitz – sieben Goldmedaillen – wäre es in Sydney 2000 nicht besser ergangen; seine über dreißig Weltrekorde wurden längst überboten.

Wenn es wahr ist, daß die Form ihrer Zeitorganisation die moderne Gesellschaft charakterisiert, dann muß das nicht nur im historischen Längsschnitt durch die Jahrhunderte zu erkennen sein, also im Gegensatz zur vormodernen Lebensordnung, sondern auch in ihrem Querschnitt, in der Struktur unserer Gesellschaft, in ihrer hierarchischen Abstufung, in der Verteilung von Macht, Einkommen und Ansehen.

Daß es tatsächlich so ist, läßt sich unschwer nachweisen. Der Zwölf-, Vierzehn- oder womöglich sogar Sechzehnstundentag, die Überfülle der Aufgaben und Ämter und der für Wochen, wenn nicht für Monate im voraus schon »ausgebuchte« Terminkalender, kurz ein zum Prinzip gewordener Mangel an Zeit gehört zu den Merkmalen jeder modernen Elite. Das gilt für Manager und Minister, für Groß-Professoren, Groß-Künstler und Groß-Bischöfe gleichermaßen. Wer dagegen Zeit hat, ist offenbar nicht gefragt. Er zählt nicht, ist nicht wirklich wichtig. Daher klagt man zwar wohlgefällig über den »Streß« des Gehetztseins, aber es wäre schrecklich, wenn er ausbliebe. So erweist sich, konsequent genug, die Dauerüberlastung als Statussymbol und am Ende gar die Verweigerung, mit der der Körper auf solche Überlastung reagiert. Zwar scheint der Herzinfarkt eher »out« zu sein, seit er in den Bereich des Herrn Jedermann rückte. Aber ein Herzschrittmacher tut es vielleicht auch.

Die Probe ist leicht gemacht: Man versuche, fünf ehrenwerte Persönlichkeiten zu einer Konferenz zusammenzubringen. Gelingt das ohne größere Schwierigkeiten, so hat man die falschen ausgesucht. Bei den richtigen ist es fast unmöglich. Schafft man es doch einmal, so geht es keinesfalls ohne Störungen ab. Der eine kann erst am Nachmittag kommen, der zweite muß dann schon wieder fort: »Das Entwicklungspalaver in Nairobi ...« Tiefes Seufzen: »Sie verstehen?« Man versteht. Der dritte und der vierte werden von Zeit zu Zeit herausgerufen: »Herr Dr. Brockmann, Herr Müller-Schwandorf, Telefon!« Und nebenher drängt sich der Verdacht auf, daß der rasante Handy-Siegeszug dadurch beflügelt wird, daß nun alle Leute, sogar die ganz gewöhnlichen, mit dem eifrigen Gebrauch so tun können, als gehörten sie zur Elite.

Wie seltsam, wie wenig »natürlich« das alles ist, erkennt man am Vergleich. Als Bismarck noch die Geschicke Preußens und Deutschlands lenkte, als Ministerpräsident und Reichskanzler in einer Person, dazu noch als sein eigener Außenminister, verschwand er oft für Monate – ohne Telefon- oder Telegraphenanschluß – ins hinterpommersche Vazin oder nach Friedrichsruh, um dann mit Berlin gelegentlich Briefe und Boten zu wechseln. Anderen großen Staatsmännern des 19. Jahrhunderts, wie Talleyrand oder Metternich, wäre es einfach als kulturlos, als barbarisch erschienen, keine Zeit zu haben. Napoleon freilich war schon ein anderer Fall. Aber mit seiner Arbeitswut, seiner Gehetztheit, seinem Vierstundenschlaf bewies er nur seine zweifelhafte, von der Revolution von 1789 nicht zu lösende Abkunft, die ihn schließlich zu Fall brachte – oder, was aufs gleiche hinausläuft: daß er der allzu frühe Sendbote eines neuen Zeitalters war.

Um noch einmal zu Bismarck zurückzukehren: Man hat errechnet, daß er, beginnend mit dem Norddeutschen Bund, von seinen vierundzwanzig Kanzlerjahren fünfzehn im Dienst verbracht hat und neun Jahre abwesend war. Läßt man die Zeit bis 1871 fort, als im Drang der Geschäfte wenig Freiheit blieb, so kommt man für die späteren Jahre fast auf ein Verhältnis von eins zu eins. Und hätte es damals schon ein »Buch der Rekorde« gegeben, so wäre der Reichskanzler wohl in ihm verewigt worden, seit er im April 1877 nach Vazin reiste und erst im Februar 1878 nach Berlin zurückkehrte.*

Natürlich kann man sagen, daß die Verhältnisse vor hundertzwanzig Jahren anders aussahen als heute. Aufsehen haben Bismarcks lange Abwesenheiten aber schon damals erregt, jedenfalls im fortgeschrittenen Ausland. Als es wieder einmal auf dem Balkan drunter und drüber ging und der russisch-türkische Krieg sich vorbereitete, der dann zum Berliner Kongreß von 1878 führte, kehrte der britische Botschafter in Berlin, Lord Odo Russell, nach London zurück und erklärte seinem Premierminister Disraeli, daß er in Berlin doch nichts tun könnte, weil der Kanzler und Außenminister nicht zu erreichen sei. »Und was wird aus Deutschland?« fragte der verblüffte Disraeli. »Wenn man mir sagt, daß Deutschland samt seinem Ministerpräsidenten sich in die Einsamkeit zurückgezogen hat und nicht gestört werden darf und daß der Botschafter Ihrer Majestät hier ist, weil es keinen Sinn hat, auf seinem Posten zu bleiben, dann höre ich exzentrische Dinge, die nicht erlaubt werden dürfen, wenn es um Ereignisse geht, die das Schicksal von Generationen und Kaisern betreffen.«*

Aber das Zauberwort der vormodernen Gesellschaft heißt *Muße*. Sie stellte einst das Kennzeichen der wahren, aristokratischen Oberschicht dar, zu der seiner Herkunft und seinem Wesen nach auch Bismarck gehörte. Noch im Jahre 1899 konnte der amerikanische Ökonom und Soziologe Thorstein Veblen eine Analyse der Oberschichten unter dem Titel »Theorie der Mußeklasse« liefern.* Und er konnte sich über den »demonstrativen Verbrauch« der Muße entrüsten, über die Vergeudung als Statussymbol, dieses teure, immer neue und immer gleiche Spiel der Jagden und Feste, mit Pferden und Frauen ... Heute würde die Beschreibung allenfalls noch zum Jet-set der Playboys und -girls passen: reich zwar, aber längst nicht mehr einflußreich.

Wie läßt sich der dramatische Wandel erklären? Die Antwort liegt nahe genug: aus der gesamtgesellschaftlichen Hierarchie natürlich – und wie immer im Kontrast. Man muß sich also nur die Situation der »anderen«, der Mehrheit ansehen, von der die Elite sich prestigeträchtig abhebt; man beachte, wovon hier die Rede ist: Zeit-Fragen. Noch um die Mitte des 19. Jahrhunderts blieb Muße für die Masse der Menschen etwa Märchenhaftes, ein Traum. Es galt die Arbeitswoche von siebzig, manchmal noch mehr Stunden, von früher Jugend an unentrinnbar bis ins Alter, sobald und solange man nur arbeiten konnte. Urlaub war unbekannt. So schien nicht nur, sondern war tatsächlich Muße das demonstrativ zelebrierte Statussymbol, das kostbare Privileg der Oberschicht.

Aber heute? Für die Mehrheit gilt – dank technischem Fortschritt und einem Jahrhundertkampf der Gewerkschaften – der Siebeneinhalbstundentag in der Fünftagewoche, bei schrumpfender Lebensarbeitszeit, plus fünf oder sechs Wochen Jahresurlaub. Man hat errechnet, daß im Jahre 1850 von den 5840 »wachen« Stunden des Jahres – also ohne die Zeit zum Schlafen – 3920 Stunden mit Arbeit verbracht wurden, während 1920 Stunden für alles übrige ausreichen mußten. Inzwischen sind nur etwa 1600 Arbeitsstunden geblieben, denen 4240 »freie« Stunden gegenüberstehen. Gleichzeitig schrumpft die Lebensarbeitszeit; im statistischen Durchschnitt treten wir viel später in den Beruf ein als unsere Urgroßeltern und verabschieden uns auch früher in den »wohlverdienten« Ruhestand. Und noch ein Zahlenvergleich: Im Jahre 1960 betrug das westdeutsche Bruttoinlandsprodukt rund 1000 Milliarden, 1994 2707 Milliarden Mark; gleichzeitig *sank* – bei wachsender Bevölkerung – das gesamte Arbeitsvolumen pro Jahr von 56 auf 45 Milliarden Stunden.

Steigt man auf der gesellschaftlichen Stufenleiter weiter herab, so stößt man auf die, denen das Übermaß an freier Zeit zum Fluch und zur Plage gerät, auf die Ausgeschlossenen, Ausrangierten, die nicht oder nicht mehr Gefragten oder Leistungsfähigen: auf die Arbeitslosen und ein unaufhaltsam wachsendes Heer rüstiger Renter: die in der Arbeitsgesellschaft Überflüssigen. Nach allem, was sich absehen läßt, wird die Entwicklung weitergehen, womöglich sogar sich dramatisch zuspitzen. Arbeit wird zum grundsätzlich knappen und damit kostbaren Gut. Eben damit und genau darum wird aber der Mangel an Zeit, die notorische Überarbeitung und Gehetztheit, zum entscheidenden Prestigefaktor, zum zentralen und alle sonstigen Unterschiede überdeckenden Merkmal moderner Eliten. Sie mögen das ableugnen, auch oder gerade vor sich selbst, und im Selbstmitleid Trost suchen. Doch dies ist der Tatbestand.

Natürlich kann man einwenden, daß auch das Ansehen der Arbeit sich verändert. Die protestantische Berufung in einen lebenslangen Beruf gehört ohnehin bald zum alten Eisen, sofern die Auguren recht behalten. Für immer mehr Menschen wird die Arbeit zum bloßen »Job«, und sie verlagern den Schwerpunkt wie die Sinnerfüllung ihrer Existenz in die Freizeit. Sie verstehen kaum noch oder überhaupt nicht mehr, daß das Leben köstlich gewesen sein soll, wenn es Mühe und Arbeit war.

Müßte man darum nicht die Mußegesellschaft – das uralte Traumbild und Märchenideal der Menschheit – von Grund auf neu erfinden, nun gottlob für die vielen statt für die wenigen? Ja, aber wie? Schon vor reichlich einem Jahrhundert hat der Schwiegersohn von Karl Marx, Paul Lafargue, ein Buch mit dem schönen Titel »Das Recht auf Faulheit« geschrieben, übrigens zum Mißfallen seines Schwiegervaters.* Und dieses Recht auf Faulheit mag eine Abart von Menschenrecht sein. Doch schlicht zum Faulenzen ist der Mensch offenbar nicht gemacht. Er ist, so scheint es, ein unverbesserlicher Aktivist. Er klettert auf Berge, wandert durch Wüsten, taucht in die Ozeane, fliegt in den Weltraum, läßt sich auf waghalsige Wetten und Wettkämpfe ein, sucht das Abenteuer in jeder nur möglichen und unmöglichen Form. Er spielt, tanzt, singt, produziert Kitsch und Kunst, Opern, Operetten oder Popmusik, Gelehrsamkeit oder Taschenspielertricks und wer weiß was sonst noch alles. Und bei alledem fühlt er sich pudelwohl, obwohl gar nichts Nützliches und Vernünftiges, im Sinne der biologischen Erfordernisse Notwendiges dabei herausspringt. Andererseits kann der Mensch in der Fülle des Notwendigen, vollgestopft mit Futter, Sex und allem übrigen, völlig verzweifeln und – ein humanes Privileg – im extremen Falle Selbstmord begehen. Bekanntlich fallen die Selbstmord- und Kriminalitätsraten nicht mit dem Wohlstandsniveau unserer Zivilisation, sondern sie steigen. Es ist nun einmal nicht auszuhalten, keine Aufgabe zu haben, nicht gebraucht zu werden, aufs immerwährende Zuschauen und Sich-Ausruhen angewiesen zu sein. Oder schlicht gesagt: Der Mensch lebt nicht vom Brot allein. Diese alte biblische Wahrheit macht sich genau in dem Maße handgreiflich bemerkbar, in dem es am Brot nicht mehr mangelt. Mit anderen Worten: Wir brauchen die aktive statt der passiven Muße.

Der Zeitgeist setzt auf die Entwicklung einer *Spaßgesellschaft*, und die Massenmedien führen uns täglich vor Augen, wie ihre Idole und Möglichkeiten aussehen. Ihr Problem dürfte indessen die Zeit-Perspektive sein. Wie die Arbeitsgesellschaft – und so gesehen als deren Abbild – richtet diese Spaßgesellschaft sich zur Zukunft, nur noch kurzatmiger. Sie ist begierig auf alles Neue und stürzt dem jeweils Modischen hinterher. Ihre Songs und Stars kommen und gehen; was eben noch »in« war, ist morgen schon »mega-out«. Darum muß man die Partner wechseln wie die Orte, an denen man sich trifft; das Schalwerden und das Altern hängen als immerwährende düstere Drohungen über dem Spaßhaben des Augenblicks und verdichten sich zu hintergründiger, nur übertäubter Angst statt zu dem Glück, das ein Verweilen erlaubt. Insofern reimt sich die Spaßgesellschaft auch überhaupt nicht zur Altersgesellschaft, der wir entgegengehen.

Wenn wir mehr erreichen wollen, müßten wir uns aus der Zeitorganisation befreien, deren Sklaven wir sind; wir müßten sozusagen ihr Uhrengetriebe abschaffen oder zum Stillstand bringen. Indem sie sich zur Zukunft richtet, bringt diese Zeitorganisation beständig zum Verschwinden, was gerade, gestern noch, galt. Es gibt aber das Menschheitserbe einer anderer Zeit, und im geschichtlichen Maßstab liegt es uns eher nahe als fern. Die nicht linear fortschreitende, sondern im Werden und Vergehen, in der natürlichen Wiederkehr kreisende Zeit bestimmte sogar in Europa bis ins 19. Jahrhundert hinein ganz selbstverständlich das Leben für die Mehrheit der Menschen. In Ausläufern galt das sogar bis ins 20. Jahrhundert; in meiner hinterpommerschen Kindheit habe ich davon noch etwas erfahren.

Aber handelt es sich nicht um eine Utopie? Wie denn sollen der Umstieg und die Heimkehr gelingen, wenn uns Tag um Tag gesagt wird, daß wir im globalen Konkurrenzkampf um keinen Preis zurückbleiben dürfen, wenn wir unseren Wohlstand bewahren und nicht in Konkurs geraten wollen wie der Unternehmer, der das Investieren, die immerfort neuen Betriebsformen, Produkte und Absatzstrategien vernachlässigt? Heißt es denn nicht, daß alle Kinder, alle Schulen mit Computern ausgestattet und ans Internet angeschlossen werden müssen und daß kaum etwas wichtiger ist? Ja, allerdings, und wirtschaftlich betrachtet offenbar zu Recht.

Doch ebenso ist es richtig, daß die Entwicklung der modernen Arbeitsgesellschaft immer mehr Menschen ausschließt und sie zum »alten Eisen«, um nicht zu sagen auf die Müllhalden des Fortschritts wirft. Das gilt besonders für die stets zahlreicheren und immer zählebigeren alten Menschen. Sie sind zur Muße verurteilt. Kann man das nicht ins Positive wenden? Warum eigentlich, frage ich mich manchmal, sollen diese alten Leute nur hinnehmen und erdulden, daß sie nicht mehr gebraucht werden? Könnten die sich nicht ihrerseits aus der modernen Zeitorganisation verabschieden und die Utopie einer Heimkehr zur natürlichen Zeit erproben, um die es sich lohnen würde, daß sie verwirklicht würde? Da müßte, so stelle ich es mir vor, niemandem mehr die Stunde schlagen, es sei denn die seines Todes. Aber wer sollte ihn noch fürchten, wenn er doch zum Kreislauf des Lebens gehört und bestätigt, daß aller Fortschritt sich zum Teufel scheren mag?

Auf der Suche nach Heimat

»Globalisierung« heißt das Kennwort unserer Zeit. Was es meint, ist allerdings nicht neu; schon als Auftakt zum Revolutionsjahr 1848 veröffentlichte Karl Marx das »Manifest der Kommunistischen Partei«, in dem gültig gesagt wird, worum es sich handelt: »Die Bourgeoisie reißt durch die rasche Verbesserung aller Produktionsinstrumente, durch die unendlich erleichterten Kommunikationen alle, auch die barbarischsten Nationen in die Zivilisation. Die wohlfeilen Preise ihrer Waren sind die schwere Artillerie, mit der sie alle chinesischen Mauern in den Grund schießt, mit der sie den hartnäckigsten Fremdenhaß der Barbaren zur Kapitulation zwingt. Sie zwingt alle Nationen, die Produktionsweise der Bourgeoisie sich anzueignen, wenn sie nicht zugrunde gehen wollen; sie zwingt sie, die sogenannte Zivilisation bei sich selbst einzuführen … Mit einem Wort, sie schafft eine Welt nach ihrem eigenen Bilde.«

Der Unterschied zwischen dem Jahre 1848 und der Gegenwart besteht eigentlich nur darin, daß inzwischen die sogenannten Barbaren mit ihren Billiglöhnen, ihrem Fleiß und ihrem Einfallsreichtum auch zurückschießen, so daß wir uns anstrengen müssen, wenn wir im weltweiten Konkurrenzkampf bestehen wollen. Und fast möchte man meinen, daß Marx die Zukunft um anderthalb Jahrhunderte vorweggenommen hat, denn die unendlich erleichterten Kommunikationen, von denen er spricht, sind mit Düsenflugzeugen und Container-Frachtschiffen, vor allem aber mit Computer und Internet doch erst in unserer Zeit zur handgreiflichen Wirklichkeit geworden. Noch am Anfang des 20. Jahrhunderts war es beinahe exotisch, in die Ferne zu fahren. Nur wenige Auserlesene, wie zum Beispiel Seine Majestät, Kaiser Wilhelm II., konnten sich die jährliche Nordlandreise oder den Aufenthalt auf einer Mittelmeerinsel leisten. Heute aber reisen Abermillionen, und weitere Abermillionen Menschen aller Nationen, Hautfarben und Kulturen treffen sich alltäglich auf dem »globalen Dorfplatz« und »chatten«, reden dort miteinander, wie es ihnen beliebt. Morgen schon werden es Milliarden sein – für altmodische Leute wie mich eine schwindelerregende Vorstellung. Denn ich habe noch alte Frauen gekannt, die über ihre Kreisstadt niemals hinausgekommen waren, geschweige denn, daß sie jemals einen Telefonhörer in die Hand genommen hätten. (Die Männer gerieten wenigstens als Soldaten und besonders im Krieg in die Ferne.)

Allerdings gehört zur Sache nicht nur der triumphale Fortschritt, sondern auch das Unheimliche. Das Gespräch auf dem globalen Dorfplatz bleibt seltsam abstrakt. Das Ortsgefühl verliert sich; es ist vollkommen gleichgültig, ob unser Partner sich in Deutschland, in Amerika oder »down under« in Australien befindet. Die reale Entfernung spielt keine Rolle mehr, aber zugleich geht im Gegenzug alle Nähe verloren.

Halten wir das eigentlich aus, macht es uns glücklich, sind wir nicht auch sentimentale Wesen? Oder ertragen wir die Künstlichkeit unseres Daseins? Die Leute auf dem »globalen Dorfplatz« begegnen einander ja nicht wirklich, sondern bloß »virtuell«; die Anonymität der Menschenströme in Bahnhöfen, Flughäfen oder in der Haupteinkaufsstraße einer Großstadt wird damit noch einmal und entscheidend überboten. Dafür sind wir kaum gemacht.

Vorbewußt verbergen sich in uns noch immer die frühen Vorfahren, die ihr Revier, ihr Stammesgebiet absteckten und sich wenn irgend möglich darüber nicht hinauswagten. Wir brauchen das Zuhausesein im Vertrauten, wo wir möglichst jedermann und Weg und Steg kennen. Uralte Ängste und Schutzinstinkte zeigen sich noch darin, daß wir als einstige Höhlenbewohner, die sich bei ihrer Mahlzeit nicht vom Bären überraschen lassen wollten, in einem Restaurant unwillkürlich einen Platz mit dem Rücken zur Wand und mit dem Blick zum Eingang wählen. Nur wenn wir einen Partner zum Gegenüber haben, der uns die Blickwache abnimmt, schwinden diese Ängste.

Es ist darum kein Zufall, daß zu den Strömungen, die die Gegenwart kennzeichnen, solche Ängste, die bedrükkenden Gefühle der Vereinsamung und des Verlorenseins gehören; irgendwo weit in der Ferne, von Menschen und Mächten, die wir nicht kennen, wird über unser Wohl und Wehe, unseren Arbeitsplatz, unser Schicksal entschieden. Der Wunsch, sich abzuriegeln und die zerschossenen chinesischen Mauern wieder aufzurichten, gehört daher, wie der Haß auf die Fremden, die über die Trümmer hinweg auf uns eindringen, zur Kehrseite all der Entgrenzungen, die das Stichwort »Globalisierung« bezeichnet. Am meisten fürchten sich natürlich diejenigen, die zu den Verlierern der modernen Entwicklung gehören, und nur zu gern lassen sie sich die Feinde aufreden, mit deren Verfemung, Verfolgung und Vernichtung alles zum Guten gewendet werden könnte: die Juden, die Türken, die Asylanten wer weiß woher. Aber auch Intellektuelle und Leute, die sich selbst als »links« einstufen, gesellen sich unversehens hinzu – und Osama Bin Laden: Die Reihen der Globalisierungsgegner stellen sich bunt gemischt dar.

Um die Ängste aufzulösen und die Aggressionen abzubauen, müßte man die Vertrautheit neu erschaffen, die der Mensch zu seinem Leben braucht. Doch das ist leichter gesagt als getan. In Hochhausquartieren, in denen kaum jemand seinen Nachbarn kennt, gelingt sie so wenig wie in Supermärkten, in denen es kaum noch Personal und um so mehr Überwachungskameras gibt. Es scheint sogar, daß die Dinge, die wir kaufen und mit denen wir umgehen, ihren Charakter verändert haben. Schon vor achtzig Jahren hat Rainer Maria Rilke gesagt:

»Noch für unsere Großeltern war ein ›Haus‹, ein ›Brunnen‹, ein ihnen vertrauter Turm, ja ihr eigenes Kleid, ihr Mantel: unendlich mehr, unendlich vertraulicher; fast jedes Ding ein Gefäß, in dem sie Menschliches vorfanden und Menschliches hinzusparten. Nun dringen, von Amerika her, leere, gleichgültige Dinge herüber, Schein-Dinge, Lebens-Attrappen ... Ein Haus, im amerikanischen Verstande, ein amerikanischer Apfel oder eine dortige Rebe hat nichts mehr gemein mit dem Haus, der Frucht, der Traube, in die die Hoffnung und Nachdenklichkeit unserer Vorväter eingegangen war ... Die belebten, die erlebten, die uns mitwissenden Dinge gehen zur Neige und können nicht mehr ersetzt werden. Wir sind vielleicht die Letzten, die noch solche Dinge gekannt haben.«*

Lassen wir den antiamerikanischen Ansatz beiseite; man könnte ebenso von Produkten aus Japan, Taiwan, Europa oder Deutschland reden. Der Erfolg beim Verkaufen beruht ja gerade darauf, das die Dinge im globalen Wettbewerb sich weltweit vermarkten lassen. Aber erweist sich dann nicht als wahr, was der Dichter sagt? Nehmen wir als Beispiel der Deutschen angeblich liebstes Kind, das Auto. Als es noch kein Allgemeingut war, gab man ihm Namen und stattete es mit Häkeldeckchen oder Paradekissen aus. Inzwischen sieht man das immer weniger, weil sich die

Einsicht durchgesetzt hat, daß es sich um ein Gebrauchsgut wie andere handelt. »Liesel« oder »Karlchen« für die Pferde vorm Kutschwagen mochten angehen; im modernen Massenverkehr, beim Stehen im Stau oder beim Rasen auf der Autobahn wirkt es bloß noch albern. Und so überall; auch das Fernsehgerät und der Computer sind rein technisch bestimmt, und kaltherzig werfen wir auf den Müll, was der technische Fortschritt überholt. (Die Abfallhalden und die Schrottberge gehören folgerichtig zu diesem Fortschritt, bloß auf seiner unansehnlichen Kehrseite.)

Für das Zuhausesein im Vertrauten gibt es einen deutschen Begriff, mit Gefühlen befrachtet, der sich ohne Bedeutungsverlust kaum in andere Sprachen übersetzen läßt: Heimat. Dabei ist diese Befrachtung vergleichsweise neu; sie beginnt erst mit der industriellen Revolution. In der älteren Zeit, in »vormodernen«, noch festgefügten und über Generationen hin kaum veränderten Lebensordnungen ist von Heimat kaum die Rede, jedenfalls nicht mit der inneren Bewegtheit, die im 19. Jahrhundert beginnt.

»Die neue Heimat kostet ihn wohl 10000 Gulden«, liest man in den »Erlebnissen eines Schuldenbauers« von Jeremias Gotthelf.* Angelpunkt war sehr nüchtern der materielle Besitz, waren Haus und Hof. »Der Älteste kriegt die Heimat«, hieß es darum im Oberschwäbischen, und wenn er heiratete und den Hof übernahm, dann sagte man auch, daß an diesem Festtag seine jüngeren Geschwister »ihrer Heimat zur Leiche gingen«, weil sie fortan als besitzlose Knechte oder Mägde sich verdingen mußten.*

Zur Nüchternheit, zum Fernhalten der Gefühle trugen aber nicht nur die materiellen Verhältnisse bei, sondern ebenso die geistlichen. Der christliche Glaube verbot es, Heil und Heimat im Irdischen anzusiedeln. »Wir haben hier keine bleibende Stadt, sondern die zukünftige suchen wir«, heißt es in der Bibel. Und wenn Paul Gerhardt sein Abendlied »Nun ruhen alle Wälder ...« oder den großen Lobgesang des Sommers anstimmt, dann darf man das nicht modern und romantisch mißverstehen. Denn, so Gerhardt:

»Ich bin ein Gast auf Erden
und hab hier keinen Stand;
der Himmel soll mir werden,
da ist mein Vaterland.«

Im gleichen Lied wird uns eingeschärft, daß wir nur auf Abruf »in einem fremden Zelt« leben, sozusagen als Nomaden auf der Wanderschaft zur Heimat, die wir einzig »dort oben« beim himmlischen Vater finden.

Später, an der Schwelle zur industriellen Revolution und insgeheim schon von Abwehrängsten bestimmt, schrieb Ludwig Joergens das geistliche Volkslied, das einst bei Beerdigungen oft und gern angestimmt wurde und zwar in älteren, aber nicht mehr in modernen Gesangbüchern zu finden ist:

»Wo findet die Heimat die Seele, die Ruh?
Wer deckt sie mit schützenden Fittichen zu?
Ach, bietet die Welt keine Freistatt uns an,
wo die Sünde nicht herrschen, nicht anfechten kann?
Nein, nein, hier ist sie nicht;
die Seele der Heimat ist droben im Licht.

Verlasset die Erde, die Heimat zu sehn,
die Heimat der Seele, so herrlich, so schön!
Jerusalem droben, von Golde erbaut,
ist dieses die Heimat der Seele, der Braut?
Ja, ja, dieses allein
kann Ruhplatz und Heimat der Seele nur sein.«*

Der moderne Heimatbegriff setzt also zweierlei voraus: erstens das Verblassen der christlichen Vorstellungen oder, genauer, ihr Auswandern in die irdische Welt- und Naturfrömmigkeit hinein. Zweitens geht es um den Aufbruch aus unvordenklich befestigten Lebensverhältnissen in den stets beschleunigten Wandel, die offene Zukunft, wie die industrielle Revolution sie markiert. Damit wird zerrissen, was einmal war, und, wie Karl Marx gesagt hat, »kein anderes Band zwischen Mensch und Mensch übriggelassen als das nackte Interesse, als die gefühllose ›bare Zahlung‹«.

Im Gegenentwurf, wenn man so will als Kompensation, entsteht die Gefühlsseligkeit und die Entdeckung von Heimat in einem neuen, wirklich neuzeitlichen Sinne. Sie beginnt im drohenden Verlust. Oder, schärfer: *Sie ist das Verlorene.* Denn der Mensch, der noch irgendwo fest verankert ist, weiß nichts von ihr. Erst der Riß im Vorhang des Selbstverständlichen, die Entfernung öffnen den Blick und das Herz.

»Bald werd' ich dich verlassen,
fremd in die Fremde gehen ...«

So steht es in einem Gedicht Joseph von Eichendorffs. »Abschied« heißt sein Titel, mit dem Zusatz versehen: »Im Walde von Lubowitz«. Es beginnt, allbekannt, mit den Zeilen:

»O Täler weit, o Höhen,
o schöner, grüner Wald,
du meiner Lust und Wehen
andächt'ger Aufenthalt!«

Wie wohl kein zweiter unter den Dichtern hat Eichendorff uns ins Gemüt geschrieben, was Heimat bedeutet. Fast möchte man meinen: Er hat sie gestiftet. Doch wie wäre das möglich gewesen ohne die nie vernarbte Erfahrung, sie verloren zu haben? Diese Erfahrung gilt sehr praktisch und handfest: Lubowitz war der Ort seiner Kindheit, das Schloß der Väter und der Familienbesitz in Oberschlesien, der verkauft werden mußte.*

Natürlich wären noch andere zu nennen, etwa Nikolaus Lenau, Novalis, Clemens Brentano, Achim von Arnim oder Adelbert von Chamisso, der Flüchtlingsjunge aus dem revolutionären Frankreich, der zum deutschen Dichter wurde. Insgesamt sprechen wir von den Romantikern und vom Zeitalter der Romantik; Nacht, Sternenglanz und Mondenschein, das Waldesweben und der Wiesengrund, in dem ein Bach daherrauscht, an der Mühle vorüber, werden ebenso empfindsam beschworen wie das Wandern und das Fortgehen, die Einsamkeit und die Rückwendung zum verlorenen Ursprung in Sehnsucht und Heimweh. Und diese Romantik ist uns geblieben; sie hat die Deutschen weitaus tiefer berührt und geprägt als etwa die Aufklärung des 18. Jahrhunderts.

Mit dem Umbrüchen, den Lebensveränderungen und den großen Wanderungsbewegungen der industriellen Revolution beginnt zugleich der Versuch, das Verlorene künstlich zu bewahren, die Zeit der Museen und Sammlungen, der Geschichts- und Heimatvereine. Doch so lobenswert diese Bemühungen auch sein mögen, es zeichnet sich zugleich die Gefahr einer Verstockung ab – und der politische Mißbrauch. Mehr und mehr mischen sich die Begriffe Heimat, Volk und Vaterland, werden ineinander verquirlt, so als sei Volk das, was die Heimat bevölkert, als gewinne der Patriotismus seine Macht aus der Liebe zur Heimat, als vollende sich die Heimat im Vaterland, als werde sie in ihm bewahrt und verteidigt.

Das ist ein garstiges Lied mit vielen Strophen. Ein frühes Beispiel liefert – 1840 – Nikolaus Becker mit seinem Gesang vom freien deutschen Rhein, gegen die Franzosen gerichtet, das ein gewaltiges Echo findet. Alle Versatzstücke von »Heimat« werden darin zur Kulisse aufgebaut: der Wein, die Felsen und Dome, kühne Knaben, die um schlanke Dirnen freien. Immerhin gab es damals noch Gegenstimmen. Ludwig Seeger zum Beispiel schrieb in einem Gegengedicht:

»O Becker, sanftes Mädchen,
was hast du angericht'?
Du spannst aus seidnen Fädchen
ein zartes Kriegsgedicht …«*

Doch das spann sich fort und fort – und je weiter, desto gröber. Um einen Sprung zu machen: Nach dem Ersten Weltkrieg haben alle die Gruppen und Bewegungen, die von rechts her Volk und Vaterland zu ihrem Monopolbesitz erklärten, die Heimatgefühle gegen die Republik, gegen ihre angebliche »Verjudung«, gegen »Zersetzung«, »entartete Kunst« und »Asphaltliteratur« mobilisiert. Immer enger und bornierter wurde Heimat aufs ländliche Leben, aufs Bauerntum bezogen, wie dieses aufs Volk; in ihrer Phrase von »Blut und Boden« bündelten die Nationalsozialisten bloß noch, was im vielstimmigen Reden und Raunen längst schon ausgebreitet war.*

Im Zweiten Weltkrieg, der auf Eroberung angelegt war, also darauf, anderen Völkern ihren Boden zu rauben, wurde Heimat erst recht beschworen – und je näher dann der Katastrophe, desto dringender: Front und Heimat, Heimaturlaub, Grüße der Heimat, Heimatverteidigung, »Heimat deine Sterne« als populärer Schlager gleich nach dem Abschied und Heimweh der »Lili Marleen«. Und zum

Ende hin schwankten am Strick die Gehenkten mit dem Schild vor der Brust: »Ich war zu feige, für die Heimat zu kämpfen.« Als dann die Rache zurückschlug, gehörte zu den Folgen, daß Millionen von Menschen ihre angestammte Heimat verloren. Ein neuer und mit Bitterkeit angefüllter Begriff entstand: Heimatvertriebene.

Vordergründig zwar ins Unpolitische gewendet, aber geglättet und übergoldet, im unsäglichen Kitsch und zum Klischee geronnen, setzte sich der Mißbrauch der Heimat auch nach dem Krieg fort; man denke nur an die Konjunktur sogenannter Heimatfilme besonders in den fünfziger Jahren. Und dürfen wir sicher sein, daß die Heimatutensilien nicht weiterhin als vergiftete Waffen gegen die Zugereisten aus der Fremde in Stellung gebracht werden? Es ist daher verständlich, wenn Margarete Hannsmann gesagt hat: »Ich fürchte mich, bei denen zu sitzen, die Trachten, Lieder, Blasmusik, Spruchweisheiten, Mundarten gepachtet haben, wie auf Bannern als Zeichen für Heimat vor sich hertragen. Ich fürchte mich vor den Wörtern Brauchtum, Volkstum. Mir graust vor den Relikten einer längst untergegangenen Welt, vor Giebel- und Fachwerkseligkeit, den neuen hölzernen Brunnentrögen und handgeschnitzten Wegweisern, den Deichseln, Wagenrädern, Dreschflegeln an Hauswänden, den Spinnrädern, Kupfergeschirren in den Stuben, der ganzen Gartenzwergkultur.«*

»Das Vaterland ist der Albdruck der Heimat«, schrieb Kurt Tucholsky schon 1927 in der »Weltbühne«. Das ist und das bleibt wahr, das sagt eine teuer erkaufte Erfahrung, darauf kann man gar nicht deutlich genug hinweisen, um den Mißbrauch von Heimat und das damit verbundene Unheil endlich zu bannen.

Ist nun Heimat damit abgetan, daß sie mißbraucht worden ist und immer weiter mißbraucht wird? Nein, durchaus nicht. Sie stellt eine Schatztruhe des Erinnerns dar, die in der Kindheit angelegt wurde, für jeden Menschen ganz persönlich und unverwechselbar, mit unerschöpflichen Reichtümern gefüllt, die niemand uns rauben kann. Sie bleiben auch oder gerade bis ins Alter hinein, und diejenigen sind wegen ihrer Armut zu bedauern, denen die Umstände ihrer Kindheit es verwehrten, daß diese Schatztruhe gefüllt wurde. Denn je mehr wir auf eine Zukunft hin leben, in der alles verschwindet, was einmal war, desto dringender brauchen wir zugleich das Erinnern. Jedenfalls denke ich mir das. Zwar bewundere ich die verwegenen jungen Leute, die sich mit Leib und Seele dem Zeitgeist des immerfort Neuen verschreiben, aber zugleich tun sie mir leid. Wovon, so frage ich mich, werden sie zehren, wenn sie alt sind? So vorgestrig es sein mag: Ich kann mir eine Welt, in der es keine Heimat mehr gibt, nur verschwommen und mit Schaudern vorstellen.

Natürlich ist es schwer, der Bitterkeit zu entsagen, wenn Heimat zugleich das Verlorene ist. Nicht wenige der Vertriebenen aus dem deutschen Osten sind in dieser Bitterkeit versunken, und die meisten ihrer politischen Organisationen und Landsmannschaften haben sie mit Vorsatz gepflegt. Um so höher ist es einzuschätzen, daß viele Menschen auch zur Versöhnung gefunden haben – zur Versöhnung mit sich selbst wie mit denen, die heute dort leben, wo sie einmal zu Hause waren. Was die Versöhnung bedeutet und wie im besten Sinne die verlorene Heimat in ihr aufgehoben werden kann, möchte ich an drei Beispielen anschaulich machen. In ihrem großen Gedicht »Heimat« sagt Marie Luise Kaschnitz:

»Auf die Heimat, an die ich denke, können
keine Grundbriefe ausgestellt werden, keine
Übereignungen, keine Erbscheine.
Rache wird nicht geschworen für diese unsere Heimat.
Denn sie kann nicht erobert werden,
Niemals wird sie uns völlig verloren gehen.
Wer von seiner Heimat redet, erweckt viele Erinnerung.
Alle, die ihm zuhören, sehen die eigenen Bilder,
Seine Sehnsucht ist der Stab, der den Quell aus den
Felsherzen schlägt.
Sein Heimweh bahnt den Weg durch das Meer des
Vergessens.«

Am Ende des Gedichts heißt es:

»Und es rauschen Dir wieder die Flötenrohre der
Brunnen,
Und das grünweiße Wasser rieselt Dir über die Pulse,
Und es schlägt Dir das Herz im Sensendengeln,
im Heugras,
Und es steht überm Schneefeld in goldenen Waffen
Orion,
Und es duftet nach Brot und nach Wein –
Aber wann denn, wann denn?
Morgen, – wenn Du zu lieben gelernt.«*

Das zweite Beispiel stammt von Marion Gräfin Dönhoff. Die Liebe zu ihrer Heimat hat sie anrührend beschrieben, zum Beispiel mit diesen Worten: »Was scheint mir typisch für jenes Ostpreußen, das nur noch in den Träumen existiert? Beispielsweise das Gefühl, daß man in einer Gemeinschaft lebte, in der alle auf die gleiche Aufgabe konzentriert waren; eine Aufgabe, die der Pflege und dem Erhalt des Bestehenden gewidmet war und nicht in erster

Linie dem Gewinn. – Ja, und dann trauert jeder, der dort zu Hause war, natürlich der Landschaft nach – den weiten Wiesen und Feldern unter dem großen Himmel des Ostens; den einsamen Wäldern und klaren Seen, dem Zug der Wildgänse und Kraniche im Frühling und Herbst, dem abendlichen Schnepfenstrich und der morgendlichen Pirsch durch taufrisches Gras. – Wer je auf dem Rücken eines edlen Pferdes im Slalom um die aufgestellten Getreidehocken über die herbstlichen Stoppelfelder galoppierte, der wird nie etwas anderes seine Heimat nennen als Ostpreußen.«

Als Marion Dönhoff nach Jahrzehnten der Abwesenheit ins nördliche, heute russische Ostpreußen zurückkehrte, zögerte sie vor dem Besuch in Schloß Friedrichstein, in dem sie geboren und aufgewachsen war, und überwand sich dann: »Der erste Blick fällt auf den verträumten See, schön wie eh und je, zumal jetzt, da die Baumkulissen, die ihn einrahmen, vom herbstlichen Glanz verklärt sind. Aber was man dann sieht oder vielmehr nicht sieht, ist unfaßlich: Das riesige Schloß ist vom Erdboden verschluckt, nichts ist davon geblieben, nicht einmal ein Trümmerhaufen … Die alte Mühle – einfach weg, der lange Pferdestall – weg auch er. Alles ist überwuchert von Sträuchern, Brennnesseln, heranwachsenden Bäumen. Ein Urwald hat die Zivilisation verschlungen.«

Aber folgt daraus die Bitterkeit? Nein, wie kaum eine andere hat Marion Dönhoff ihr Leben an die Versöhnung gesetzt, von Anfeindungen unbeirrt. Und im Rückblick auf die verlorene Heimat heißt es: »War Friedrichstein bisher eine Realität, unerreichbar zwar, aber doch existent, so ist es jetzt zu einer unwirklichen Traumwelt geworden – und da ist es eigentlich ganz gut aufgehoben.«*

Das dritte Beispiel, obwohl viel älter, schließt daran an.

Es stammt von Adelbert von Chamisso, dessen Familie im Jahre 1790 mit dem neunjährigen Jungen vor der Französischen Revolution nach Deutschland floh. Wiederum handelt es sich um ein Gedicht; es trägt den Titel »Das Schloß Boncourt«. Sein Anfang beschwört die Erinnerung:

»Ich träum' als Kind mich zurücke
und schüttle mein greises Haupt;
wie sucht ihr mich heim, ihr Bilder,
die lang ich vergessen geglaubt?«

Hoch ragt aus schatt'gen Gehegen
ein schimmerndes Schloß hervor,
ich kenne die Türme, die Zinnen,
die steinerne Brücke, das Tor.

Es schauen vom Wappenschilde
die Löwen so traulich mich an,
ich grüße die alten Bekannten
und eile den Burghof hinan.

Dort liegt die Sphinx am Brunnen
dort grünt der Feigenbaum,
dort, hinter diesen Fenstern,
verträumt ich den ersten Traum ...«

Und zum Ende hin wird gesagt, was genauer und besser schwerlich gesagt werden kann:

»So stehst du, o Schloß meiner Väter,
mir treu und fest in dem Sinn,
und bist von der Erde verschwunden,
der Pflug geht über dich hin.

Sei fruchtbar, o teurer Boden,
ich segne dich mild und gerührt
und segn' ihn zwiefach, wer immer
den Pflug nun über dich führt.«*

Novembergedanken

Seit wann eigentlich zieht es uns Nordmenschen in den Süden, ans Mittelmeer und seine Küsten des Lichts, einer Sonne entgegen, die uns besser erwärmt und zuverlässiger scheint als hierzulande? Soll man von den Kimbern und Teutonen reden, die schon vor unserer Zeitrechnung in Italien einbrachen und von den Römern nur mit Mühe vernichtet werden konnten? Oder von Heerzügen der mittelalterlichen Kaiser? Nein, wohl kaum. Einst ging es um die Eroberung von Land, um hohe Politik, Auseinandersetzungen mit dem Papst und dergleichen mehr, manchmal auch ums Plündern, wie beim »Sacco di Roma« im Jahre 1527. Das ist unsere Sache nicht; wenn wir schon erobern und plündern, dann gegen Bezahlung. Wir sind friedfertig gestimmt und wollen bloß genießen, endlich einmal schwitzen statt immerfort frösteln, braun brennen, die Köpfe und die Glieder vom Trübsinn, von den feuchtkalten Schwaden befreien, die uns dumpf und depressiv machen.

Näher läge es, von Johann Joachim Winckelmann zu sprechen; er war der erste moderne Werbefachmann für die Reise in den Süden und von allen der wirksamste. Im Jahre 1717 wurde er im brandenburgischen, genauer altmärkischen Stendal geboren und stammte aus dürftigen Verhältnissen. Um so mächtiger zog es ihn fort in die Ferne. Sein Nachfolger Goethe hat über ihn gesagt: »Eine niedrige Kindheit, unzulänglicher Unterricht in der Jugend, zerrissene, zerstreute Studien im Jünglingsalter, der Druck eines Schulamtes, und was in einer solchen Laufbahn Ängstliches und Beschwerliches erfahren wird, hatte er mit vielen andern geduldet. Er war dreißig Jahre alt geworden, ohne irgend eine Gunst des Schicksals genossen zu haben; aber in ihm selbst lagen die Keime eines wünschenswerten und möglichen Glücks.«*

Leider dauerte das Glück nicht; unter zwielichtigen Umständen fiel Winckelmann am 8. Juni 1768 in Triest einem Raubmord zum Opfer. Zwischendurch aber arbeitete er sich zielstrebig zur Bildung, zur Gelehrsamkeit empor, diente dem sächsischen Grafen Brünau als Bibliothekar, wechselte 1754 vom evangelischen zum katholischen Bekenntnis und reiste ein Jahr später mit Hilfe eines Stipendiums nach Rom. Hier bestritt er seinen Unterhalt wieder als Bibliothekar, jetzt bei Kurienkardinälen, und brachte es schließlich zum Präsidenten der Altertümer des Vatikan.

Winckelmann war der Vater der modernen Archäologie und vor allem der Begeisterung für das klassische Altertum. Er schwärmte von der »edlen Einfalt und stillen Größe« besonders der griechischen Kunst, schrieb Bücher und verkündete: »Die reinsten Quellen der Kunst sind geöffnet: glücklich ist, wer sie findet und schmeckt. Diese Quellen suchen, heißt, nach Athen reisen.«

Man kann Winckelmanns Einfluß kaum hoch genug einschätzen. Nach seinem Vorbild versahen sich die Künstler, die angehenden Maler und Bildhauer, die künftigen Architekten, mit Stipendien und reisten in den Süden. Goethe schloß sich an und entdeckte in Italien ein neues Leben, übrigens auch als schon gereifter Mann seine Sexualität. Sogar arme Leute folgten, wenn sie das Herz auf dem rechten Fleck hatten, so Johann Gottfried Seume. Er nahm den Knotenstock in die Hand und begann vom sächsischen Grimma aus im Dezember des Jahres 1801 seinen denkwürdigen »Spaziergang nach Syrakus«.* Doch selbst wer zu Hause blieb, daß heißt die ganz große Mehrheit der Menschen, wußte fortan, daß wahre Bildung klassisch zu sein hatte, gegründet auf die Kenntnis der alten Sprachen und der Literatur von Homer bis Tacitus. Damit schon die Jugend vom reinen Quellwasser trank, gab Gustav Schwab »Die schönsten Sagen des klassischen Altertums« in fürsorglich gereinigter Fassung heraus.

Aber dürfen *wir* uns denn noch auf das Erbe Winckelmanns berufen? Interessieren wir uns ernsthaft für die ehrwürdigen Trümmer des Altertums? Nein, von Ausnahmen abgesehen, die die Regel bestätigen, gewiß so wenig wie die Kimbern und Teutonen oder die Kaiser des Heiligen Römischen Reiches Deutscher Nation. Was uns magisch anzieht, ist einzig die Sonne, und unser wahrer Ahnherr ist der Schnulzensänger Rudi Schuricke mit seinem schmelzenden Sehnsuchtsgesang aus den dunklen Nachkriegsjahren: »Wenn auf Capri die rote Sonne im Meer versinkt ...« Da gab es kein Halten mehr, sobald es denn möglich war. Zuerst mit italienischen Motorrollern der Marken »Vespa« oder »Lambretta«, dann mit einheimischen Erzeugnissen wie den »Plastikbombern« der Marke Hansa-Lloyd aus dem Hause Borgward und dem Volkswagen, machten wir uns auf den Weg über die Alpen nach Süden, vorab an die Adria. Das Flugzeug erschloß weitere Ziele: Spanien samt Mallorca, Ibiza und den Kanarischen Inseln, Tunesien, Griechenland samt der Ägäis, die Türkei und die Karibik, Florida. Und wer es sich leisten kann, siedelt sich auf Mallorca an. Oder er baut – vornehmer – ein altes Bauernhaus zum modernen Bungalow um, sei es in der Provence oder in der Toscana.

Bei ihrem Zug in den Süden sind die Generationen und

die Einkommensklassen sich einig wie selten, selbst wenn sie getrennte Wege gehen. Die jungen Leute bevorzugen den Sommer, wünschen Spaß, das heißt Sex, suchen das Abenteuer, lieben es laut im Jubel und Trubel, durchtanzen die Nächte und verwandeln sich tagsüber auf drangvollen Meeresstränden zu Bratheringen, trotz aller Warnungen vor dem Hautkrebs, der auf sie lauert. Die Senioren haben entdeckt, wie gut man die kalte Jahreszeit in wärmeren Gefilden verbringen kann; sie sind damit die Nachfahren wohlhabender Briten und noch reicherer Russen geworden, die schon im 19. Jahrhundert die Reize der Riviera und des Kasinos von Cannes entdeckten. Die inzwischen auserlesen Reichen und Schönen befinden sich immerfort auf der Flucht vor der nachdrängenden Menge und tauschen alsbald medienbekannte »Geheimtips« über Residenzen aus, die den Aufenthalt angeblich lohnen. Im schlimmsten Falle bleiben ihnen noch luxuriös ausgestattete Segel- oder Motoryachten.

Ich schmähe den deutschen Drang in den Süden durchaus nicht. Im Gegenteil, er kommt mir sehr zustatten. Denn er erleichtert das Daheimbleiben, vielmehr und genauer das Zuhausesein in nördlichen Landschaften, die dann nicht von Menschenmassen überlaufen werden, zum Beispiel am Niederrhein und beiderseits der Unterweser und der Niederelbe schon nahe an der Nordsee. Oder an der Küste Schleswig-Holsteins hinauf bis nach Horsbüll, Klanxbüll und Rodenäs. Da gibt es wenig zu sehen außer ein paar Sträuchern und sturmzerzausten Bäumen, viel stehendes und manchmal fließendes Wasser, die Abzugsgräben im platten und weidefetten Marschland, das den Kühen und Schafen, hier oder dort auch den Pferden gehört, dann die Deiche und dahinter die sanft gewellte Geest oder Heide:

Landschaften in unverstellter Weite von Horizont zu Horizont, mit einem sehr großen Himmel darüber, durch den die Wolkenherden ziehen, von den Schäferhunden der Winde getrieben. Alles zeigt sich grün in grün, doch in vielen Schattierungen. Unvergleichliche, kaum beschreibbare Farbspiele liefern indessen die Sonnenuntergänge.

Es gibt Jahreszeiten, die zu bestimmten Landschaften passen oder nicht passen. Die Bergstraße nahe am Oberrhein ist fürs Frühjahr geschaffen; da entfaltet sie in noch frischer statt schwüler Luft ihre Knospen- und Blütenpracht. Im Osten dagegen, besonders jenseits der Oder, gibt es kaum einen Frühling, der diesen Namen verdient. Hier bricht der Sommer unversehens herein, leuchtet über wachsendem, dann wogendem Korn, danach über Stoppelfeldern, endlich zum Abschied über Kartoffelfeuern. Und niemand kennt den Osten, der ihn nicht im Winter erlebte.

Meine Landschaft scheint für den Herbst gemacht zu sein, ganz besonders für den November. Denn die Frühlingsblüte gibt nicht viel her, wenn man vom Alten Land am Westufer der Elbe zwischen Harburg und Stade einmal absieht. Die Sommer erwärmen nur mäßig, nicht selten verregnen sie, und die Winter taugen erst recht zu nichts. Denn auch sie verregnen, jetzt lauwarm statt laukalt, und das Eis und der Schnee sind seltene Gäste. Die wundersamen Wintergemälde alter niederländischer Meister zeigen, so muß man annehmen, die Ausnahme von der Regel und sprechen darum von Volksfesten. Oder sie stammen aus einem anderen Erdzeitalter, das von der bevorstehenden »Klimakatastrophe« noch nicht wußte.

Aber der Herbst, der November, wenn die Oktoberstürme schon vorüber sind und Stille einkehrt! Dann ziehen die Nebel – nicht zu verwechseln mit dem wohlbegrenzten und romantisch von oben herab zu betrachtenden Nebel, der im »Abendlied« von Matthias Claudius weiß und wunderbar aus den Wiesen steigt. Nein, hier handelt es sich um einen mächtig regierenden, weltverschlingenden Nebel, in dem für die Sonne oder für Mond und Sterne, für die Konturen von Weiden und Gräben, für Büsche und Bäume kein Platz mehr ist. Das Dämmerlicht, das ihn zögernd durchdringt, macht grau, was noch bleibt – doch in aberhundert Verwandlungen vom Silberglanz bis fast ins Schwarze hinüber. Sogar die Häuser oder Gehöfte, weit verstreut, ducken sich fort, als gäbe es sie nicht.

Man sollte diesen Nebel nicht fürchten, man mag oder muß ihn sogar lieben, weil er mit der Stille, in die er uns einhüllt, um so mehr das Grübeln befördert, ja die Gedanken beflügelt. Aber man darf ihm den schuldigen Respekt nicht verweigern und sollte aufmerksam bleiben, weil man sonst leicht vom Weg abkommt und nicht mehr zurückfindet. Davor, so scheint es, ängstigen sich viele, sogar die Dichter. Bei Hermann Hesse heißt es:

»Seltsam, im Nebel zu wandern!
Einsam ist jeder Busch und Stein,
kein Baum sieht den andern,
jeder ist allein.

Voll von Freunden war mir die Welt,
als noch mein Leben licht war;
nun, da der Nebel fällt,
ist keiner mehr sichtbar.«

Hesse stammte freilich aus Württemberg und lebte dann in der Schweiz; mit nördlicher Landschaft war er wohl wenig vertraut.* Doch bei dem eigentlich zuständigen Dichter aus Husum, der »grauen Stadt am Meer«, Theodor Storm, klingt es kaum anders:

»Über die Heide hallte mein Schritt;
dumpf aus der Erde wandert es mit.

Herbst ist gekommen, Frühling ist weit –
gab es denn einmal selige Zeit?

Brauende Nebel geistern umher,
schwarz ist das Kraut und der Himmel so leer.

Wär' ich nur nicht gegangen im Mai!
Leben und Liebe – wie flog es vorbei!«*

Die Melancholie ist verständlich. Aber muß man ihr denn verfallen und Klagelieder anstimmen? Natürlich gehört es zum Zeitgeist, daß wir zwar von der Natur schwärmen, aber von ihrem unerbittlichen Kreislauf um so weniger wissen wollen, je deutlicher er uns selber betrifft. Hartnäkkig verleugnen wir das Ende des Lebens, als gäbe es das nicht. Dieses Leugnen reicht bis in die Sprachregelung hinein: Wir reden von ständig munteren »Senioren« statt von alten Menschen, und wir verschweigen das Nachlassen der Kräfte, die schwindende Spannkraft, das Siechtum, soweit das nur möglich ist. Seit wir inständig an die Zukunft, aber nicht mehr an die Auferstehung und ein ewiges Leben glauben, haben das Abschiednehmen von dieser Welt und der Tod sich zu einem Problem verfinstert, das kaum noch bewältigt werden kann. Indessen wuchern die verschwiegenen Ängste unterirdisch nur um so mächtiger. Die Sehnsucht nach dem Süden und das Überwintern auf Mallorca oder in Florida haben wohl auch damit zu tun, daß man sich ans Sonnenlicht klammert wie der Ertrinkende an den sprichwörtlichen Strohhalm. Doch gibt man damit die

Würde, die Zufriedenheit, den Frieden des Alters nicht wie eine Schleuderware um beinahe nichts hinweg, wenn man immerfort so tut, als sei man noch so frisch und so rüstig wie ein halbes Jahrhundert zuvor? Und wie eigentlich sollen junge Menschen das Alter achten, wenn es sich selbst nicht mehr achtet?

Um das Dichterwort nicht nur abzuwandeln, sondern in sein Gegenteil zu verkehren: Es ist tröstlich, ja beglückend, im Novembernebel zu wandern. Unversehens fühlt man sich im Einklang mit der Natur, mit ihrer Botschaft des Vergehens, und sogar das Einsamwerden erscheint auf einmal als natürlich, wenn auch die Bäume allein sind, weil sie sich nicht mehr sehen. Indem der Nebel sie zu Gespenstern verwandelt, schweigen sie dennoch nicht, sondern beginnen zu flüstern, von Geheimnissen zu reden; man muß nur Geduld haben und ihnen brüderlich zuhören.

Einer der Bäume sagt mir, daß in seinem windverdrehten Geäst tote Seelen hocken und warten.

»Warten worauf?«

»Wer soll das wissen?« heißt die Antwort. »Sie sind schon lange da.«

»Gefällt ihnen der Novembernebel?«

»Ja, sehr.«

»Und woher stammen sie?«

»Eine Sturmflut hat sie angeschwemmt, bis fast zur Deichkrone herauf. Und dann haben sie bei mir ihre Zuflucht gefunden.«

»Würdest du mich auch aufnehmen?«

»Ja, warum nicht?«

Auch sonst begegnet mir vieles, angefangen bei den eigenen Gedanken, die in einer entrückten Welt, in der Stille des Nebels sich so ungestört entfalten wie niemals zuvor und nirgendwo sonst. Außerdem tritt wieder ein Gespenst auf, der Betonmast einer modernen Windmühle, die nicht Korn mahlt, sondern Strom erzeugt. Bis zu seiner vollen und durchaus ungehörigen Höhe hinauf verliert er sich ins Unbestimmte. Jetzt, da kaum ein Lufthauch sich regt, stellt er wahrhaft eine tote Seele dar; er antwortet auf keine Frage, und darum lohnt es sich nicht, wie Don Quijote, der »Ritter von der traurigen Gestalt«*, gegen diese neumodische Art von Mühle eine Lanze einzulegen und zum Angriff zu reiten; der Fortschritt der Technik läßt sich ohnehin nicht aufhalten.

Alle Pferde sind längst verschwunden, und auch Rinder gibt es auf den Weiden nicht mehr; man hat sie abgetrieben, sei es dem Schlachthof oder ihrem Wahnsinn entgegen. Doch plötzlich tritt mir im Fußweg genau auf der Deichkrone ein Schaf entgegen, warm in seinen Pelzmantel gehüllt. Bei meinem Anblick stellt es überrascht das Kauen ein, und weil der Nebel so poetisch stimmt, kommen mir gleich wieder Verse in den Sinn, diesmal von Christian Morgenstern:

»Erschrocken staunt der Heide Schaf mich an,
als sähs in mir den ersten Menschenmann.
Sein Blick steckt an; wir stehen wie im Schlaf;
mir ist, ich säh zum ersten Mal ein Schaf.«

»Geburtsakt der Philosophie« heißt der wahrhaft tiefsinnige Titel dieses Gedichts.* Inzwischen ist es das Schaf, das den Bann bricht. Es sagt etwas, das rätselhaft vieldeutig wie zwischen »mäh« und »böh« klingt, und trollt sich vom Deich herunter, wohl nach dem Motto, daß der Klügere nachgibt. Schon nach ein paar Schritten hat es sich ins Unsichtbare aufgelöst, so als sei es mir niemals begegnet.

Aus der Ferne tönt manchmal ein Vogelschrei. Und dann zieht eine Schar von Wildgänsen übers Himmelsgewölbe. Nichts läßt sich im Nebel erkennen, aber erst leise, doch schnell immer lauter, schließlich fast greifbar nahe höre ich die Rufe zur Positionsbestimmung: »Hier, hier!« Oder es ist die Obergans, die befiehlt: »Keilformation einhalten!« – und der Eifer der Antworten besagt: »Ja, ja!« Bald schon vorüber: Die Rufe wandern fort, verklingen, verstummen, die Stille kehrt zurück, und es bleibt mir nur, dem Geschwader Glück auf dem Weg in seine Winterquartiere zu wünschen.

Die Tage sind kurz geworden und geraten immer kürzer. Wie viele wohl wird es überhaupt noch geben? Unmerklich verliert sich ihr Dämmerschein in die Dunkelheit. Es wird Zeit, den Heimweg zu suchen, vielleicht, wer weiß, einem Licht entgegen. Oder es leuchtet aus der Ferne sogar, was Ernst Bloch am Ende seines »Prinzips Hoffnung« beschworen hat: »etwas, das allen in die Kindheit scheint und worin noch niemand war: Heimat«.*

Anmerkungen und Hinweise zur Literatur

Die Seitenzahlen im Text, auf die die Anmerkungen und Hinweise sich beziehen, sind jeweils vorweg *kursiv* bezeichnet.

Vorwort

S. 9: Alexis de Tocqueville, 1805 bis 1859, veröffentlichte sein berühmtes Hauptwerk »De la démocratie en Amerique« in zwei Teilen 1835 und 1840. Deutsch: »Über die Demokratie in Amerika«, Standardausgabe Stuttgart 1959 und 1962. Zitat aus Band I, Einleitung. Weiter ist von Tocqueville zu nennen: »L'Ancien Régime et la Revolution«, 1856, deutsch: »Der Alte Staat und die Revolution«, Rowohlt-Taschenbuchausgabe 1969.

S. 10: Johann Gottfried Herder, 1744 bis 1803, Theologe, Philosoph und Schriftsteller, bedeutend unter anderem als Entdekker der Volksdichtung slawischer Völker und Anreger Goethes. Das Zitat stammt aus seinen »Ideen zur Philosophie der Geschichte der Menschheit«, zuerst 1784 bis 1791, erster Teil, viertes Buch, IV. Siehe als neuere Ausgabe: Gesammelte Werke, Aufbau-Verlag Berlin 1965. Besonders zu nennen sind noch die »Briefe zur Beförderung der Humanität«, 1793 bis 1797.

Lob der Skepsis

S. 14: Die Geschichte von Friedrich und dem Junker, der »anständig« sterben soll, wird noch immer und rühmend weitererzählt, so in dem Buch von Georges Hoyau, »Mit Damen weiß ich nicht wohin oder Friedrich der Große in Anekdoten«, Wien 1986, S. 96.

S. 16: Emanuel Geibel, 1815 bis 1884, erhielt vom preußischen König für seine poetischen Verdienste um Preußens deutsche Mission ein jährliches Handgeld von dreihundert Talern. Sein Gedicht »Deutschlands Beruf« sei hier zitiert:

»Soll's denn ewig von Gewittern
am umwölkten Himmel braun?
Soll denn stets der Boden zittern,
drauf wir unsre Hütten baun?
Oder wollt ihr mit den Waffen
endlich Rast und Frieden schaffen?

Daß die Welt nicht mehr, in Sorgen
um ihr leichterschüttert Glück,
täglich bebe vor dem Morgen,
gebt ihr ihren Kern zurück!
Macht Europas Herz gesunden,
und das Heil ist euch gefunden.

Einen Hort geht aufzurichten,
einen Hort im deutschen Land!
Sucht zum Lenken und zum Schlichten
eine schwerterprobte Hand,
die den güldnen Apfel halte
und des Reichs in Treuen walte.

Sein gefürstet Banner trage
jeder Stamm, wie er's erkor,
aber über alle rage
stolzentfaltet eins empor,
hoch, im Schmuck der Eichenreiser
wall es vor dem deutschen Kaiser.

Wenn die heil'ge Krone wieder
einen hohen Scheitel schmückt,
aus dem Haupt durch alle Glieder
stark ein ein'ger Wille zückt,
wird im Völkerrat vor allen
deutscher Spruch aufs neu erschallen.

Dann nicht mehr zum Weltgesetze
wird die Laun am Seinestrom,
dann vergeblich seine Netze
wirft der Fischer aus in Rom
länger nicht mit seinen Horden
schreckt uns der Koloß im Norden.

Macht und Freiheit, Recht und Sitte,
klarer Geist und scharfer Hieb
zügeln dann aus starker Mitte
jeder Selbstsucht wilden Trieb,
und es mag am deutschen Wesen
einmal noch die Welt genesen.«

S. 17: Das gesamte »Deutsche Lied« von Rudolf Alexander Schröder findet man abgedruckt in: Deutschland Deutschland. Politische Gedichte vom Vormärz bis zur Gegenwart, herausgegeben von Helmut Lamprecht, Bremen 1969, S. 279f. Text von Albrecht Schöne in: Über politische Lyrik im 20. Jahrhundert, Göttingen 1965.

S. 17: Siehe zu August Bebel, 1840 bis 1913, unter anderem: Brigitte Seebacher-Brandt, Bebel. Künder und Kärrner im Kaiserreich, 2. Auflage Bonn 1990; Christian Graf von Krockow, Porträts berühmter deutscher Männer. Von Martin Luther bis zur Gegenwart, München 2001, S. 237ff. Von Bebel selbst ist zu nennen: Aus meinem Leben, Neuausgabe Bonn 1997.

S. 18: Eduard Bernstein, 1850 bis 1932, veröffentlichte sein Hauptwerk, »Die Voraussetzungen des Sozialismus und die Aufgaben der Sozialdemokratie«, mit dem er sich gegen den marxistischen Dogmatismus Bebels und der SPD wandte, im Jahre 1899. Er wurde damit zum »Vater des Revisionismus«, eines reformerischen Sozialismus, der sich in der Partei zwar schon bald in der Praxis, aber in der Rhetorik und in der Theorie nur mit langer Verspätung durchsetzte, im Grunde erst mit dem Godesberger Programm von 1959.

S. 18: Earl Bertrand Russell, 1872 bis 1970, Enkel des britischen Premierministers John Russell, war Mathematiker, Philosoph, Pädagoge, Schriftsteller und ein engagierter Pazifist. 1950 erhielt er den Nobelpreis für Literatur. Siehe von ihm: Die deutsche Sozialdemokratie, herausgegeben von Achim von Borries, Berlin und Bonn 1978.

S. 20: Zum Text von Joachim Fest: Die schwierige Freiheit. Über die offene Flanke der offenen Gesellschaft, Berlin 1993, S. 23. Vorausgegangen war von Fest: Der zerstörte Traum. Das Ende des utopischen Zeitalters, Berlin 1991.

S. 21: Reinhold Niebuhr, 1892 bis 1971, war amerikanischer Theologe. Das Zitat stammt aus seinem Buch »The Children of Light and the Children of Darkness«, 1944; deutsch: Die Kinder des Lichts und die Kinder der Finsternis, München 1947, S. 8.

S. 22: Siehe von Heinrich Heine: Zur Geschichte der Religion und Philosophie in Deutschland, zuerst 1835, drittes Buch.

S. 24: Voltaire schrieb seinen Brief an Rousseau am 10. September 1755. Abdruck in: Jean-Jacques Rousseau, Schriften zur Kulturkritik, 2., erweiterte Auflage Hamburg 1971, S. 309 ff.

S. 25: Der Text von Ernst Jünger in: Der Arbeiter, Hamburg 1932, S. 71.

S. 26: Eduard Heimann, 1889 bis 1967, Volkswirt und religiöser Sozialist, emigrierte 1933 in die Vereinigten Staaten. Das Zitat stammt aus seinem Buch: Theologie der Geschichte, Stuttgart und Berlin 1966, S. 212.

S. 26: Edmund Burke, 1729 bis 1797, von 1765 bis 1794 Mitglied des Unterhauses, war zunächst ein engagierter Reformer und Verteidiger der amerikanischen Revolution. Aber mit seinen »Reflections on the Revolution in France«, 1790, schuf er ein konservatives Manifest von europäischer Bedeutung. Der Text stammt aus einer Parlamentsrede des Jahres 1780. Siehe dazu: Edmund Burke, The Works, neun Bände, Boston 1839, hier: Band 2, S. 163 f.

S. 28: Robert Leicht, Das Grundgesetz. Eine säkularisierte Heilsordnung? In: Grundgesetz und politische Praxis, München 1974, S. 137 und S. 140.

S. 28: Siehe von Walter Scheel: Nach dreißig Jahren. Die Bundesrepublik Deutschland – Vergangenheit, Gegenwart, Zukunft, herausgegeben von Walter Scheel, Stuttgart 1979, S. 15.

S. 29: Die »Federalist Papers« erschienen zunächst in New Yorker Zeitungen, pseudonym gezeichnet mit »Publius«. Hauptautoren waren Alexander Hamilton und James Madison, daneben John Jay. Schon 1788 erschien die erste Buchausgabe unter dem Titel »The Federalist«. Deutsch: Der Föderalist, herausgegeben von Felix Ermacora, Wien 1958. Zitat aus Paper Nr. 51. Der »Federalist« kämpfte für die Verabschiedung der Verfassung und gehört zu den klassischen politischen Texten aus der Gründerzeit der Vereinigten Staaten.

S. 29: Odo Marquard, Abschied vom Prinzipiellen, Stuttgart 1981, S. 4.

Nach dem 11. September 2001

S. 32: Um die Einmaligkeit des deutschen Zivilisationsbruchs als Gegenstück zur Beschwichtigung ging es im sogenannten Historikerstreit der achtziger Jahre. Zum Thema seien genannt: Martin Broszat, Nach Hitler. Der schwierige Umgang mit unserer Geschichte, München und Wien 1986; Dan Diner (Herausgeber), Ist der Nationalsozialismus Geschichte? Zu Historisierung und Historikerstreit, Frankfurt am Main 1987; Jürgen Habermas, Eine Art Schadensabwicklung, Frankfurt am Main 1987; Hermann Lübbe, Die Gegenwart der Vergangenheit. Vorträge der Oldenburgischen Landschaft, Heft 14, 1986; Walter H. Pehle (Herausgeber), Der historische Ort des Nationalsozialismus, Frankfurt am Main 1989; Hagen Schulze, Wir sind das, was wir geworden sind. Vom Nutzen der Geschichte für die deutsche Gegenwart, München 1987; Wolfgang Wippermann (Herausgeber), Kontroversen um Hitler, Frankfurt am Main 1986.

S. 33: Atta wird zitiert nach: Frankfurter Allgemeine Zeitung, 29. September 2001, S. 2.

S. 33: Siehe zum Thema: Hermann Thimmermann, Der Sturm auf Langemarck, 8. Auflage München 1941. Rein militärisch handelte es sich um ein Fiasko. Die kaum ausgebildeten Regimenter der Kriegsfreiwilligen stürmten gegen die Maschinengewehre der britischen Berufsarmee und wurden niedergemäht. Ungefähr 80000 Gefallene waren zu beklagen, die Jugendblüte der Nation; allein der deutsche Kriegsfriedhof von Langemarck zählt 45000 Gräber.

S. 33: »Mein Kampf«, 190./194. Auflage München 1936, S. 327. Siehe insgesamt: Christian Graf von Krockow, Hitler und seine Deutschen. München 2001.

S. 34: Ernst Jünger: Der Kampf als inneres Erlebnis, Berlin 1922, S. 53. Ein Kultbuch des Lebens, das sich im Sterben erfüllt, unmittelbar aus dem Krieg geboren und schon 1918 in der neunten Auflage, war »Der Wanderer zwischen beiden Welten« von Walter Flex. In der Brockhaus Enzyklopädie von 1968 heißt es dazu: »Das Buch fand als Ausdruck einer idealistisch denkenden Jugend weite Verbreitung. In seinen Gedichten feierte Flex den Opfertod mit Steigerung ins Religiöse.« Ein weiteres Kultbuch mit ähnlicher Botschaft trugen die Kriegsfreiwilligen von 1914 bereits im Tornister: »Die Weise von Liebe und Tod des Cornets Christoph Rilke« von Rainer Maria Rilke.

S. 34: Siehe von Heidegger: Sein und Zeit, zuerst 1927. Näher zum Thema: Christian Graf von Krockow, Die Entscheidung. Eine Untersuchung über Ernst Jünger, Carl Schmitt, Martin Heidegger, Neuausgabe Frankfurt am Main und New York 1990.

S. 34: Paul Celan, Mohn und Gedächtnis, Stuttgart 1945. Neudruck der »Todesfuge« unter anderem in: Deutschland Deutschland. Politische Gedichte vom Vormärz bis zur Gegenwart, herausgegeben von Helmut Lamprecht, Bremen 1969, S. 445ff.

S. 35: Clemenceau wird zitiert nach: Karl Barth, Eine Schweizer Stimme 1938–1945, Zollikon-Zürich 1945, S. 342.

S. 35: Rede des Reichsführers der SS vom 4. Oktober 1943 in Posen: Der Prozeß gegen die Hauptkriegsverbrecher vor dem Internationalen Militärgerichtshof, Sitzungsprotokolle und Beweisurkunden, Nürnberg 1947 bis 1949, Band XXIX, S. 145.

S. 36: Den ersten Schritt vom »Wir« zum »Ich« hat Jacob Burckhardt als den zentralen Vorgang der Renaissance beschrieben: »Im Mittelalter lagen die beiden Seiten des Bewußtseins – nach der Welt hin und nach dem Innern des Menschen selbst – wie unter einem gemeinsamen Schleier, träumend oder halbwach. Der Schleier war gewoben als Glauben, Kindesbefangenheit und Wahn; durch ihn hindurchgesehen, erschienen Welt und Geschichte wundersam gefärbt, der Mensch aber erkannte sich nur als Rasse, Volk, Partei, Korporation, Familie oder sonst in irgendeiner Form des Allgemeinen. In Italien zuerst verweht dieser Schleier in die Lüfte; es entsteht eine objektive Betrachtung des Staates und der sämtlichen Dinge dieser Welt überhaupt; daneben aber erhebt sich mit voller Wucht das Subjektive; der Mensch wird geistiges Individuum und erkennt sich als solches.« (Die Kultur der Renaissance in Italien, herausgegeben von Werner Kaegi, Bern ohne Jahr, S. 145.)

S. 36: Siehe zum Kulturpessimismus: Fritz Stern, Kulturpessimismus als politische Gefahr. Eine Analyse nationaler Ideologie in Deutschland, Taschenbuchausgabe München 1986.

S. 36: Ferdinand Tönnies, Gemeinschaft und Gesellschaft. Grundbegriffe der reinen Soziologie, zuerst 1887, 6. und 7. Auflage Berlin 1926, Neuausgabe 1963.

S. 37: Thomas Mann, Betrachtungen eines Unpolitischen, 19./24. Auflage Berlin 1922, S. XXXVI. – Zu den »Ideen von 1914« sei als Materialsammlung genannt: Klaus Böhme, Aufrufe und Reden deutscher Professoren im Ersten Weltkrieg, Stuttgart 1975. Siehe ferner: Klaus Schwabe, Wissenschaft und Kriegsmoral. Die deutschen Hochschullehrer und die politischen Grundlagen des Ersten Weltkriegs, Göttingen 1969; Hermann Lübbe, Die philosophischen Ideen von 1914, in: Politische Philosophie in Deutschland, Basel 1963, S. 173ff.; Eckart Koester, Literatur und Weltkriegsideologie. Positionen und Begründungszusammenhänge des publizistischen Engagements deutscher Schriftsteller im Ersten Weltkrieg, Kronberg/Ts. 1977; Wilhelm Pressel, Die Kriegspredigt 1914–1918 in der evangelischen Kirche Deutschlands, Göttingen 1967.

S. 38: Als ein Beispiel sei genannt: Karl Popper, The Open Society and its Enemies, zwei Bände, London 1945; deutsch: Die offene Gesellschaft und ihre Feinde, 4. Auflage München 1975.

Unser christliches Erbe

S. 39: Über Ewald von Kleist-Schmenzin, 1890 bis 1945, unterrichtet näher: Bodo Scheurig, Ewald von Kleist-Schmenzin. Ein Konservativer gegen Hitler, Oldenburg und Hamburg 1968; Zitat S. 187.

S. 39: Scheurig, a.a.O., S. 182 und 145.

S. 41: Das Programm der Entmythologisierung verbindet sich vor allem mit dem Namen Rudolf Bultmanns (1884 bis 1976). Zur Sache heißt es in einem Lexikon: »Die neutestamentliche Botschaft ist für den heutigen Menschen vielfach dadurch unzugänglich geworden, daß sie unter der Voraussetzung eines mythischen Weltbildes überliefert ist, in dem etwa Himmel, Erde und Unterwelt wie drei Stockwerke erscheinen, der Mensch von überweltlichen Mächten umgeben ist und das Heilsgeschehen wie ein antiker Mythos berichtet wird. Dieses Weltbild ist nach Bultmann unwiederbringlich vergangen. Die Wahrheit des Evangeliums hänge aber nicht an diesen Vorstellungen, sondern an dem Wort Gottes, das uns in unserer Existenz trifft und zum Glauben ruft.«

S. 43: Siehe zu Wilhelm II.: Reden des Kaisers. Ansprachen, Predigten und Trinksprüche Wilhelms II., herausgegeben von Ernst Johann, München 1966, S. 58.

S. 47: Siehe von Kant: Idee zu einer allgemeinen Geschichte in weltbürgerlicher Absicht, zuerst 1784, sechster Satz.

S. 47: Siehe von Dietrich Bonhoeffer: Ethik, herausgegeben von Eberhard Bethge, 2. Auflage München 1953; darin: »Die letzten und die vorletzten Dinge«, S. 75 ff.

S. 48: Zitat von Heinrich Heine: Zur Geschichte der Religion und Philosophie in Deutschland, zuerst 1835, drittes Buch, Schlußteil.

S. 49: Jules Monnerot, Soziologie des Kommunismus, Köln und Berlin 1952, S. 356.

S. 50: Scheurig, a.a.O., S. 54.

S. 51.: Ebd., S. 277.

S. 52: Siehe als Literatur: Joachim Beckmann und andere, Dann werden die Steine schreien. 50 Jahre Theologische Erklärung Barmen/Kirchenkampf im Dritten Reich, Bielefeld 1983. Ferner: Die Barmer Theologische Erklärung. Einführung und Dokumentation, herausgegeben von Alfred Burgsmüller und Rudolf Weth, 2. Auflage Neukirchen-Vluyn 1984.

Über Gerüche

S. 57: Der englische Philosoph Thomas Hobbes, 1588 bis 1679, war einer der großen Staats- und Friedenskonstrukteure der Neuzeit. Sein »Leviathan«, zuerst 1651, erregte Aufsehen und Anstoß. Das Zitat stammt aus seiner Schrift »De Cive«, »Vom Bürger«, Kapitel 1, Abschnitt 2. Die Schrift erschien 1642 in Paris als Privatdruck, öffentlich fünf Jahre später in Amsterdam. Näher zu Hobbes vom Verfasser: Soziologie des Friedens, Gütersloh 1962, Teil I: Thomas Hobbes' Philosophie des Friedens.

S. 59: Marion Gräfin Dönhoff, Kindheit in Ostpreußen, Berlin 1988, S. 208. Das Buch vermittelt insgesamt Anschauung von der Kargheit und vom Reichtum vormoderner Verhältnisse.

S. 63: Von den Lebensverhältnissen in Hinterpommern erzählt mein Buch »Die Reise nach Pommern. Bericht aus einem verschwiegenen Land«, zuerst Stuttgart 1985, 11. Auflage 2000.

Unmusikalische Betrachtungen zur Musik

S. 69: Der Komponist und Pianist Franz Liszt, 1811 bis 1886, gelangte als Klaviervirtuose bei ausgedehnten Konzertreisen zu europäischem Ruhm. Seine Tochter Cosima heiratete erst Hans von Bülow und dann Richard Wagner. – Bülow, 1830 bis 1894, war Hofkapellmeister in München, dann in Hannover und seit 1880 Hofmusikintendant in Meiningen. Leidenschaftlich setzte er sich für Wagner, später auch für Brahms ein. Seine auf der persönlichen Interpretation beruhende Form des Dirigierens erwies sich als wegweisend für die Zukunft.

S. 69: Herzog Georg II. von Sachsen-Meiningen, 1826 bis 1914, höchst unstandesgemäß mit einer Schauspielerin verheiratet, förderte neben der Musik besonders das Theater und wurde darum auch »Theaterherzog« genannt. Unter seiner Leitung entwickelten »die Meininger« sich zu einer der führenden Schauspielbühnen nicht nur Deutschlands, sondern Europas; zwischen 1874 und 1890 gaben sie 81 Gastspiele mit 2591 Vorstellungen in den wichtigsten Städten des Kontinents.

S. 70: Siehe zum Prinzen Heinrich (1726 bis 1802) und den Jahrzehnten seines Lebens in Rheinsberg vom Verfasser: Die preußischen Brüder – Prinz Heinrich und Friedrich der Große. Ein Doppelporträt, Stuttgart 1996. Zitat zum Rheinsberger Musik- und Theaterleben: Hans-Joachim Giersberg, Vorwort, S. 6, zu: Rheinsberg. Eine märkische Residenz des 18. Jahrhunderts; Ausstellung zur 650-Jahrfeier der Stadt Rheinsberg 1985, durchgesehene Neuauflage, herausgegeben von der Generaldirektion der Staatlichen Schlösser und Gärten, Potsdam-Sanssouci 1990.

S. 72: Eine Sammlung der fast schon vergessenen Lieder bietet: Hartmann Goertz, Wie tut das Herz mir bluten. Lieder aus der

Küche, München 1965; das vollständige Lied »Die bleiche Gärtnersfrau« S. 157f.

S. 73: Eulenburg hat in Tagebuchnotizen festgehalten und anschaulich geschildert, wie es auf der »Hohenzollern« zuging: »Mit dem Kaiser als Staatsmann und Freund auf Nordlandreisen«, zwei Bände, Dresden 1931; Zitate Band I, S. 265f. – Eulenburg macht deutlich, daß Wilhelm II. nicht nur als Liebhaber lauter Musik, sondern auch als Anführer einer Spaßgesellschaft modern war. In einer Notiz aus dem Jahre 1903 heißt es: »Der Kaiser ... saß viel in seinem Zimmer, scherzte laut mit den Fahrtgenossen, die er manchmal in die Beine zu kneifen und zu kitzeln liebt. – Der Widerspruch der Jahre zu der verkrampften Heiterkeit verletzt mich am meisten. Die Fahrtgenossen sind ohne Ausnahme zu hohen Würden gestiegen: Fürsten, Exzellenzen, Geheime Räte und Professoren sind aus den Grafen, Majoren und Malern geworden, und sie sind alle recht verbraucht. Aber es bleibt doch noch genug Energie, um heiter, frisch, witzig – ja geistreich zu erscheinen. So frisch, daß alles morgens turnen kann. Mich ekelt das sehr. Ich kann diese Exzellenzen, die Kniebeugen machen, nicht mehr ertragen – und auch nicht Witze vor morgens neun Uhr. Bisweilen frage ich mich, wie es der Kaiser erträgt, der doch auch fünfzehn Jahre älter wurde – und er stiftet oft selber das alles an.« (Philipp Eulenburgs Politische Korrespondenz, herausgegeben von John C. G. Röhl, drei Bände, Boppard am Rhein 1976 bis 1983, Band III, S. 2094.)

S. 73: Chlodwig Fürst zu Hohenlohe-Schillingsfürst, 1819 bis 1901, war von 1894 bis 1900 Reichskanzler und preußischer Ministerpräsident. Seine »Denkwürdigkeiten«, 1906/07 von seinem Sohn Alexander herausgegeben, erzählen vom Trompeter-Bankett unter dem Datum vom 22. März 1890. – Georg von Kameke, 1817 bis 1893, war General und von 1873 bis 1883 preußischer Kriegsminister. – Helmuth Graf von Moltke, 1800 bis 1891, der Sieger von Königgrätz 1866 und Sedan 1870, war von 1858 bis 1888 preußischer Generalstabschef, seit 1871 Generalfeldmarschall.

S. 74: Siehe von Kołakowski: Rahab oder die wirkliche und die vermeintliche Einsamkeit, in: Leszek Kołakowski, Die

Himmelsschlüssel. Erbauliche Geschichten, München 1965, S. 47 ff.

S. 78: Streng genommen war das Sprichwort noch gar nicht erfunden. Es geht zurück auf das Gedicht »Die Gesänge« von Johann Gottfried Seume, der von 1763 bis 1810 lebte. Die erste Strophe lautet: »Wo man singet, laß dich ruhig nieder, / Ohne Furcht, was man im Lande glaubt: / Wo man singet, wird kein Mensch beraubt; / Bösewichter haben keine Lieder.«

S. 79: Immanuel Kants »Kritik der Urteilskraft« erschien im Jahre 1790. Die zitierten Texte finden sich unter dem Titel »Vergleichung des ästhetischen Werts der schönen Künste untereinander« im Paragraphen 53. – Zum Leben Kants in Königsberg sei verwiesen auf: Immanuel Kant. Sein Leben in Darstellungen von Zeitgenossen. Die Biographien von L. E. Borowski, R. B. Jachmann und E. A. Ch. Wasianski, herausgegeben von Felix Gross, Neudruck Darmstadt 1993.

S. 80: Der Text von Robert Musil findet sich in seinem Buch »Nachlaß zu Lebzeiten«, Zürich 1936, S. 139.

S. 80: Erich Kästners Gedicht heißt »Maskenball im Hochgebirge« und stammt aus dem Jahre 1930. Abgedruckt in: Kästner für Erwachsene, herausgegeben von Rudolf Walter Leonhardt, Frankfurt am Main 1966, S. 63.

Über Erfahrungen

S. 82: Bismarck-Zitate aus: Gedanken und Erinnerungen, Band 3, Kapitel 3 und 1.

S. 83: Zitat von Max Weber aus: Weber, Politik als Beruf, in: Gesammelte politische Schriften, 2. Auflage Tübingen 1958, S. 546.

S. 87: Näher zu Wilhelm II.: Christian Graf von Krockow, Kaiser Wilhelm II. und seine Zeit. Biographie einer Epoche, Berlin 1999.

S. 88: Siehe von Ernst Bloch: Das Prinzip Hoffnung, drei Bände, zuerst 1954 bis 1959; Zitat aus der Taschenbuchausgabe, Frankfurt am Main 1973, Band I, S. 1.

S. 89: Zur Kriegslage im Herbst 1918: Nach dem Scheitern der deutschen Offensivstöße im Frühjahr und Frühsommer befanden sich die Alliierten im ständigen Gegenangriff und schrittweisen Vormarsch. Die deutschen Kräfte schwanden unaufhaltsam dahin, während auf der Feindseite eine amerikanische Millionenarmee neu und ausgeruht in den Kampf eingriff. Außerdem brachen die deutschen Verbündeten zusammen, und eine offene Südflanke entstand, zu deren Deckung es keine Reserven mehr gab. Am 3. Oktober 1918 schrieb daher Hindenburg an den Reichskanzler: »Die Oberste Heeresleitung bleibt auf ihrer am Sonntag, dem 29. September d. J., gestellten Forderung der sofortigen Herausgabe des Friedensangebots an unsere Feinde bestehen. Infolge des Zusammenbruchs der mazedonischen Front, der dadurch notwendig gewordenen Schwächung unserer Westreserven und infolge der Unmöglichkeit, die in den Schlachten der letzten Tage eingetretenen Verluste zu ergänzen, besteht nach menschlichem Ermessen keine Aussicht mehr, dem Feind den Frieden aufzuzwingen. Der Gegner seinerseits führt ständig neue frische Reserven in die Schlacht … Unter diesen Umständen ist es geboten, den Kampf abzubrechen, um dem deutschen Volk und seinen Verbündeten nutzlose Opfer zu ersparen.« Kein Wort vom »Dolchstoß«, nicht die Spur einer Andeutung, daß die Heimat versagt habe! – Das Dolchstoßzitat findet man in Hindenburgs Buch »Aus meinem Leben«, Leipzig 1920, S. 403.

S. 90: Lord John Acton, 1834 in Neapel geboren und 1902 in Tegernsee gestorben, hatte eine deutsche Mutter und eine deutsche Frau. Er war seit 1859 Mitglied des britischen Unterhauses und seit 1869 Mitglied des Oberhauses. 1895 übernahm er in Cambridge einen Lehrstuhl für Geschichte. Er war ein Freund des liberalen Parteiführers und Premierministers Gladstone und übte durch ihn politischen Einfluß aus.

S. 93: Siehe zu den »Federalist Papers« die Anmerkung zu S. 29. Zitate aus Paper Nr. 51 und Nr. 30.

S. 96: Hegel wurde 1770 in Stuttgart geboren, besuchte zusammen mit Hölderlin und Schelling die württembergische Pflanzstätte für Theologen, das Tübinger Stift, und war als Hauslehrer, Privatdozent, Journalist und Gymnasialdirektor tätig, bevor er 1816 in Heidelberg und 1818 in Berlin einen Lehrstuhl an der Universität übernahm. Er starb 1831 in Berlin. Zu seinen Hauptwerken gehören neben der »Phänomenologie des Geistes« (zuerst 1807) unter anderem die »Enzyklopädie der philosophischen Wissenschaft« (zuerst 1817) und die »Grundlinien der Philosophie des Rechts« (zuerst 1821). Die »Vorlesungen über die Philosophie der Geschichte« wurden nach Hegels Tod aus den Nachschriften von Schülern herausgegeben. Aus der zeitweise beherrschenden »Schule« Hegels ging auch Karl Marx hervor, der die dialektische Methode vom »Kopf« auf die »Füße« stellen wollte, das heißt, statt des Geistes oder Bewußtseins die Bewegung der materiellen Verhältnisse als entscheidend ansah – daher der Begriff des »dialektischen Materialismus«.

S. 97: Siehe von Carl Schmitt: Politische Theologie, München und Leipzig 1922, S. 14f.

S. 98: Siehe die Anmerkung zu S. 32.

Von der Selbstverwirklichung und der Wehleidigkeit

S. 101: Kants berühmter Aufsatz »Beantwortung der Frage: Was ist Aufklärung?« erschien im Dezember 1784 in der »Berlinischen Monatsschrift«. Der Aufsatz wird zitiert nach: Immanuel Kant, Politische Schriften, herausgegeben von Otto Heinrich von der Gablentz, Köln und Opladen 1965, S. 1ff.

S. 104: Hauptautor der »Declaration of Independence« war Thomas Jefferson, 1743 bis 1826, von 1801 bis 1809 dritter Präsident der Vereinigten Staaten. Die Unabhängigkeitserklärung wurde am 2. Juli 1776 vom »Continental Congress« der dreizehn amerikanischen Gründungskolonien in Philadelphia verabschiedet und zwei Tage später veröffentlicht; der 4. Juli ist noch heute der amerikanische Nationalfeiertag.

S. 106: Kästners Gedicht heißt »Kleines Solo« und wurde 1947 für die Münchener »Schaubude« geschrieben. Vollständiger Text unter anderem in: Erich Kästner, Eine Auswahl, Zürich 1956, S. 86f.

S. 107: Zu Marion Gräfin Dönhoff seien genannt: Alice Schwarzer, Marion Dönhoff. Ein widerständiges Leben, 17. Auflage Köln 2000; Haug von Kuenheim, Marion Dönhoff, Reinbek bei Hamburg 1999; Christian Graf von Krockow, Porträts berühmter deutscher Frauen. Von Königin Luise bis zur Gegenwart, München 2001, S. 345ff.

S. 110: Siehe von Haffner: Preußen ohne Legende, Hamburg 1978, S. 84.

S. 111: Zu Friedrich Wilhelm I. und den preußischen Tugenden sei verwiesen auf: Christian Graf von Krockow, Preußen. Eine Bilanz, Neuausgabe München und Stuttgart 2001.

Öffentlichkeit und Privatheit oder: Unser alltäglicher Faschismus

S. 113: Niccolò Machiavelli lebte von 1469 bis 1527. Sein erstes Hauptwerk, »Der Fürst« (Il principe), stammt aus dem Jahre 1513. Das zweite, »Betrachtungen über die ersten zehn Bücher des Titus Livius« (Discorsi), folgte 1519.

S. 115: Siehe zum Zitat von Jacob Burckhardt oben, Anmerkung zu S. 36. Burckhardt, 1818 bis 1897, war seit 1858 Professor in seiner Heimatstadt Basel. »Die Kultur der Renaissance in Italien« erschien 1860. Aus dem Nachlaß stammen die »Griechische Kulturgeschichte« (vier Bände, zuerst 1898 bis 1902) und »Weltgeschichtliche Betrachtungen (zuerst 1905).

S. 119: Der Schriftsteller Stefan Zweig, 1881 in Wien geboren, emigrierte 1938 nach England und 1941 nach Brasilien. Dort beging er 1942 in Verzweiflung über die Zerstörung seiner »geistigen Heimat Europa« Selbstmord. »Die Welt von Gestern. Erinnerungen eines Europäers« erschien 1944 in Stockholm; hier zitiert nach der Taschenbuchausgabe Frankfurt am Main 1970 (und öfter), S. 97f. Wer die Welt von gestern verstehen und etwas von ihrer Vernichtung erfahren will, kann kaum etwas Besseres tun, als dieses Buch zu lesen.

S. 120: Emmeline Pankhurst, 1858 bis 1928, war seit dem letzten Viertel des 19. Jahrhunderts als Frauenrechtlerin tätig. 1903 gründete sie die »Women's Social and Political Union« (WSPU). In den folgenden Jahren wurde sie wegen ihres militanten Auftretens mehrfach verhaftet. Nur wenige Wochen vor ihrem Tod erhielten in Großbritannien die Frauen gleiches Stimmrecht wie die Männer.

S. 120: Luise Otto-Peters, 1819 bis 1895, war die Vorkämpferin der deutschen Frauenbewegung. Sie war auch journalistisch und als Schriftstellerin tätig. Sozusagen als einen Vorläufer der heutigen »Emma« gründete sie 1849 die allerdings nur kurzlebige »Frauenzeitung für höhere weibliche Interessen«. Zu ihren Hauptwerken gehören der Roman »Schloß und Fabrik« (drei Bände, 1846), die Gedichtsammlung »Lieder eines deutschen Mädchens« (1847) und vor allem: »Das Recht der Frauen auf Erwerb« (1866).

S. 120: Zur besonderen Rolle der Frauen im Zusammenbruch der deutschen Männerwelt am Ende des Zweiten Weltkriegs siehe vom Verfasser: Die Stunde der Frauen, 11. Auflage München und Stuttgart 2000.

S. 124: George Orwell, 1903 bis 1950, war Kommunist und kämpfte 1936 auf republikanischer Seite im Spanischen Bürgerkrieg, aber voller Enttäuschung über den Verrat der Ideale durch den Stalinismus wandte er sich ab. 1945 erschien seine Satire auf diesen Verrat, »Animal Farm« (deutsch: »Farm der Tiere«, 1946), 1949 seine Warnung vor dem »Big Brother«: »Nineteen-eighty-four« (deutsch: »1984«, zuerst 1950).

S. 125: Zitate von Max Weber aus: Politik als Beruf, in: Gesammelte politische Schriften, herausgegeben von Johannes Winckelmann, 2. Auflage Tübingen 1958, S. 546 und 548.

S. 125: Günter de Bruyn, 1926 in Berlin geboren, hat einen Hauptteil seines Lebens in der DDR verbracht. Nach Tätigkeiten als Lehrer und Bibliothekar lebt er seit 1963 als freier Schriftsteller. Von seinen Büchern seien genannt: Das Leben des Jean Paul Friedrich Richter. Eine Biographie, Halle (Saale) und Frankfurt am Main 1975; Märkische Forschungen. Erzahlungen für Freunde der Literaturgeschichte, daselbst 1979; Zwischenbilanz. Eine Jugend in Berlin, Frankfurt am Main 1992; Vierzig Jahre. Ein Lebensbericht, Frankfurt am Main 1996; Die Finckensteins. Eine Familie im Dienste Preußens, Berlin 1999. Nach der »Wende« von 1989 und der Wiedervereinigung von 1990 zeichnete sich de Bruyn durch seine Unaufgeregtheit aus. Siehe dazu: Jubelschreie, Trauergesänge. Deutsche Befindlichkeiten, Frankfurt am Main 1991; Deutsche Zustände. Über Erinnerungen und Tatsachen, Heimat und Literatur, Frankfurt am Main 1999.

Förmlichkeiten, erster Teil: Über die Unmoral der Moral

S. 127: Zu Kant seien genannt seine »Politischen Schriften«, herausgegeben von Otto Heinrich von der Gablentz, Köln und Opladen 1965; Zitat S. 19.

S. 128: Sophie von La Roche, 1731 bis 1807; der Briefroman »Die Geschichte des Fräuleins von Sternheim«, der Goethe, Herder und andere beeindruckte, wurde von Wieland 1771 in zwei Bänden herausgegeben; mehrere Neuausgaben und Nachdrucke sind noch im 20. Jahrhundert erschienen. Sophie von La Roche vererbte ihre literarische Begabung; sie war die Großmutter von Clemens und Bettina Brentano.

S. 129: Im Zusammenhang heißt es bei Heine: »Der Gedanke will Tat, das Wort will Fleisch werden. Und wunderbar! Der Mensch, wie der Gott der Bibel, braucht nur seinen Gedanken auszusprechen, und es gestaltet sich die Welt, es wird Licht, oder es wird Finsternis, die Wasser sondern sich von dem Festland, oder gar wilde Bestien kommen zum Vorschein. Die Welt ist die Signatur des Wortes. – Dies merkt euch, ihr stolzen Männer der Tat. Ihr seid nichts als unbewußte Handlanger der

Gedankenmänner, die oft in demütigster Stille euch als eu'r Tun aufs bestimmteste vorgezeichnet haben. Maximilian Robespierre war nichts als die Hand von Jean-Jacques Rousseau, die blutige Hand, die aus dem Schoße der Zeit den Leib hervorzog, dessen Seele Rousseau geschaffen. Die unstete Angst, die dem Jean-Jacques das Leben verkümmerte, rührte sie vielleicht daher, daß er schon im Geiste ahnte, welch eines Geburtshelfers seine Gedanken bedurften, um leiblich zur Welt zu kommen? – Der alte Fontenelle hatte vielleicht recht, als er sagte: ›Wenn ich alle Gedanken dieser Welt in meiner Hand trüge, so würde ich mich hüten, sie zu öffnen.‹« (Zur Geschichte der Religion und Philosophie in Deutschland, zuerst 1835, gleich nach dem Anfang des dritten Buches.)

S. 130: Hegel, Vorlesungen über die Philosophie der Geschichte, vierter Teil, dritter Abschnitt, drittes Kapitel.

S. 133: Robespierre, Habt ihr eine Revolution ohne Revolution gewollt? Reden, herausgegeben von Kurt Schnelle, Leipzig ohne Jahr (Reclams Universal-Bibliothek Nr. 8370–74), S. 321 f. und 329 f.

S. 134: Siehe von Huxley: Geblendet in Gaza, Hamburg 1959, S. 284 ff. – Einen apokalyptischen Blick auf die damals noch kaum vorstellbare Zukunft, in der die genetische Programmierung und Steuerung des Menschen als Möglichkeit auftaucht, entwarf Huxley in seinem Buch »Brave New World«, zuerst 1932; deutsch: »Schöne neue Welt«, zuerst 1953.

S. 135: Der Augenzeuge vom Wartburgfest wird zitiert nach: Max Hodann und Walther Koch, Die Urburschenschaft als Jugendbewegung, Jena 1917, S. 15 f.

S. 135: Der Text zum Bücher- und Menschenverbrennen stammt aus Heines kurzer Tragödie »Almansor«, 1823.

S. 136: Kotzebue wurde 1761 in Weimar geboren. In Rußland machte er Karriere und rückte 1785 – nach einer günstigen Einheirat – zum Präsidenten des Gouvernementsmagistrats von Estland auf, womit er zugleich den Adel erhielt. Im Jahre

1800 wurde er durch ein Versehen verhaftet und für einige Zeit nach Sibirien verbannt; darüber hat er in dem Buch »Das merkwürdigste Jahr meines Lebens« (zwei Bände, Berlin 1801) berichtet. Danach stieg er in der Zaren- und Regierungsgunst um so höher und wurde mit einem Landgut entschädigt. Napoleon bekämpfte er mit allen literarischen Mitteln und folgte, zum Staatsrat erhoben, 1813 dem russischen Hauptquartier beim Marsch nach Westen. Zuletzt bezog er angeblich ein russisches Jahresgehalt von 15000 Rubeln. Seine »Sämtlichen dramatischen Werke«, insgesamt 216, wurden mehrfach herausgegeben, zuletzt in einer Ausgabe von vierzig Bänden, Leipzig 1840/41.

S. 136: Karl Ludwig Sand wurde 1795 in Wunsiedel geboren. Mit dem Ruf »Hier, du Verräter des Vaterlandes!« stieß er Kotzebue seinen Dolch ins Herz. Der Versuch, danach sich selbst zu töten, mißlang; man pflegte ihn für den Mordprozeß und die Hinrichtung wieder gesund. »Aktenauszüge aus dem Untersuchungsprozeß über Sand« erschienen 1821 in Leipzig.

S. 137: In der Vorrede zu Hegels »Rechtsphilosophie« findet sich auch der berühmte Satz: »Was vernünftig ist, das ist wirklich; und was wirklich ist, das ist vernünftig.« Dennoch darf man den »preußischen Staatsphilosophen« und in Berlin wohlbestallten Professor nur unter Vorbehalt einen Konservativen nennen – siehe seine vorher zitierte Würdigung der Französischen Revolution.

S. 137: Zur deutschen Jugendbewegung gibt es eine sehr reichhaltige Literatur; nur eine kleine Auswahl von Titeln sei hier genannt: Hans Blüher, Wandervogel. Geschichte einer Jugendbewegung, zwei Bände, 4. Auflage Prien 1919; Howard Becker, Vom Barette schwankt die Feder. Geschichte der deutschen Jugendbewegung, Wiesbaden 1949; Die deutsche Jugendbewegung. Quellenschriften, herausgegeben von Werner Kindt, drei Bände, Düsseldorf und Köln 1963 bis 1974; Jakob Müller, Die Jugendbewegung als deutsche Hauptrichtung neukonservativer Reform, Zürich 1971; Werner Klose, Lebensformen deutscher Jugend. Vom Wandervogel zur Popgeneration, München und Wien 1970; Mit uns zieht die neue Zeit, herausgegeben von

Thomas Koebner, Rolf-Peter Janz und Frank Trommler, Frankfurt am Main 1985; Walter Laqueur, Die deutsche Jugendbewegung. Eine historische Studie, Köln 1978; Otto Neuloh, Wilhelm Zilius, Die Wandervögel. Eine empirisch-soziologische Untersuchung der frühen deutschen Jugendbewegung, Göttingen 1982; Julius Groß, Bilder aus dem Wandervogel-Leben. Die bürgerliche Jugendbewegung in Fotos von Julius Groß, herausgegeben von Winfried Mogge, Köln 1986 (Edition Archiv der deutschen Jugendbewegung, Band I); Joachim H. Knoll, Jugendbewegung. Phänomene, Eindrücke, Prägungen, Opladen 1988; Der Zupfgeigenhansl, herausgegeben von Hans Breuer unter Mitwirkung vieler Wandervögel, München 1988 (zuerst 1908), das »klassische« Liederbuch der Jugendbewegung.

S. 139: Max Scheler schrieb: Das Ziel, die »Umbildung der Weltanschauung, die wir im Auge haben«, wird sein »wie der erste Tritt eines jahrelang in einem dunklen Gefängnis Hausenden in einen blühenden Garten. Und dieses Gefängnis wird unser, durch einen auf das bloß Mechanische und Mechanisierbare gerichteten Verstand umgrenztes Menschenmilieu mit seiner ›Zivilisation‹ sein … Und jener Gefangene wird sein – der europäische Mensch von gestern und heute, der seufzend und stöhnend unter den Lasten seiner eigenen Mechanismen einherschreitet und, nur die Erde im Blick und Schwere in den Gliedern, seines Gottes und seiner Welt vergaß.« (Versuche einer Philosophie des Lebens, in: Vom Umsturz der Werte. Der Abhandlungen und Aufsätze zweite durchgesehene Auflage, Leipzig 1919, Band II, S. 189. Die Aufsätze stammen noch aus den Vorkriegsjahren 1912 bis 1914.)

S. 141: Siehe von Ferraris: Wenn schon, denn schon – aber ohne Hysterie. An meine deutschen Freunde, München 1988; Zitate S. 50, 144 und 165. Gegen Ende des Buches (S. 161) heißt es: »Das Leben ist kein Nibelungenlied, sondern janusköpfig: Tragödie menschlichen Leidens und Komödie menschlicher Ironie. Politik mag Ironie, sicher aber kein Grund zur Hysterie sein – ›Wenn schon, denn schon‹: ein Witz.«

S. 142: Maschmann, Fazit. Kein Rechtfertigungsversuch, Stuttgart 1963, S. 16 f.; Neuausgabe mit dem Untertitel: Mein Weg in die Hitlerjugend, München 1979. Vor dem zitierten Satz heißt es: »Für mich war es ausschlaggebend: Ich wollte einen anderen Weg gehen als den konservativen, den mir die Elterntradition vorschrieb. Im Munde meiner Eltern hatte das Wort ›sozial‹ oder ›sozialistisch‹ einen verächtlichen Klang. Sie sprachen es aus, wenn sie sich darüber entrüsteten, daß die bucklige Hausschneiderin so anmaßend war, sich politisch betätigen zu wollen ... Keine Parole hat mich je so fasziniert wie die von der Volksgemeinschaft. Ich habe sie zum erstenmal aus dem Mund der verkrüppelten und verhärmten Schneiderin gehört, und am Abend des 30. Januar [1933] bekam sie einen magischen Glanz. Die Art dieser ersten Begegnung bestimmte über ihren Inhalt. Ich empfand, daß sie nur im Kampf gegen die Standesvorurteile der Schicht verwirklicht werden konnte, aus der ich kam, und daß sie vor allem den Schwachen Schutz und Recht gewähren mußte.«

S. 144: Kant-Zitat a.a.O., S. 14.

S. 145: Siehe von Plessner: Die Stufen des Organischen und der Mensch, zuerst 1928, Neuabdruck in: Gesammelte Schriften IV, Frankfurt am Main 1981; zur natürlichen Künstlichkeit: S. 383 ff. – Plessner, 1892 bis 1985, emigrierte 1933 in die Niederlande. 1951 kehrte er zurück und übernahm in Göttingen einen Lehrstuhl für Soziologie und Philosophie.

S. 146: Reinhold Bernhard Jachmann, Immanuel Kant, geschildert in Briefen an einen Freund, zuerst 1804. Abgedruckt in: Immanuel Kant. Sein Leben in Darstellungen von Zeitgenossen. Die Biographien von L. E. Borowski, R. B. Jachmann und E. A. Ch. Wasianski, herausgegeben von Felix Gross, Ausgabe Stuttgart 1993, S. 128.

S. 147: Troeltsch, Politische Ethik und Christentum, Göttingen 1904, S. 6. Troeltsch, 1865 bis 1923, Theologe und Philosoph, bezieht sich auf die politische Erziehung der Deutschen durch Bismarcks Erfolgspolitik und sagt im Zusammenhang: »Ihr Kern war gerade der, daß das Wesen des Staates Macht ist, daß er sein festes Knochengerüst hat an einem schlagfertigen Heere, daß er der beständig drohenden Gefahr von außen und innen nur durch einen ebenso vorsichtigen als rücksichtslosen Machtgebrauch begegnen kann, und daß hierfür nichts so hinderlich ist, wie die Prinzipien und die Theorie ... Es ist ein Ideal der Vorurteilslosigkeit und Unbefangenheit, das alles nur dem einen politischen Grundgedanken der dauernden, jedem Gegner überlegenen Macht unterordnet. Und dieses Ideal ist uns in den langen Jahren politischen Elends, theoretischer Staatsideale, pathetischer Resolutionen und unfruchtbarer Forderungen der öffentlichen Zeitungsmeinung als der ungeheure Fortschritt erschienen, der uns die ersten Lebensbedingungen des Staats erst zum Verständnis gebracht hat.« Damit allerdings ist die Prinzipienlosigkeit »unter uns selbst zur Theorie geworden, die wir wohl auch mit etwas Nietzschescher Herrenmoral oder Darwinistischem Kampf ums Dasein versetzen und die sich nur allzuleicht mit den Idealen der kurzangebundenen Schneidigkeit und der bürokratischen Amtshoheit verbinden, von denen der Nachwuchs der regierenden Klassen weithin erfüllt ist.«

Förmlichkeiten, zweiter Teil: Über Spiele und Spielregeln

S. 151: Siehe von Schiller: Über die ästhetische Erziehung der Menschen in einer Reihe von Briefen, zuerst 1795, fünfzehnter Brief.

S. 151: Siehe von Manfred Eigen, zusammen mit Ruth Winkler: Das Spiel, 3. Auflage München 1979.

S. 151: Siehe von Friedrich Georg Jünger: Die Spiele. Ein Schlüssel zu ihrer Bedeutung, Ausgabe München 1959; Zitat nach Hans Schöneberg, Spiel – Lernspiel – Übungspiel, in: Das Spiel, herausgegeben vom Ausschuß Deutscher Leibeserzieher, 2. Auflage Frankfurt am Main 1959, S. 112. – Die Literatur über Spiele ist sehr umfangreich; als Einführungen seien empfohlen: Hans Scheuerl, Das Spiel. Untersuchungen über sein Wesen, seine pädagogischen Möglichkeiten und Grenzen, Neuausgabe Weinheim 1979; Ruprecht Kurzrock (Herausgeber): Das Spiel, Berlin 1983. Klassisch: Johan Huizinga, Homo Ludens. Vom Ursprung der Kultur im Spiel, zuerst 1938, als Taschenbuchausgabe in rowohlts deutscher enzyklopädie, 51. bis 55. Tausend Hamburg 1960.

S. 154: Grundlegend über die englischen Anfänge des modernen Sports: Herbert Schöffler, England, das Land des Sportes. Eine kultursoziologische Erklärung; Hefte zur Englandkunde 9, Leipzig 1935. Siehe auch vom Verfasser: Sport, Gesellschaft, Politik. Eine Einführung, München 1980.

S. 157: Jean-Jacques Rousseau, 1712 in Genf geboren, starb 1778 in Ermenonville bei Paris, ein Ort, der bald zur Wallfahrtsstätte des vorrevolutionären Europa wurde. Die Revolutionäre von 1789 ließen seine Gebeine ins Pantheon überführen und Auszüge seiner Schriften in den Straßen von Paris verlesen. Seine »Abhandlungen über den Ursprung der Ungleichheit unter den Menschen« erschienen 1755; das politische Hauptwerk »Du contrat social«, »Über den Gesellschaftsvertrag«, folgte 1762.

S. 161: Johan Huizinga, 1872 bis 1945, war von 1905 bis 1915 Professor in Groningen, danach in Leiden. Bekannt wurde er vor allem durch sein Buch »Herbst des Mittelalters«, deutsch zuerst 1924. Von 1942 bis zu seinem Tode noch vor dem Kriegsende wurde Huizinga unter Arrest gehalten.

S. 162: Sebastian Haffner, Anmerkungen zu Hitler, München 1978, S. 59.

S. 163: C. Northcote Parkinson, Parkinsons Gesetz und andere Untersuchungen über die Verwaltung, Taschenbuchausgabe Reinbek bei Hamburg, zuerst 1966, S. 50f.

S. 164: Theodor Wilhelm, Traktat über den Kompromiß, Stuttgart 1973, S. 54. Als neues und wichtiges Buch zum Thema sei genannt: Martin Greiffenhagen, Kulturen des Kompromisses, Opladen 1999. Greiffenhagen entwirft ein insgesamt optimistisches Bild: Nicht nur in Deutschland oder in Europa, sondern weltweit entstehe eine »Kompromißkultur«; der Kompromiß entwickle sich geradezu zum »neuen Paradigma« des globalen Zeitalters. Doch so wünschenswert das auch sein mag: Die aus bitteren geschichtlichen Erfahrungen geborene Skepsis verbietet es, hierauf allzusehr zu vertrauen.

S. 164: Johann Gottlieb Fichte, 1762 bis 1814, entwarf zwischen 1804 und 1805 in Vorlesungen zu Berlin »Die Grundzüge des gegenwärtigen Zeitalters«. Darin sollte »das gesamte Erdenleben durch seinen Endzweck begriffen« und in fünf »Grundepochen« eingeteilt werden. Im »Stand der Unschuld« beginnt die Menschheit ihren Weg durch die Geschichte. Es folgt der »Stand der anhebenden Sünde«, danach, als das gegenwärtige Zeitalter, ein »Stand der vollendeten Sündhaftigkeit«. Wo aber Gefahr ist, wächst – dialektisch – das Rettende auch, wie mit der Sünde das Gnadenverlangen, wie nur aus dem Elend die gerechte Gesellschaft, wie aus Niederlagen der Sieg und aus dem Tod das Leben. Es wird der »Stand der anhebenden Rechtfertigung« folgen, und mit der »vollendeten Rechtfertigung und Heiligung« wird die Menschheit schließlich ihr Ziel erreichen. Offensichtlich handelt es sich um eine ins Weltliche entlaufene, zur Weltfrömmigkeit mißratene Theologie des ehemaligen Theologiestudenten. (Der Sohn armer Leute mußte sich zunächst als Hauslehrer verdingen, unter anderem bei den Grafen Krockow in Krockow, und vielleicht sind manche seiner Überspanntheiten von da aus zu erklären.)

S. 166: Der Philosoph Jürgen Habermas hat eine höchst anspruchsvolle »Theorie des kommunikativen Handelns« entworfen (zwei Bände, Frankfurt am Main 1981, siehe auch: Vorstudien und Ergänzungen zur Theorie des kommunikativen Handelns, Frankfurt am Main 1984). In einer wirklichen »Reziprozität der Perspektiven« soll es möglich sein, die gegensätzlichen Anschauungen und Interessenstandpunkte zu überwinden und eine Übereinstimmung aller mit allen herzustellen. In der Praxis wäre dazu allerdings das unendliche Gespräch mit unendlichem Zeitaufwand gefordert, den sterbliche Lebewesen nicht leisten können; sarkastisch ausgedrückt, handelt es sich um eine akademische Seminaridee. Außerdem stellt sich die Frage, ob zur personalen Existenz und zur Freiheit des Menschen nicht die eigenen und unterschiedlichen Anschauungen und Interessen positiv und unverzichtbar gehören, die zum Kompromiß statt zur Übereinstimmung rufen.

Im ideengeschichtlichen Hintergrund steht Rousseaus *volonté générale*, die gut gemeint sein mag, letztlich aber alle Freiheit in der Nötigung zur Übereinstimmung zerstört und den immer noch Abweichenden zum Feind erklärt.

S. 168: Bernd Guggenberger, Claus Offe: Politik an der Basis. Herausforderung der parlamentarischen Demokratie, in: Aus Politik und Zeitgeschichte, Beilage zu: Das Parlament, 26. 11. 1983, S. 6. Siehe auch den von Guggenberger und Offe herausgegebenen Sammelband: An den Grenzen der Mehrheitsdemokratie. Politik und Soziologie der Mehrheitsregel, Opladen 1984, S. 12.

Vielleicht ohne daß es ihnen bewußt wäre, fallen die Autoren auf Positionen eines Staatsrechtslehrers wie Carl Schmitt zurück, der nach Kräften zur geistigen Auflösung der Weimarer Republik und nach der nationalsozialistischen Machtergreifung zur Rechtfertigung der Führergewalt beitrug. Schmitt hat geschrieben: »Volk ist ein Begriff des öffentlichen Rechts. Volk existiert nur in einer Sphäre der Publizität. Die einstimmige Meinung von 100 Millionen Privatleuten ist weder Wille des Volkes noch öffentliche Meinung. Der Wille des Volkes kann durch Zuruf, durch acclamatio, durch selbstverständliches unwidersprochenes Dasein ebensogut oder noch besser demokratisch geäußert werden als durch den statistischen Apparat, den man seit einem halben Jahrhundert mit einer so minutiösen Sorgfalt ausgebildet hat. Je stärker die Kraft des demokratischen Gefühls, um so sicherer die Erkenntnis, daß Demokratie etwas anderes ist als ein Registriersystem geheimer Abstimmungen. Vor einer, nicht nur im technischen, sondern auch im vitalen Sinne unmittelbaren Demokratie erscheint das aus liberalen Gedankengängen entstandene Parlament als eine künstliche Maschinerie, während diktatorische und cäsaristische Methoden nicht nur von der acclamatio des Volkes getragen, sondern auch unmittelbare Äußerungen demokratischer Kraft und Substanz sein können.« (Die geistesgeschichtliche Lage des heutigen Parlamentarismus, 2. Auflage München und Leipzig 1926, S. 22.) Ideengeschichtlich handelt es sich wieder um eine, hier rechte, Spielart von Rousseauismus, der sich auf eine geheimnisvolle *volonté générale* beruft, um sie gegen Andersdenkende in Stellung zu bringen und die liberalen Spielregeln der Demokratie außer Kraft zu setzen.

S. 169: Rochow reagierte auf eine Grußadresse der Bürger von Elbing an Professor Albrecht, den Sohn ihrer Stadt und einen der aufrechten »Göttinger Sieben«, die im Jahre 1837 vom König von Hannover aus ihren Lehrämtern vertrieben wurden, weil sie gegen die vom König verfügte Aufhebung der Verfassung protestierten.

S. 171: Iring Fetscher, Ökologie und Demokratie. Ein Problem der politischen Kultur, in: Aus Politik und Zeitgeschichte, Beilage zu: Das Parlament, 3. 7. 1982, S. 31.

S. 173: Adolf Arndt, Politische Reden und Schriften, herausgegeben von Horst Ehmke und Carlo Schmid, Berlin und Bonn-Bad Godesberg 1976, S. 273.

S. 174: Wilhelm Freiherr von Humboldt, 1767 bis 1835, verfaßte seine »Ideen zu einem Versuch, die Grenzen der Wirksamkeit des Staates zu bestimmen« im Jahre 1792, aber erst 1851 wurde die Abhandlung vollständig veröffentlicht. Hier zitiert nach der Ausgabe Stuttgart 1967, S. 32f.

S. 175: Siehe zu Stein: Gerhard Ritter, Stein. Eine politische Biographie, neugestaltete Ausgabe Stuttgart 1958; Zitate S. 74 und 254. Der Text wurde von dem Königsberger Polizeidirektor Frey entworfen, einem Schüler Immanuel Kants, der für Stein arbeitete und in dessen Haus Stein wohnte.

S. 176: Kant, Beantwortung der Frage: Was ist Aufklärung? In: Politische Schriften, herausgegeben von Otto Heinrich von der Gablentz, Köln und Opladen 1965, S. 1.

S. 177: Bernard Crick, Eine Lanze für die Politik, München 1966, S. 198.

S. 179: Alexis de Tocqueville, Über die Demokratie in Amerika, Band II, Teil IV, Kapitel 7 und 8.

S. 180: John Locke, 1632 bis 1704, begründete die Philosophie der Aufklärung und ein liberales politisches Denken. Bedeutend war sein Einfluß besonders auf die Verfassungsväter der Vereinigten Staaten. Seine Hauptwerke »An Essay Concerning Human Understanding« und »Two Treatises on Government« erschienen im Jahre 1690.

S. 181: Das Sendschreiben der »Assembly of Divines« wird zitiert nach Eduard Bernstein, Sozialismus und Demokratie in der großen englischen Revolution, 2. Auflage Stuttgart 1908, S. 67.

S. 186: Sebastian Haffner, Preußen ohne Legende, Hamburg 1978, S. 84.

S. 187: Zur brandenburg-preußischen Toleranz sei verwiesen auf: Christian Graf von Krockow, Vom Glaubenseifer, von der Toleranz und vom Wahn, in: Fahrten durch die Mark Brandenburg – Wege in unsere Geschichte, Stuttgart 1991, S. 13ff. Speziell zu den Hugenotten: Historische Nachricht von der Stiftung der französischen Kolonien in den preussischen Staaten, herausgegeben bey Gelegenheit des hundertjährigen Jubiläums welches den 29sten October 1785 gefeyert werden soll, Berlin 1785; Ed. Muret, Geschichte der Französischen Kolonie in Brandenburg-Preußen, unter besonderer Berücksichtigung der Berliner Gemeinde, Berlin 1885; Helmut Erbe, Die Hugenotten in Deutschland, Essen 1937; Die Hugenotten 1685–1985, herausgegeben von Rudolf von Thadden und Michelle Magdelaine, München und Paris 1985.

S. 192: Zitat von Heinrich Heine: Ludwig Börne. Eine Denkschrift, zuerst 1840, viertes Buch, zweiter Absatz.

S. 194: Siehe von Carl Schmitt: Der Begriff des Politischen, 3. Auflage Hamburg 1933 (zuerst 1927), S. 7 und 15.

S. 198: Georg Forster, 1754 bis 1794, begleitete, zusammen mit seinem Vater, James Cook von 1772 bis 1775 auf dessen zweiter großer Entdeckungsreise. Siehe zu seinem Reisebericht die Werkausgabe im Akademie Verlag Berlin, Band 2 und Band 3, 2. Auflage 1989. Zu Forster seien außerdem genannt: Ulrich Enzensberger, Georg Forster. Ein Leben in Scherben, Frankfurt am Main 1996; Klaus Harpprecht, Georg Forster oder Die Liebe zur Welt. Eine Biographie, Taschenbuchausgabe Reinbek bei Hamburg 1999.

S. 198: Zur Revolutionszeit und zum Anschluß an Frankreich sei verwiesen auf: Franz Dumont, Die Mainzer Republik vom 1792/93. Studien zur Revolutionierung in Rheinhessen und der Pfalz, Alzey 1982; Justus Hashagen, Das Rheinland und die französische Herrschaft, Bonn 1908; Hansgeorg Molitor, Vom Untertan zum Administré. Studien zur französischen Herrschaft und zum Verhalten der Bevölkerung im Rhein-Mosel-Raum von den Revolutionskriegen bis zum Ende der Napoleonischen Zeit, Wiesbaden 1980.

S. 199: August Heinrich Hoffmann von Fallersleben, 1798 bis 1874, war seit 1830 Professor in Breslau. Seiner nationalen Gesinnung wegen wurde er 1842 entlassen und 1848 rehabilitiert. Sein »Lied der Deutschen« schrieb er 1841 auf Helgoland.

»Die Wacht am Rhein« von Max Schneckenburger entstand 1840 im Anschluß an das Lied »Der deutsche Rhein« von Nikolaus Becker. Sie erlebte viele Vertonungen; die von Karl Wilhelm (1854) setzte sich durch. Das Lied wurde besonders beim Kriegsbeginn 1870, aber auch noch 1914 mit Inbrunst gesungen. Die erste Strophe, charakteristisch für die fünf übrigen, die noch folgen, lautet:

»Es braust ein Ruf wie Donnerhall,
wie Schwertgeklirr und Wogenprall:
Zum Rhein, zum Rhein, zum deutschen Rhein,
wer will des Stromes Hüter sein?
Lieb Vaterland, magst ruhig sein,
fest steht und treu die Wacht am Rhein.«

S. 200: Zitat von Heinrich Heine: Ludwig Börne. Eine Denkschrift, viertes Buch; in der Ausgabe Sämtliche Werke, München 1964: Band XI, S. 85.

S. 201: Das Brockhaus' Conversations-Lexikon, 13. Auflage Leipzig 1886, sagt: »Rochau, Historiker und Publizist, geb. 20. Aug. 1810 zu Wolffenbüttel, studierte in Göttingen die Rechte und wurde wegen seiner Teilnahme am sog. Frankfurter Attentat zu 20 Jahren Zuchthaus verurteilt, entfloh aber nach Paris. Im J. 1848 kehrte er nach Deutschland zurück und wirkte als Journalist ununterbrochen für die nationale Einigung Deutschlands. Er lebte seit 1851 in Heidelberg, wo er 15. Okt. 1873 starb.« Ein zweiter Band seiner »Grundsätze der Realpolitik« erschien 1869.

S. 201: Bismarcks berühmtes Wort fiel am 30. September 1862 in einer Abendsitzung der Budgetkommission des preußischen Abgeordnetenhauses; im geflügelten Wort erfolgte später die Umkehrung von »Eisen und Blut« zu »Blut und Eisen«.

S. 201: Eine sehr anschauliche Beschreibung des Sedantages findet man bei Sebastian Haffner: Im Schatten der Geschichte. Historisch-politische Variationen aus zwanzig Jahren, Stuttgart 1985, S. 63 ff.

S. 202: Ernest Renan, Orientalist, Religionswissenschaftler und Schriftsteller, 1823 bis 1892, stellte die Nation als politische Willenseinheit, als »tägliches Plebiszit« dar. Zitiert nach: Œuvres complètes, Paris 1947, Band I, S. 454 ff. – Der evangelische Theologe David Friedrich Strauß, 1808 bis 1874, gab der Leben-Jesu-Forschung ein historisch-kritisches Fundament.

S. 203: Siehe von Heinrich von Treitschke: Politik. Vorlesungen, gehalten an der Universität zu Berlin, herausgegeben von Max Cornicelius, zwei Bände, Leipzig 1897 und 1898. Zitate in ihrer Reihenfolge: Band I, S. 135; Band I, S. 60; Band II, S. 552.

Zur Wirkung von Treitschke als akademischem Lehrer der wilhelminischen Generation hat Ernst Troeltsch gesagt: »Die Auffassung von Staat und Gesellschaft steht heute im Zeichen des Realismus. Ethische und kulturelle Ziele des Staates, wie sie die von Kant, Fichte und Hegel erzogene Generation verehrte, gelten als doktrinäre Kunstwerke der Studierstube oder als abstrakte Prinzipienreiterei ... Die Geheimnisse der Politik sind die Geheimnisse der Kunst, Macht zu bilden, zu befestigen, auszubreiten, gegen drohende Veränderungen zu schützen, aber nicht die Geheimnisse einer Staatstheorie oder politischen Ethik ... Wie hat uns als jungen Studenten seinerzeit das Herz geklopft, wenn uns Heinrich v. Treitschke mit seiner glühenden Rhetorik so den Staat beschrieb und die ethischen und juristischen Doktrinäre des Staatsbegriffes mit seinem wenig wählerischen Spotte übergoß. Mit einer Art Wollust der Entsagung haben wir auf die dem jugendlichen Sinn so nahe liegenden theoretischen und ethischen Ideale verzichtet, und mit dem nicht minder jugendlichen Bedürfnis, irgend etwas gründlich zu verachten, haben wir in unseren Gesprächen seinen Spott noch zu überbieten gesucht.« (Politische Ethik und Christentum, Göttingen 1904, S. 5.)

Ähnlich oder noch härter urteilte unter den Eindrücken seiner Berliner Studentenzeit 1887 der junge Max Weber: »Und wäre bei meinen Altersgenossen nicht an sich schon die Anbetung der militärischen und sonstigen Rücksichtslosigkeit, die Kultur des sogenannten ›Realismus‹ und die banausische Mißachtung aller derjenigen Bestrebungen, welche ihr Ziel ohne Appell an die schlechten Seiten des Menschen, insbesondere die Rohheit, zu erreichen hoffen, zeitgemäß, so würden die zahllosen, oft schroffen Einseitigkeiten, die Leidenschaftlichkeit des Kampfes gegen andere Meinungen und die durch den mächtigen Eindruck des Erfolgs hervorgerufene Vorliebe für das, was man heute Realpolitik nennt, nicht das einzige sein, was sie aus den Treitschkeschen Kollegien mitnehmen.« (Zitiert nach Golo Mann, Max Weber als Politiker, in: Zwölf Versuche, Frankfurt am Main 1973, S. 33.)

Näher zu Treitschke: Christian Graf von Krockow, Porträts berühmter deutscher Männer. Von Martin Luther bis zur Gegenwart, München 2001, S. 189ff.

S. 203: Siehe von Plessner: Die verspätete Nation, Stuttgart 1959, S. 39 ff; siehe von Plessner auch: Gesammelte Schriften, Band VI, Frankfurt am Main 1982, S. 48ff.

S. 205: Siehe von Rudolf von Thadden: Berührung zwischen Vergangenheit und Zukunft, in: Politik und Kultur, Heft 3, 5. Jahrgang Berlin 1978, S. 62f.

S. 207: Zitat von Thomas Mann: Betrachtungen eines Unpolitischen, 19./24. Auflage Berlin 1922, S. 246, XXXIV, XXXVI.

Es gab im Ersten Weltkrieg unzählige Äußerungen in ähnlichem Sinne, besonders von Professoren. So schrieb zum Beispiel der Philosoph Max Wundt: »Zwischen dem deutschen und dem demokratischen Geist gibt es keine Vermittlung. Ob man dem einzelnen allein ursprünglichen Wert zuschreibt und nach seinen Wünschen den Staat sich einrichten läßt oder ob man dem Staat einen ursprünglichen, über alle Einzelwillen erhabenen Eigenwert zuschreibt, das sind grundsätzliche Verschiedenheiten der Auffassung, die man nicht mit Redensarten und demagogischen Künsten verkleistern soll ... Demokratie ist recht eigentlich der Triumph der toten Zahl über die lebendige Form. Dem setzt der deutsche Gedanke die Vernünftigkeit des wirklichen sittlichen Lebens entgegen. Die vernünftige Idee soll herrschen, nicht die Wünsche des einzelnen. Die Vernunft aber kommt zur klaren Einsicht über sich selbst nur in der einzelnen Persönlichkeit. Darum soll die Persönlichkeit herrschen, nicht die vielen.« (Deutsche Staatsauffassung, in: Deutschlands Erneuerung, Heft 2, 1918, S. 119ff.)

Siehe insgesamt zum Thema: Aufrufe und Reden deutscher Professoren im Ersten Weltkrieg, herausgegeben von Klaus Böhme, Stuttgart 1975; Abdruck des Textes von Wundt S. 152ff. Siehe ferner: Klaus Schwabe, Wissenschaft und Kriegsmoral. Die deutschen Hochschullehrer und die politischen Grundlagen des Ersten Weltkriegs, Göttingen 1969.

S. 208: Siehe von Heiner Müller: Bautzen oder Babylon, in: Sinn und Form 4/1991, S. 664f.

S. 208: Das Zitat von Heinrich Heine findet sich in: Die Romantische Schule, deutsche Erstausgabe 1836, erstes Buch (Taschenbuchausgabe der Sämtlichen Werke, München 1964, Band IX, S. 31).

S. 212: Siehe von Wolfgang Schäuble: Der Vertrag. Wie ich über die deutsche Einheit verhandelte, Stuttgart 1991.

S. 212: Zur Rechtsentwicklung, inbesondere zur politischen Justiz in der Weimarer Republik seien genannt: Emil Julius Gumbel, Vier Jahre politischer Mord, Berlin 1922, Neuausgabe Heidelberg 1980; Ernst Fraenkel, Zur Soziologie der Klassenjustiz, Berlin 1927, Neuausgabe Darmstadt 1968; Hugo Sinzheimer und Ernst Fraenkel, Die Justiz in der Weimarer Republik, eine Chronik, herausgegeben von Thilo Ramm, Neuwied und Berlin 1968; Otto Kirchheimer, Politische Justiz, Neuwied 1965; Kirchheimer, Von der Weimarer Republik zum Faschismus. Die Auflösung einer demokratischen Rechtsordnung, herausgegeben von Wolfgang Luthardt, Frankfurt am Main 1976; Heinrich Hannover und Elisabeth Hannover-Druck, Politische Justiz 1918–1933, Frankfurt am Main 1966.

Nach der sogenannten Röhm-Affäre, der ersten ganz unverhohlenen Mordserie des »Dritten Reiches«, schrieb Carl Schmitt einen Aufsatz unter dem Titel »Der Führer schützt das Recht«. Darin hieß es: »Der Führer schützt das Recht vor dem schlimmsten Mißbrauch, wenn er im Augenblick der Gefahr kraft seines Führertums als oberster Gerichtsherr unmittelbar Recht schafft ... Der wahre Führer ist auch immer Richter. Wer beides voneinander trennen oder gar entgegensetzen will, macht den Richter entweder zum Gegenführer oder zum Werkzeug eines Gegenführers und sucht den Staat mit Hilfe der Justiz aus den Angeln zu heben. Das ist eine oft erprobte Methode nicht nur der Staats-, sondern auch der Rechtszerstörung ... Inhalt und Umfang seines Vorgehens bestimmt der Führer selbst.« (Abgedruckt in: Positionen und Begriffe im Kampf mit Weimar – Genf – Versailles, Hamburg 1940, S. 199ff.) Ausgerechnet ein Staatsrechtslehrer redete damit der Zerstörung des Rechtstaates durch die Aufhebung der Gewaltenteilung und durch die Unterwerfung des Rechts unter die Willkür und Gewalt des Führersbefehls das Wort. Noch immer findet indessen Carl Schmitt seine Bewunderer.

S. 217: Siehe von Bismarck: Bismarck-Briefe, ausgewählt von Hans Rothfels, Göttingen 1955; Die großen Reden, herausgegeben von Lothar Gall, Berlin 1981.

S. 218: Albert Camus, 1913 bis 1960, 1957 mit dem Nobelpreis für Literatur ausgezeichnet, schrieb »Le mythe de Sisyphe« 1942; deutsch: Der Mythos von Sisyphos, Düsseldorf 1950; Neuübersetzung Reinbek bei Hamburg 1999.

Wie uns die Stunde schlägt

S. 219: Zum Thema dieses Kapitels sei genannt: Rudolf Wendorff, Zeit und Kultur. Geschichte des Zeitbewußtseins in Europa, Opladen 1980. Dieses Buch enthält zahlreiche weitere Literaturhinweise zu Einzelfragen.

S. 221: Die Bestimmung des Längengrads auf See mit Hilfe der Gestirne war schwierig und mißlang oft völlig. Viele Kapitäne wußten gar nicht, wo sie sich befanden, und verschätzten sich, manchmal um mehr als hundert Seemeilen, nicht selten mit katastrophalen Folgen. Die britische Regierung setzte daher ein Preisgeld von 20000 Pfund für die Entwicklung eines zuverlässigen Zeitmessers aus. John Harrison, 1693 bis 1776, baute seinen ersten Chronometer 1735 und verbesserte ihn ständig bis zur berühmten »Nummer 4«, die 1762 bei einer wochenlangen Reise nach Jamaika nur eine Abweichung von fünf Sekunden aufwies. Ein langes Ringen um das Preisgeld folgte. 1763 erhielt Harrison zunächst 5000 Pfund, zehn Jahre später die restliche Summe. Näher zum Thema: H. Quill, John Harrison, London 1966.

S. 222: Das Zitat über den Indio ist entnommen aus: D. Chandos, Ich baue ein Haus in Mexiko, München ohne Jahr, S. 140.

S. 222: Näher zu den altmexikanischen Kalendersystemen: Christian Graf von Krockow, Mexiko – Wirtschaft, Politik, Gesellschaft, Kultur, München 1974, S. 117ff.

S. 224: Zu den religiösen Wurzeln des Kapitalismus und der modernen Erwerbsorientierung sei verwiesen auf: Max Weber, Die protestantische Ethik und der Geist des Kapitalismus, 1920 und später. Ferner sei genannt: Richard Henry Tawney, Religion and the Rise of Capitalism, zuerst 1926.

S. 226: Zum »Prozeß der schöpferischen Zerstörung« sei verwiesen auf das gleichnamige Kapitel in: Joseph A. Schumpeter, Kapitalismus, Sozialismus und Demokratie, 2. Auflage München 1950, S. 134ff.

S. 230: Siehe zu Bismarcks langen Abwesenheiten vom Amt: Christian Graf von Krockow, Bismarck. Eine Biographie, Stuttgart 1997, S. 265ff.

S. 230: Benjamin Disraeli, 1804 bis 1881, seit 1876 Earl of Beaconsfield, war Schriftsteller und seit 1848 der Führer der Konservativen, mehrfach Schatzkanzler, 1868 und von 1874 bis 1880 Premierminister. Zum Zitat: W. F. Monypenny und G. E. Buckle, The Life of Benjamin Disraeli, sechs Bände, 2. Auflage London 1929, Band 6, S. 52f.

S. 231: Veblens »Theory of the Leisure Class«, 1899, erschien in Deutschland unter dem Titel »Theorie der feinen Leute. Eine ökonomische Untersuchung der Institutionen«, zuletzt als Taschenbuch Frankfurt am Main 1986.

S. 233: Paul Lafargue, 1842 geboren, 1871 am Kommuneaufstand in Paris beteiligt, propagierte die Lehre von Marx. 1911 beging er Selbstmord. »Le droit à la paresse« erschien 1883, deutsch als »Das Recht auf Faulheit« 1891, neuere Ausgabe Frankfurt am Main 1966.

Auf der Suche nach Heimat

S. 240: Das Rilke-Zitat findet sich in einem Brief an Witold Hulewicz mit dem Stempel vom 13. 11. 1925. Im Text heißt es über »die uns mitwissenden Dinge« weiter: »Auf uns ruht die Verantwortung, nicht allein ihr Andenken zu bewahren – das wäre wenig und unzuverlässig –, sondern ihren humanen und larischen Wert. (›Larisch‹, im Sinne der Haus-Gottheiten.)«

S. 241: Der schweizerische Erzähler Jeremias Gotthelf lebte von 1797 bis 1854. Er stemmte sich gegen die moderne Entwicklung und setzte gegen sie eine urtümliche Bauernwelt. Die »Erlebnisse eines Schuldenbauers« werden zitiert nach der Ausgabe Berlin 1854, S. 19.

S. 241: Siehe zur oberschwäbischen Wendung: Hermann Fischer, Schwäbisches Wörterbuch, 3. Band, Tübingen 1911, Spalte 1364.

S. 242: Ludwig Joergens (oder Jörgens) wurde 1792 in Gütersloh geboren und wanderte dann als Prediger nach Amerika aus, wo er um 1837 starb.

S. 244: Joseph Freiherr von Eichendorff, 1788 bis 1857, nahm an den Freiheitskriegen teil und war dann von 1817 bis 1844 preußischer Staatsbeamter. Neben seiner Lyrik bezaubert vor allem die Erzählung »Aus dem Leben eines Taugenichts«, zuerst 1826.

S. 245: Das vollständige – recht umfangreiche – Gedicht von Ludwig Seeger findet man in: Deutschland Deutschland. Politische Gedichte vom Vormärz bis zur Gegenwart, herausgegeben vom Helmut Lamprecht, Bremen 1969, S. 37 ff.

S. 245: Zum politischen Mißbrauch des Heimatbegriffs, der im Nationalsozialismus seinen Höhepunkt erreicht, sei als Literatur genannt: Gerhard Schweizer, Bauernroman und Faschismus. Zur Ideologie einer literarischen Gattung, Tübingen 1976; Klaus Bergmann, Agrarromantik und Großstadtfeindschaft, Meisenheim am Glan 1970; Dieter Kramer, Die politische und ökonomische Funktionalisierung von »Heimat« im deutschem Imperialismus und Faschismus, in: Diskurs 6–7, 1973, S. 33 ff.; Hermann Bausinger, Dorf und Stadt – ein traditioneller Gegensatz, in: Dorfpolitik, herausgegeben von Hans-Georg Wehling, Opladen 1978, S. 18 ff.

Wie sich zur Zeit der Weimarer Republik die weltoffene Großstadt in der Perspektive einer rückwärts gewandten Agrarideologie ausnahm, mag ein Beispiel anschaulich machen: »Spuk in Berlin. Spätnachmittags auf dem Kurfürstendamm. Bars, Amüsierkneipen, Kokotten in Seide und Pelz, Negermusik aus drei Dutzend Kaffeehäusern … Die Nacht fällt ein. Hier aber wird es heller. Der Trubel wächst, Licht unzähliger Scheinwerferlampen macht die Augen, die Gesichter grell, maskenhaft, unheimlich. Alle Männer sehen aus, als könnte jeder sein: Minister, Schieber, Taschendieb, Börsianer, Bankier ... Man sieht sich, kneift die Augen zusammen, denkt an den Begriff der ›weißen Weste‹ und lächelt süffisant ›Na ja‹ ... Das ist das Gesicht des Staates von Weimar, den sich die Arbeiterschaft als Staat der ›sozialen Demokratie‹ zu gestalten gedachte.« (»Landvolk«, Itzehoe, Nr. 102 vom 27. Juli 1929.)

Allgemein als Literatur zum Thema Heimat: Hermann Bausinger: Heimat in einer offenen Gesellschaft. Begriffsgeschichte als Problemgeschichte, in: Die Ohnmacht der Gefühle. Heimat zwischen Wunsch und Wirklichkeit, herausgegeben von Jochen Kelter, Weingarten 1986, S. 89ff.; Christian Graf von Krockow, Heimat. Erfahrungen mit einem deutschem Thema, Stuttgart 1989.

S. 246: Zitat Hannsmann: Heimweh oder: Der andere Zustand, in: Die Ohnmacht der Gefühle, a.a.O., S. 33f.

S. 248: Marie Luise Freifrau von Kaschnitz-Weinberg, 1901 bis 1974; das »Heimat«-Gedicht findet man in: Überallnie. Ausgewählte Gedichte 1928–1965, Frankfurt am Main 1984, S. 98ff.

S. 249: Marion Gräfin Dönhoff wurde im Jahre 1909 geboren. Seit den dreißiger Jahren und im Zweiten Weltkrieg verwaltete sie die ostpreußischen Familiengüter. Nach dem Krieg wurde sie als Journalistin bekannt, besonders als Chefredakteurin und Herausgeberin der Wochenzeitung »Die Zeit«. Für ihre Verdienste um die Versöhnung mit dem Nachbarn im Osten verlieh ihr, wie schon in einem früheren Kapitel erwähnt, 1991 die Universität Thorn die Würde eines Ehrendoktors, und 1995 wurde im ostpreußischen Mikołajki – früher einmal Nikolaiken – ein Gymnasium zur Marion-Dönhoff-Schule benannt. Als Bücher, die von der verlorenen Heimat erzählen, seien besonders erwähnt: Namen, die keiner mehr nennt. Ostpreußen – Menschen und Geschichte, zuerst Düsseldorf 1962; Kindheit in Ostpreußen, Berlin 1988. Als Biographie ist zu empfehlen: Alice Schwarzer, Marion Dönhoff. Ein widerständiges Leben, 17. Auflage Köln 2000.

S. 250: Adelbert von, eigentlich Louis Charles Adelaide de Chamisso, 1781 bis 1838, war Naturforscher und Dichter. Von 1815 bis 1818 nahm er an einer russischen Weltumseglung teil, von der er 1821 unter dem Titel »Bemerkungen und Ansichten auf einer Entdeckungsreise« berichtete. Zu seinen bekanntesten Erzählungen gehört die Märchennovelle von »Peter Schlemihl«, der seinen Schatten verkaufte (zuerst 1814); in gewissem Sinne spiegelt sich darin Chamissos Geschick, heimatlos zwischen zwei Nationen gestellt zu sein.

Novembergedanken

S. 252: Johann Joachim Winckelmanns nachhaltige Wirkung beruht auf seiner schriftstellerischen Arbeit. Zu den wichtigen Veröffentlichungen gehören: Gedanken über die Nachahmung der griechischen Werke (1755); Sendschreiben von den herkulanischen Entdeckungen (1762); Anmerkungen über die Baukunst der alten Tempel zu Girgenti in Sizilien (1762); Nachrichten von den neuesten herkulanischen Entdeckungen (1764); Geschichte der Kunst des Altertums (1764). Winckelmanns Leben und sein Tod haben zu zahlreichen literarischen Bearbeitungen angeregt. – Das Zitat stammt aus Goethes Beitrag zu dem Sammelwerk »Winckelmann und sein Jahrhundert«, zuerst 1805.

S. 253: Seume, 1763 bis 1810, fiel hessischen Werbern in die Hände und nahm höchst unfreiwillig am Krieg der Briten gegen die amerikanischen Kolonien teil. Später geriet er unter die Preußen und entging nach zweimaligem Fluchtversuch nur um Haaresbreite der Todesstrafe. Danach war er russischer Offizier. 1796 kehrte er nach Leipzig zurück. Sein mit Recht berühmter »Spaziergang nach Syrakus« (zuerst 1803, Neuausgabe München 1962) macht ihn nach Georg Forster zu einem Vater der Reiseliteratur.

> »Ein Kanadier, der noch Europens
> übertünchte Höflichkeit nicht kannte,
> und ein Herz, wie Gott es ihm gegeben,
> von Kultur noch frei, im Busen fühlte …«

– so beginnt Seumes wundersames Gedicht »Der Wilde«, das auf die kanadischen Erfahrungen zurückverweist und mit den unvergleichlichen Zeilen schließt:

»›Seht, ihr fremden, klugen, weißen Leute,
seht, wir Wilden sind doch bessre Menschen!‹
Und er schlug sich seitwärts in die Büsche.«

S. 256: Hermann Hesse wurde 1877 in Calw geboren und starb 1962 in Montagnola bei Lugano. 1946 erhielt er den Nobelpreis für Literatur. Zu seinen bekannten Romanen gehören »Der Steppenwolf«, »Narziß und Goldmund« und »Das Glasperlenspiel«.

S. 257: Theodor Storm wurde 1817 in Husum geboren und starb 1888 in Hademarschen/Holstein. Seinen Lebensunterhalt verdiente er vor allem als Jurist. Wegen seines Eintretens für die Ablösung der Elbherzogtümer von Dänemark mußte er 1852 die Heimat verlassen und kehrte 1864, nach dem Krieg Preußens und Österreichs gegen Dänemark, nach Husum zurück. Zu den bekanntesten seiner Novellen gehören »Immensee«, »Pole Poppenspäler« und das Alterswerk »Der Schimmelreiter«.

S. 259: Don Quijote, von Sancho Pansa begleitet, ist die berühmte Hauptfigur aus dem gleichnamigen Meisterwerk von Miguel de Cervantes (1547 bis 1616), das in den Jahren 1605 und 1615 in zwei Teilen erschien.

S. 259: Christian Morgenstern, 1871 bis 1914, wurde sozusagen ersatzweise zum Meister der grotesken (und doch tiefsinnigen) Lyrik, nachdem seine ernsten Gedichte wenig Resonanz gefunden hatten. Besonders zu nennen sind die »Galgenlieder« (zuerst 1905, erweitert 1908) und »Palmström« (1910). Postum erschienen »Palma Kunkel« (1916) und »Der Gingganz« (1919). Immerfort möchte man Morgenstern zitieren; nur ein Beispiel sei hier angeführt, »Die unmögliche Tatsache«, die in deutsche Abgründe leuchtet:

»Palmström, etwas schon an Jahren,
wird an einer Straßenbeuge

und von einem Kraftfahrzeuge
überfahren.

›Wie war‹ (spricht er, sich erhebend
und entschlossen weiterlebend)
›möglich, daß dies Unglück, ja –:
Daß es überhaupt geschah?

Ist die Staatskunst anzuklagen,
in Bezug auf Kraftfahrwagen?
Gab die Polizeivorschrift
hier dem Fahrer freie Trift?

Oder war vielmehr verboten,
hier Lebendige zu Toten
umzuwandeln, – kurz und schlicht:
Durfte hier der Kutscher nicht –?‹

Eingehüllt in feuchte Tücher,
prüft er die Gesetzesbücher
und ist alsobald im klaren:
Wagen durfte hier nicht fahren!

Und er kommt zu dem Ergebnis:
Nur ein Traum war das Erlebnis.
Weil, so schließt er messerscharf,
nicht sein kann, was nicht sein darf.«

S. 260: Zitat von Ernst Bloch: Das Prinzip Hoffnung, Taschenbuchausgabe Frankfurt am Main 1973, Band 3, S. 1628.

Register